Unveräußerliches Rezensionsexemplar

D1688810

Bruno Tellia | Berthold Löffler

Deutschland im Werte-Dilemma

Bruno Tellia | Berthold Löffler

Deutschland im Werte-Dilemma

Kann der Islam wirklich zu Europa gehören?

OLZOG

Bibliografische Information der Deutschen Nationalbibliothek
Die Deutsche Nationalbibliothek verzeichnet diese Publikation in der
Deutschen Nationalbibliografie;
detaillierte bibliografische Daten sind
im Internet über http://dnb.d-nb.de abrufbar.

ISBN 978-3-7892-8307-9
© 2013 Olzog Verlag GmbH, München
Internet: http://www.olzog.de

Redaktion und Übersetzung von Quellentexten:
Christina Brock M. A., München

Alle Rechte, insbesondere das Recht der Vervielfältigung und Verbreitung sowie der Übersetzung, vorbehalten. Kein Teil des Werkes darf in irgendeiner Form (durch Fotokopie, Mikrofilm oder ein anderes Verfahren) ohne schriftliche Genehmigung des Verlages reproduziert oder unter Verwendung elektronischer Systeme gespeichert, verarbeitet, vervielfältigt oder verbreitet werden.

Umschlagentwurf: Atelier Versen, Bad Aibling
Satz: EDV-Fotosatz Huber/Verlagsservice G. Pfeifer, Germering
Druck- und Bindearbeiten: CPI – Ebner & Spiegel, Ulm
Printed in Germany

Inhalt

Vorwort von Dr. Ralph Ghadban 9

Worum es geht 17
Wovon das Buch handelt und wovon nicht 21
Kulturelle und politische Werte 28

**Von der militärischen zur demografischen Eroberung
Europas? Eine kurze Geschichte des europäisch-islamischen
Konfliktes** 33
Muslime in Europa 33
Wege der Einwanderung 43
Eine kurze Geschichte des europäisch-islamischen Konfliktes 49
Eine neue islamische Herausforderung und Europas Schwäche ... 58

**Europäische Identitätskrise, schleichende Islamisierung
und der Kampf um die kulturelle Hegemonie** 65
Moscheen und Minarette: Strebt der Islam nach kultureller
   Hegemonie? 70
Kollektive Identitätskrise und kulturelle Selbstverleugnung 83
Europa am Wendepunkt 92

Islam – mehr als eine Religion 97
Islam als Religion 97
Unfähigkeit zu Kritik und Selbstkritik 104
Islam als weltliche Ordnung 113
Ein toleranter und friedlicher Islam? 121
Aufklärung und Reformation im Islam 124
Euro-Islam – ein Ausweg aus dem Wertedilemma? 132
Von Illusionen und Trojanischen Pferden 139
Euro-Islam: Bassam Tibi 143
Löst islamischer Religionsunterricht das Wertedilemma? 145

Inhalt

Wertedilemma und politische Wertekonflikte 151
Das Wertedilemma aus europäischer Perspektive 151
Die Scharia verstößt gegen die Menschenrechte und
   das Grundgesetz 152
Ungeklärtes Verhältnis des Islam zur Gewalt 156
Europäischer Individualismus, islamischer Kollektivismus
   und die Zugehörigkeit zu Umma 160
Keine Gleichberechtigung, nicht nur von Mann und Frau 164
Keine Trennung von Politik und Religion,
   von Staat und Religion 170
Islam und Demokratie 173
Islam und Meinungsfreiheit 175
Religionsfreiheit: Konfliktfelder und Unvereinbarkeiten 177
Konfliktfelder aus der Perspektive der islamischen
   Interessenverbände 181

**Die Diskriminierung von Christen und die
Gleichgültigkeit der westlichen Welt** 187
Religionsfreiheit ist die Quelle jeder anderen Freiheit 190
Die Unfähigkeit Europas, auch in den islamischen
   Ländern Religionsfreiheit einzufordern, und die
   islamische Reconquista Europas 194
Saudi-Arabien finanziert weltweit einen radikalen,
   antiwestlichen Islam 196
Europäer treten für alle Minderheiten ein, außer für
   die christlichen 207
Europäische Einäugigkeit und Befreiung vom Christentum 208

Der asymmetrische Dialog 219
Überlegungen zu einem echten Dialog mit dem Islam 220
Beispiel für einen echten Dialog 222
Warum Europa dem Islam kulturell und politisch
   unterliegen könnte 225

Multikulturalismus als Lösung des Wertekonfliktes? 229
Wertekonflikte kennzeichnen Einwanderungsgesellschaften 229
Multikulturalismus als Lösung? 231
Islamischer Multikulturalismus 240
Kritik des Multikulturalismus 245

Strategien für ein friedliches Miteinander 251
Irrtümer und Missverständnisse 251
Auswege und Lösungen 255

Literatur 265

Vorwort

„*Al islâm ya'lu wa la yu'la 'alayhi*", der Islam herrscht[1] und wird nicht beherrscht. Diese Überlieferung des Propheten Mohammed prägt seit Jahrhunderten das Bewusstsein der Muslime und wurde als Grundprinzip ins islamische Recht aufgenommen. In den letzten beiden Jahrhunderten und infolge der Hegemonie des Westens über die islamische Welt zur Kolonial- und Nachkolonialzeit ging dieser Grundsatz verloren. In der zweiten Hälfte des 20. Jahrhunderts formierte sich eine islamische Widerstandsbewegung gegen den Westen, die sogenannte „islamische Erweckung" (*al sahwa al islâmiyya*), mit dem Ziel, die einstige Größe des Islam wiederherzustellen und die oben erwähnte Überlieferung wieder zur Geltung zu bringen. Diese Bewegung unterscheidet sich von der der säkular orientierten Nationalisten, die die Befreiungsbewegungen anführten, dadurch, dass sie rückwärtsgewandt auf den idealisierten islamischen Staat des siebten Jahrhunderts ausgerichtet ist.

Die Nationalisten strebten eine gleichberechtigte Teilhabe an der modernen Welt an, waren bemüht, das westliche demokratische Modell zu kopieren und scheiterten allesamt. Das Militär, das die Macht überall eroberte, entschied sich für das sowjetische autoritäre Modell und vernichtete die liberalen Kräfte. Die Islamisten, die als einzige bedeutende Opposition übrig geblieben waren und von Anfang an die moderne Welt ablehnten, wirkten in ihren islamischen Ländern für die Wiederherstellung des Gottesstaates des Frühislam. Sie zwangen die Diktaturen, sich zu islamisieren; die *Scharia* als Hauptquelle oder einzige Quelle der Gesetzgebung wurde in den Verfassungen von über fünfundzwanzig islamischen Ländern festgeschrieben. Die Menschen lebten in einer scheinbar sittlichen Welt mit Geschlechtertrennung, Alkoholverbot und Lustfeindlichkeit und litten unter Unterdrückung, Armut und Hoffnungslosigkeit. Viele wanderten in den Westen aus.

Mit der Arbeitsmigration der Muslime in den Westen nach dem Zweiten Weltkrieg entstand eine neue unvorhergesehene Situation. Muslime fanden sich auf Anhieb mitten in der Moderne wieder, umgeben von den Gefahren einer offenen Gesellschaft: Individualismus und

---

1 *Ya'lu* bedeutet „hervorragen" im Sinne von „dominieren" und „herrschen".

Freiheit machten ihnen zu schaffen. Sie blieben abseits unter sich, erduldeten die Welt der Ungläubigen und hofften, bald das notwendige Geld zu sparen, um schnell in die Heimat zu ihren Familien zurückkehren zu können.

In dieser ersten Phase der Migration und abgesehen von einer Minderheit von Intellektuellen und Liberalen nahm die Mehrheit der Muslime den Westen als Gebiet der Christen bzw. der Ungläubigen wahr, in dem ein Muslim sich nicht niederlassen darf. Nach dem oben erwähnten Grundsatz ist es einem Muslim verboten, unter der Herrschaft von Nichtmuslimen zu leben und den Ungläubigen unterlegen zu sein. Deshalb muss er unter islamischer Herrschaft im Gebiet des Islam bleiben oder als Eroberer in das Gebiet des Krieges bzw. der Ungläubigen ziehen.

Diese Auffassung verbreiteten die islamistischen Organisationen der Herkunftsländer, die maßgeblich unter den Migranten aktiv waren. Ihre antiwestliche Haltung prägte das Verhalten der ersten muslimischen Migranten und verhinderte weitgehend ihre Integration. Das wurde aber bald zu einem Problem. Weil die Rückkehr in die Heimat sich wegen der geringen Ersparnisse verzögerte und der Aufenthalt auf unbestimmte Zeit verlängert wurde, sahen sich die Muslime gezwungen, ihre Familien nachziehen zu lassen oder eigene Familien im Gebiet des Unglaubens zu gründen. Ihre Kinder mussten nun die öffentlichen Schulen besuchen und mit nichtmuslimischen Kindern verkehren.

Die in diesen Einrichtungen erteilte liberale Erziehung und die säkulare Sozialisation bewerteten die Muslime als eine Gefahr für ihren Glauben, der auf Gehorsam und Unterwerfung beruht und das Verhalten der Menschen in einem Scharia-Korsett von Geboten und Verboten einsperrt. Sie begannen eine Infrastruktur, bestehend aus Erziehungsmaßnahmen, Freizeitgestaltung und Sozialarbeit, konzentriert in den Islamischen Zentren um die Moscheen, zu bilden, um ihren Kindern ihre islamische Kultur zu vermitteln als Alternative zur herrschenden säkularen Kultur der Gastländer. Das war die Geburtsstunde der islamischen Parallelgesellschaften.

In dieser zweiten Phase der islamischen Migration nach Europa begann in den 1970er-Jahren die Migration der Muslime in die Einwanderungsländer Nordamerikas und Australiens. Diese Länder verfolgten eine multikulturalistische Integrationspolitik, die die Niederlassung der ethnischen und religiösen Einwanderer als separate Gruppen begünstigte. In den 1980er-Jahren griff die Ideologie des Multikulturalismus auf den europäischen Kontinent über und räumte die Hindernisse für die Etablierung islamischer Parallelgesellschaften in Europa beiseite. Hüben wie drüben war die Herausbildung einer islamischen Identität das erklärte Ziel. Ab Mitte der 1990er-Jahre setzte sich langsam die Einsicht durch, dass die Anwesenheit der Muslime im Westen endgültig war; damit sind wir bei der letzten Phase der islamischen Migration angekommen. Sie ist durch die überall von den Islamisten gegründeten Fiqh-Räte geprägt, in denen liberale Muslime gar nicht vertreten sind. Diese Gremien versuchen das Leben der Muslime im Westen neu zu regeln. Eine Galionsfigur stellt Scheich Taha Jaber al-Alwani, der Begründer und Vorsitzende des *Fiqh Council of North Amerika* (1986), dar. Er gehört zu den Islamisten und wird doch als Modernisierer betrachtet. Er plädierte ab 1994 für die Entwicklung eines neuen islamischen Rechts (*fiqh*), das nicht mehr auf der Konfrontation, sondern auf dem Zusammenleben basiert. Dieses Recht nennt al-Alwani *fiqh al aqalliyyât al muslima*, d.h. islamisches Recht für die muslimischen Minderheiten im Westen.

In einer globalisierten Welt mit internationalem Recht, das die Freizügigkeit garantiert, und mit der religiösen Freiheit im Westen, die ein islamisches Leben erlaubt, sei das alte Fiqh des Krieges hinfällig geworden und müsse vor dem Fiqh des Friedens weichen, meint al-Alwani. Zum ersten Mal in der Weltgeschichte, führt er weiter aus, hätten die Muslime die Chance, die gesamte Welt friedlich zu erobern. Die Missionsarbeit gilt nicht nur als Rechtfertigung für den Verbleib der Muslime im Westen, sondern auch als Pflicht. Sie müssten die westlichen Freiheiten ausnutzen, um ihre islamische Art durchzusetzen und nicht zuletzt, um den Einfluss der jüdischen Lobby auf den Westen zurückzudrängen. Sie sollten aus ihren Gemeinden herausgehen und den Alltag und das Wissen, vor allem die Sozialwissenschaften, islamisieren. Nur so könne man die alte islamische Größe wiederherstellen und wieder behaupten: *al Islâm ya'lu wa la yu'la 'alayhi*.

Die friedliche Eroberung des Westens steht inzwischen auf dem Programm aller islamischen Organisationen, seien sie islamistisch, orthodox oder an den Sufi orientiert. Eine Ausnahme bilden die Dschihadisten, die den Fiqh des Krieges streng befolgen und den Westen mit ihrem Terror zerstören wollen. Die Liberalen und Reformmuslime haben längst die westlichen Werte übernommen und sind integriert, sie besitzen aber nicht die Infrastruktur, die die islamischen Zentren bieten, bzw. erhalten keine finanzielle Unterstützung durch islamische Länder, um auf die Masse der Muslime Einfluss nehmen zu können.

Neben dem Heiligen Krieg ist die Islamisierung der Moderne ein Hauptthema der Islamisten. Die Modernisierung, an deren Entstehung weder die Muslime noch der Islam beteiligt waren, wird kurzerhand für islamisch erklärt. Diese Tendenz, Fremdes zu Eigenem zu erklären, hat im Islam eine lange Tradition. In seiner berühmten Geschichte des Koran bemerkt Theodor Nöldeke, dass Mohammed seine Religion ohne eigenes Gedankengut aus verschiedenen Stoffen gebildet habe: „Was er selbst positiv dazu tat, war unbedeutend gegen das Fremde bis auf die zweite Grundlehre des Islam: Muhammad [ist] der Prophet Gottes (Sure 48,29). Zwar erhalten im Koran auch viele andere Gottesmänner der Vergangenheit (Noah, Israel, Lot, Jethro, Aaron, Jesus, Hûd, Sâlih) dieses Prädikat, aber Muhammed stellt sich hoch über sie durch die Behauptung der abschließenden Bedeutung seiner Prophetie (Sure 33,40)."[2] Im Koran, dessen Verse nach der islamischen Tradition im Laufe von 23 Jahren zuerst in Mekka und dann in Medina geoffenbart wurden, wird zunächst erklärt, dass der Islam die vorausgegangenen monotheistischen Offenbarungen bestätige und an sie glaube. Bald aber wird den Juden und Christen vorgeworfen, ihre Schriften verfälscht oder missverstanden zu haben und sie werden aufgefordert, an Mohammed zu glauben. Wenn dies nicht geschehe, sollten sie schließlich als Schutzbefohlene unterworfen werden. Der Islam entwickelte sich in diesem Zeitraum von einer Religion in Mekka zu einem Herrschaftssystem in Medina, das auf der Unterwerfung gegenüber Gott und seinem Propheten, der Unterwerfung der Leute des Buches und der Vernichtung der Ungläubigen durch die Muslime basiert.

Als einzig wahre Religion gilt danach bei Gott der Islam und die Gemeinschaft der Muslime wird für die beste gehalten, die je unter Menschen entstanden ist.[3] Die Überlegenheit des Islam und der Herr-

---

2 Nöldeke, Theodor: Geschichte des Qorâns, Teil 1: Über den Urspung des Qorâns. Leipzig ²1909, S. 20
3 Sure 3,19 und 3,110

schaftsanspruch der Muslime sind im Koran verankert. Durch seine bedingungslose Unterwerfung Gott gegenüber beteiligt sich der Muslim an dessen Macht und gewinnt an Mächtigkeit, wie Johann Christoph Bürgel dargestellt hat.[4] Er hat den göttlichen Auftrag, die gesamte Welt dem Willen Gottes, verkörpert in der Scharia, zu unterwerfen – daher der ewige Kampf zwischen dem Gebiet des Islam, in dem die Scharia herrscht, und dem Gebiet des Krieges, das es zu unterwerfen gilt. Wie oben erwähnt, übernimmt heute die Mission diese Aufgabe im Westen und führt einen alltäglichen Kampf für die Einführung der Scharia bzw. die Islamisierung der sozialen Verhältnisse, z. B. mittels der Durchsetzung der Geschlechtertrennung.

Die Scharia ist aber selbst auch zum großen Teil eine Vereinnahmung von vorgefundenen Rechtsformen. Sie besteht hauptsächlich in der Islamisierung des Gewohnheitsrechtes der eroberten Länder. Der Koran beinhaltet außer in den Ritualfragen wenige Vorschriften, die die Errichtung eines riesigen Reiches vom Atlantik bis nach China stützen können. Deshalb entstand neben dem Koran die *Sunna* als zweite Quelle des Glaubens. Die Sunna, das Korpus der Prophetenüberlieferungen, wurde zwei Jahrhunderte nach dem Ableben Mohammeds redigiert. Ihr historischer Wert ist mehr als fragwürdig. Die islamischen Gelehrten haben es bis heute nicht geschafft, ihre Authentizität nach wissenschaftlichen Kriterien zu belegen.

Die Funktion der Sunna dagegen ist klar: Sie dient vordergründig der Islamisierung des Gewohnheitsrechtes. Durch seine Verbindung zum Propheten gewinnt das Gewohnheitsrecht einen heiligen Charakter und wird in die Religion des Islam integriert. Das verleiht diesem Recht eine allgemeine immerwährende Gültigkeit für alle Orte und Zeiten mit dem Ergebnis, dass es seine Haupteigenschaft, die Flexibilität, die das Leben und seinen ständigen Wandel begleitet, einbüßt, und an Rigidität zunimmt. Die Rigidität der Scharia stellt das Haupthindernis für den Anschluss der Muslime an die Moderne dar, weil sie das autonome Denken über und jenseits der Überlieferung verbietet.

---

4 Bürgel, Johann Christoph: Allmacht und Mächtigkeit. Religion und Welt im Islam. München 1991

In der Tat fand in der Herausbildungsphase des Islam im 8. und 9. Jahrhundert[5] eine heftige Auseinandersetzung zwischen den freien Denkern, *ahl al ra'y*, und den Nachahmern, *ahl al sunna*, statt. Letztere gewannen die Auseinandersetzung, hatten aber gleich mit den Philosophen zu kämpfen, die in diesem 9. Jahrhundert und infolge der Rezeption der griechischen Philosophie den Rationalismus im Islam vertraten. Im 11. Jahrhundert gewannen sie mit al-Ghazali (1058–1111) die Oberhand über die Philosophen und im 14. Jahrhundert verdrängten sie mit ibn Taymiyya (1263–1328) das philosophische Denken endgültig aus dem islamischen Kulturkreis.

Mit der islamischen *Nahda* im 19. Jahrhundert stand die Rehabilitation der autonomen Vernunft auf der Tagesordnung und erzielte in der ersten Hälfte des 20. Jahrhunderts einige Erfolge, bevor sie vom Militär in der zweiten Hälfte zerschlagen wurde. Mit den Islamisten wird die autonome Vernunft verdrängt, sie darf nur im Dienst eines Glaubens gebraucht werden, der sich nach den Altvordern des 7. Jahrhunderts richtet. Wir haben wieder die Situation des frühen Islam, in der die Muslime die Menschen in Gläubige und Ungläubige einteilen. Wie in der islamischen Geschichte werden auch heute Nichtmuslime nicht akzeptiert. Die Muslime sprechen von Toleranz, nie von Akzeptanz. Selbst diese Toleranz ist eingeschränkt, sie gilt nur für die Schutzbefohlenen, Juden und Christen, die als Bürger zweiter Klasse unter der Herrschaft der Muslime leben dürfen, aber nicht für Angehörige anderer Religionen.

Claude Lévi-Strauss schrieb schon 1955, dass der Islam unfähig sei „Bande nach außen zu knüpfen", und die Muslime außerstande seien, „die Existenz des Anderen als Anderen zu ertragen".[6] Ähnlich äußerte sich 2003 Lord Bhikhu Parekh, der Mitglied der britischen „Kommission für Rassengleichheit" und Vorsitzender der „Kommission für die Zukunft des multi-ethnischen Britanniens" war, und ein Verfechter des Multikulturalismus ist:

---

5 Die moderne Forschung der letzten dreißig Jahre hat überzeugend gezeigt, dass es den Islam als selbstständige Religion im 7. Jahrhundert noch nicht gab. Vgl. hierzu Donner, Fred M.: Muhammad and the Believers. At The Origins of Islam. Cambridge/MA 2010.
6 Lévi-Strauss, Claude: Traurige Tropen. Frankfurt am Main 1978, S. 400–401

„Das größte Problem der Muslime ist nicht die Demokratie, sondern die Einfügung in eine multikulturelle Gesellschaft. Muslime sind von der absoluten Überlegenheit des Islam überzeugt... Die Haltung der Moslems gegenüber der kulturellen Vielfalt ist also einseitig. Sie begrüßen sie, weil sie ihnen die Freiheit gibt, ihre religiöse Identität zu behalten und andere mit ihrem Glauben vertraut zu machen. Aber sie ärgern sich über sie, weil sie ihnen ihre Überlegenheit abspricht und sie und ihre Kinder anderen Religionen und weltlichen Kulturen aussetzt."[7]

Die vielen Versuche der Islamreformer, ihre Religion mit der Moderne zu versöhnen, stehen mit dem sogenannten arabischen Frühling seit 2011 auf dem Prüfstand. In der Auseinandersetzung zwischen Säkularen und Islamisten wird sich zeigen, ob die Anstrengungen der Islamreformer vergebens waren oder doch nicht. Vom Islam im Westen ist wenig zu erwarten. Die Hoffnungen, die Bassam Tibi an einen Euro-Islam geknüpft hat, sind verflogen. Der westliche Islam hat bislang nur einen Tariq Ramadan in Europa und einen al-Alwani in den USA hervorgebracht; beide haben sich von der Obhut des Muslimbruders Scheich Yusuf al Qaradawi, dem Begründer und Vorsteher des *European Council for Fatwa and Research* (1997) in Europa, nicht befreit.

Dr. Ralph Ghadban
Berlin, März 2013

---

7 Parekh, Bhikhu: Ist der Islam eine Bedrohung für die Demokratie? Copyright: Project Syndicate / Institut für die Wissenschaften vom Menschen, 11. Juli 2003. Aus dem Englischen von Eva Breust, in: http://www.project-syndicate.org/commentary/does-islam-threaten-democracy-/german, Zugriff am 27.8.2012

Worum es geht

„Der Islam gehört zu Deutschland" – dieser Satz des ehemaligen Bundespräsidenten Christian Wulff aus seiner Rede zum 3. Oktober 2010 hat einen festen Platz im politisch korrekten Vokabular der Bundesrepublik gefunden. Empirisch betrachtet ist diese Aussage eine Banalität. Natürlich gehören die Muslime zu Deutschland, schließlich leben und arbeiten sie unter uns. Normativ betrachtet ist dieser Satz aber voller Brisanz. Für Jürgen Habermas sind Freiheit, Solidarität, autonome Lebensführung, Emanzipation, persönliches Gewissen, Demokratie und Menschenrechte die europäischen Grundwerte, die unmittelbar auf christliches und jüdisches Denken zurückgehen.[1] Gleichzeitig behauptet Ernst-Wolfgang Böckenförde in seiner berühmten Doktrin, der freiheitliche, säkularisierte Staat lebe von Voraussetzungen, die er selbst nicht garantieren könne. Wenn indes Böckenfördes Voraussetzungen mit Habermas' Grundwerten identisch sind, dann steckt Europa in einem Dilemma. Denn für den Islam sind andere kulturelle Werte wesentlich. Aber selbst Begriffe, die gemeinsam scheinen, wie Freiheit, Gerechtigkeit, Würde, Respekt oder Gleichheit, haben eine andere Bedeutung. Vor diesem Konflikt verschließt die Politik die Augen oder flüchtet sich in die Vorstellung, eine rechtsstaatliche Zähmung des Islam oder die Säkularisierung der Muslime werde die Probleme schon lösen. Dort aber, wo die Auseinandersetzung mit dem Islam nicht zu umgehen ist, wird sie erschwert durch Selbstzensur, die europäische Identitätsschwäche, den mangelnden Willen zur kulturellen Selbstbehauptung und die Illusion,

---

1 Wörtlich schreibt Habermas: „Das Christentum ist für das normative Selbstverständnis der Moderne nicht nur eine Vorläufergestalt oder ein Katalysator gewesen. Der egalitäre Universalismus, aus dem die Ideen von Freiheit und solidarischem Zusammenleben, von autonomer Lebensführung und Emanzipation, von individueller Gewissensmoral, Menschenrechten und Demokratie entsprungen sind, ist unmittelbar ein Erbe der jüdischen Gerechtigkeits- und der christlichen Liebesethik. In der Substanz unverändert, ist dieses Erbe immer wieder kritisch angeeignet und neu interpretiert worden. Dazu gibt es bis heute keine Alternative." (Habermas, Jürgen: Zeit der Übergänge. Kleine Politische Schriften IX. Frankfurt am Main ³2001, S. 174f.)

der sogenannte Euro-Islam könnte der Ausweg aus dem Wertedilemma sein. Das politisch-gesellschaftliche Establishment in Deutschland, versammelt in Talkrunden und Podiumsdiskussionen, wird nicht müde, den Islam als Bereicherung für Deutschland und Europa zu beschwören. Aber die Überzeugungskraft des Rituals erschöpft sich. Der Islam hat in Deutschland ein ausgesprochen schlechtes Image. Nach einer Befragung des *Institutes für Demoskopie Allensbach* (IfD) vom Mai 2006 bringen die Bundesbürger den Islam zunehmend mit negativen Eigenschaften in Zusammenhang. 91 Prozent der Befragten denken an die Benachteiligung der Frauen (2004 waren es noch 85 Prozent), 83 Prozent bringen den Islam mit Fanatismus in Verbindung (2004 waren es noch 75 Prozent), 62 Prozent mit Rückwärtsgewandtheit (2004 waren es noch 49 Prozent), 71 Prozent halten den Islam für intolerant (2004: 66 Prozent) und 60 Prozent für undemokratisch (2004: 52 Prozent). Friedfertigkeit schreiben dem Islam gerade einmal 8 Prozent der Befragten zu. Dieser Befund gibt die beliebte Parole islamischer Aktivisten „Islam heißt Frieden" der Lächerlichkeit preis. Er belegt, wie unglaubwürdig die Lippenbekenntnisse der Islamlobby auf die nichtmuslimische Umgebung in Deutschland wirken. Ganz offensichtlich empfindet eine Mehrheit der Bürger einen Gegensatz zwischen der durch das Christentum geprägten Kultur des Landes und dem Islam, und das entgegen den Beteuerungen des politisch-gesellschaftlichen Establishments und ihrer Partner in den Medien: 56 Prozent der Befragten glauben, dass der Kampf der Kulturen bereits stattfinde (2004: 46 Prozent) und 58 Prozent halten es für möglich, dass es auch in Deutschland zu Spannungen mit der muslimischen Bevölkerung kommen kann (September 2001: 49 Prozent; Juli 2002: 30 Prozent).[2] Neuere Umfragen bestätigen dieses Meinungsbild nicht nur, sie belegen darüber hinaus auch, dass es in anderen Ländern Europas nicht wesentlich anders aussieht. Eine im Jahre 2010 im Auftrag der Universität Münster vom Meinungsforschungsinstitut *TNS Emnid* durchgeführte Befragung in Frankreich, Dänemark, den

---

2 Noelle, Elisabeth / Petersen, Thomas: Allensbach-Analyse: Eine fremde bedrohliche Welt. Die Einstellung der Deutschen zum Islam, in: *Frankfurter Allgemeine Zeitung*, 17. Mai 2006, S. 5; http://www.faz.net/aktuell/politik/inland/allensbach-analyse-eine-fremde-bedrohliche-welt-1328270.html, Zugriff am 27.8.2012

Niederlanden, Portugal und Deutschland ergab, dass 80 Prozent der Befragten in den fünf europäischen Ländern beim Stichwort „Islam" an die Benachteiligung von Frauen denken, 70 Prozent an Fanatismus und 60 Prozent verbinden den Islam mit Gewaltbereitschaft. Der Unterschied zwischen Deutschland und den anderen europäischen Ländern scheint lediglich darin zu liegen, dass die Deutschen noch stärkere Vorbehalte gegen Muslime haben als andere Europäer. In Westdeutschland haben nur 34 Prozent und in Ostdeutschland sogar nur 26 Prozent eine positive Einstellung zu ihnen. Mehr als 70 Prozent der befragten Deutschen glauben, dass die zunehmende religiöse Vielfalt zu Konflikten führt. Nur jeder Zweite hält diese Vielfalt für eine kulturelle Bereicherung. Beschränkt man die Frage auf den Islam, dann fühlt sich eine Mehrheit der Deutschen nicht bereichert. Nur 5 Prozent der befragten Deutschen halten den Islam für tolerant und friedfertig, ganze 8 Prozent glauben, dass der Islam die Menschenrechte achtet. 42 Prozent der Deutschen möchten die Religionsausübung der Muslime stark einschränken, nur die Hälfte der Befragten will, dass alle Religionen die gleichen Rechte genießen. Im Übrigen sind 80 Prozent der Befragten in allen fünf Ländern Europas der Auffassung, „dass sich die Muslime an unsere Kultur anpassen müssen".[3]

---

3 Westfälische Wilhelms-Universität Münster: Prof. Dr. Detlef Pollack: „Deutsche sind viel weniger tolerant gegenüber Muslimen." Umfrage zu religiöser Vielfalt in Europa zeigt integrationspolitisch brisante Ergebnisse, http://www.uni-muenster. de/Religion-und-Politik/aktuelles/2010/dez/PM_Studie_Religioese_Vielfalt_in_ Europa.html, Zugriff am 27.8.2012. In Frankreich hat eine jüngst von Le Monde in Auftrag gegebene Umfrage herausgefunden, dass sich das Bild, das die Franzosen vom Islam haben, immer mehr verdüstert: 72 Prozent der Befragten meinen, dass der Islam eine intolerante Religion sei (im Vergleich dazu halten 28 Prozent den Katholizismus und 34 Prozent das Judentum für intolerant – und das trotz 200 Jahren antiklerikaler Propaganda), 74 Prozent halten sie unvereinbar mit den Werten der französischen Republik. 72 Prozent der Befragten wollen nicht, dass in Schulmensen Essen serviert wird, das islamischen Speisevorschriften entspricht. Vgl. auch Balmer, Rudolf: Ein negatives Image, in: die tageszeitung, 28. Januar 2013, S. 11. Der französische Religionsphilosoph Abdennour Bidar hält diese Zahlen für eine deutliche Warnung an die Muslime. Sie kämen nicht darum herum, sich kritischen Fragen zum Islam endlich zu stellen.

Die Umfrageergebnisse lassen zwei Schlussfolgerungen zu: Erstens, zwischen der Wahrnehmung des politisch-gesellschaftlichen Establishments und den Bürgern in den europäischen Ländern liegt eine große Kluft. Im Gegensatz zu ihren Bürgern scheint dem gesellschaftlichen und politischen Führungspersonal das Gespür für den kulturell-religiösen Wertekonflikt abhandengekommen zu sein. Das tägliche Leben ist voll von Begegnungen und Ereignissen, die die Unvereinbarkeit unterschiedlicher Wertorientierungen jedermann vor Augen führen. Komplementär dazu steuern die Medien Informationen und Meinungen bei, die das Gefühl der Bürger, in einer Gesellschaft permanenter Wertekonflikte zu leben, bestätigen. Das Wertedilemma ist also Alltagserfahrung. Zweitens, Muslime in Europa leben ihre Religion und Kultur häufig demonstrativ aus. Dieser Mangel an Zurückhaltung wirkt auf viele Nichtmuslime aggressiv und stößt sie ab. Die meisten Europäer haben den Eindruck, dass es sich beim Islam um eine fremde, ganz und gar uneuropäische Religion handelt. Zudem wächst die muslimische Bevölkerung schnell. Das gibt dem religiös-kulturellen Wertekonflikt zwischen der islamischen Minderheit und der christlich-säkularen Mehrheitsgesellschaft einen bedrohlichen Unterton. In der wachsenden muslimischen Präsenz sehen die Bevölkerungen der europäischen Länder eine Gefahr für die europäische Identität. Demgegenüber fühlt die muslimische Minderheit einen Anpassungsdruck und hat ebenfalls Angst, ihre eigene Identität zu verlieren.[4]

Gerade die Ereignisse der letzten Jahre zeigen, was bei diesem Zusammentreffen von europäischen und islamischen Werten auf dem Spiel steht. Der Karikaturenstreit 2006 in Dänemark verschaffte auch dem breiten Publikum einen Eindruck, wie unterschiedlich das Verständnis ist, das Europa und der Islam von künstlerischer Freiheit, von Meinungsfreiheit, von erlaubter Kritik an Religion, von Toleranz haben. Und wie tödlich dieser Wertekonflikt werden kann, bewies das Schicksal Theo van Goghs. Der niederländische Regisseur projizierte in einem Kurzfilm Koranverse auf einen nackten Frauenkörper, um damit auf die Frauenfeindlichkeit des Koran aufmerksam zu machen. Das provozierte den islamischen Aktivisten und niederländischen Staatsbürger

---

4 Gassner, Christoph: Euro-Islam? Zur Entwicklung des Islam im säkularen Europa. Diplomarbeit. Wien 2010, S. 30–32

Mohammed Bouyeri am 2. November 2004 dazu, ihn auf offener Straße zu ermorden. Neben dem Mord verunsicherte eine zweite Tatsache die niederländische und europäische Öffentlichkeit: die Reaktion der muslimischen Gemeinschaft. In Amsterdam, einer Stadt, in der die Hälfte aller Einwohner einen Migrationshintergrund hatte, kam es noch am Abend des Mordes zu einer spontanen Demonstration mit etwa 20.000 Teilnehmern. Muslime allerdings waren nur ganz vereinzelt darunter.[5] Wenig anders zunächst die Reaktion der Muslime in Deutschland. Auch sie beteiligten sich an keinen Protestaktionen. Allerdings kam es am 21. November 2004 dann doch noch zu einer von der DITIB (*Türkisch-islamische Union der Anstalt für Religion*) organisierten Demonstration unter dem Motto „Gemeinsam für Frieden und gegen Terror". 20.000 Teilnehmer sollen sich in Köln eingefunden haben. Wie *die tageszeitung* damals berichtete, scheint der mit auffälliger zeitlicher Verzögerung ergangene Demonstrationsaufruf an die türkischen Muslime in Deutschland auf eine Anregung (oder sollte man besser sagen: Weisung) der Religionsbehörde in Ankara zurückgegangen zu sein.[6]

Wovon das Buch handelt und wovon nicht

Dieses Buch handelt nicht von islamistischen Terroristen und Imamen, die Empfehlungen zur körperlichen Züchtigung von Ehefrauen geben; nicht von bärtigen fanatisierten jungen Männern und ihrem Hass auf die offene Gesellschaft, nicht vom Heiligen Krieg oder von Verschwörung und Konspiration in Moscheen und islamischen Vereinen; nicht von Dschihadisten und Bombenlegern, vom muslimischen Antisemitismus,

---

5 Ebenda, S. 47 f.
6 Beucker, Pascal: Muslime gegen Terror. Großdemo geplant: Türkische Muslime beklagen Extremismusverdacht. Organisationen uneins, in: *taz.de*, 13. November 2004, http://www.taz.de/1/archiv/archiv/?dig=2004/11/13/a0133, Zugriff am 23.2. 2013; vgl. auch: 25.000 ziehen durch Köln. Moslem-Demo gegen Terror, in: *n-tv.de*, 21. November 2004, http://www.n-tv.de/politik/Moslem-Demo-gegen-Terror-article/6726.html, Zugriff am 23.2.2013; Rasche, Uta: Islam-Demonstration. Bestellt und geliefert? Die perfekte Organisation als Indiz für eine bestellte Demonstration?, in: *Frankfurter Allgemeine Zeitung*, 25. November 2004, Nr. 276

von geheimen Waffen- und Sprengstofflagern, von geplanten, verhinderten oder ausgeführten Attentaten, nicht von radikalen Machwerken und Hetzschriften eines fanatischen Islam. Es handelt nicht von Steinigungen von Frauen, nicht vom Köpfen, Hängen, Händeabhacken und anderen grausamen Körperstrafen, die mit dem Islam assoziiert werden. Wirklich interessant sind nicht die islamischen Extremisten und Gewalttäter. Viel interessanter ist die Frage, wie viele Muslime deren Aktivitäten mit klammheimlicher Freude oder doch wenigstens mit einer gewissen schadenfrohen Sympathie begleiten. Viel interessanter ist die Frage, wie viele Muslime dem Einwanderungsland, seiner Kultur und seinen Institutionen mit Abneigung oder gar Hass, oder doch wenigstens mit Ablehnung, Ressentiment, Vorbehalten oder Gleichgültigkeit gegenüberstehen. Oder um ein Beispiel zu nennen: Viel interessanter als die Hetze sogenannter Hassprediger ist die Reaktion ihrer regelmäßigen Zuhörer. Der aus Marokko stammende Imam der Hamburger Al-Quds-Moschee, Mohammed Fazazi, der in Marokko zu einer langjährigen Freiheitsstrafe verurteilt worden war, hat jahrelang in seinen Predigten Todesdrohungen gegen Ungläubige ausgestoßen. Nicht ein einziges Gemeindemitglied sah sich dazu veranlasst, sich gegen die Weiterbeschäftigung des Imam zu wenden, geschweige denn die Polizei zu informieren.[7]

Dieses Buch handelt ganz unspektakulär vom Dilemma, in das die europäischen Länder durch die Einwanderung des Islam geraten sind. Das alleine wäre noch nicht alarmierend. Aber während sich die Europäer in Selbstzweifeln aufreiben, stellt der Islam die europäischen Werte offensiv infrage und setzt ihnen selbstbewusst ein eigenes Wertesystem entgegen. In der öffentlichen Wahrnehmung ist ein Wertekonflikt entstanden, der eine große Ratlosigkeit hinterlässt. Wie soll mit diesem Wertekonflikt umgegangen werden? Sollen unsere Grundwerte für alle verbindlich sein, für Einheimische und Einwanderer, gleich, aus welchem Kulturkreis sie kommen? Oder ist die europäische Zukunft ein Wertepluralismus, der andere Werte auch dann noch akzeptiert, wenn sie den eigenen unvereinbar gegenüberstehen?

---

7 Ladeur, Karl-Heinz / Augsberg, Ino: Toleranz, Religion, Recht. Die Herausforderung des „neutralen" Staates durch neue Formen von Religiosität in der postmodernen Gesellschaft. Tübingen 2007, S. 78

Worum es geht

Unser Buch ist der Versuch, dieses Dilemma zu beschreiben und zu analysieren. Es fragt danach, welche Möglichkeiten den Beteiligten offenstehen und welche Vorstellungen Illusionen sind. Es geht nicht um den Wahrheitsanspruch von Religion, sondern darum, welche Auswirkungen es auf das Zusammenleben in einer Gesellschaft hat, wenn eine Religion mit abweichenden oder gar gegensätzlichen Werten einwandert. Es geht nicht um eine theologische Auseinandersetzung mit dem Islam, geschweige denn um eine Untersuchung seines Wahrheitsgehaltes. Wenn gewisse Grundzüge der islamischen Religion skizziert werden, dann nur aus dem Grund, den Islam als *soziologisches* Phänomen begreifbarer zu machen. In diesem Buch wird auch nicht nach den Chancen einer modernen islamischen Theologie gefragt, die sich auf die historisch-kritische Methode der Koranauslegung einlässt.[8] Was zählt ist, dass der Islam es nicht tut! Es geht nicht darum, darüber zu spekulieren, was der Islam sein könnte, interessant ist nur, was er ist und wie er heute als soziale Realität in Europa auftritt. Es geht nicht darum, die Chancen und Bedingungen für eine islamische Aufklärung oder Reformation auszuloten. In diesem Punkt wäre ohnehin äußerste Skepsis angebracht. Aufklärung und Reformation sind nämlich zutiefst europäische geistesgeschichtliche Erscheinungen. Deshalb sind große Zweifel an der Vorstellung erlaubt, das europäische Entwicklungsmodell lasse sich auf andere Religionen und Kulturen übertragen. Von Interesse ist einzig und allein der Mehrheits-Islam, der islamische Mainstream. Und dieser Mainstream ist ein orthodoxer, traditioneller, real existierender Islam, wie er durch die islamischen Interessenverbände und die übergroße Mehrheit der islamischen theologischen Autoritäten heute vertreten wird. Es ist ein Islam, den ein bekannter Ausspruch Recep Tayyip Erdogans auf unnachahmlich überhebliche Weise charakterisiert: „Unsere Religion ist ohne Fehler."[9] Ein selbstgewisser, zur Selbstkritik unfähiger Islam, der in Überlegenheitsgefühlen schwelgt

---

8 Wie weit die islamische Theologie einstweilen von einer historisch-kritischen Koranauslegung entfernt ist, davon vermittelt die Studie des islamischen Reformtheologen Nasr Hamid Abu Zaid „Mohammed und die Zeichen Gottes. Der Koran und die Zukunft des Islam" (Freiburg 2008) einen Eindruck.

9 Kelek, Necla: Bittersüße Heimat. Bericht aus dem Inneren der Türkei. Köln 2008, S. 77

und sich selbst bei der Gemeinschaft der Länder, die ihre Grenzen für ihn geöffnet haben und ihre Grundrechte mit ihm teilen, mit dem abfälligen Ausdruck „Christenclub" (Recep Tayyip Erdogan)[10] revanchiert.

Das Phänomen Islam in Europa kann nicht ausreichend erfasst werden, wenn seine orientalischen Wurzeln, seine Geschichte und die Gegebenheiten in der islamischen Welt, wo er die religiösen und kulturellen Verhältnisse auf mitunter totalitäre Weise bestimmt, außer Acht gelassen werden. Im Gegenteil zeugt es schon von einem sehr eurozentrischen Blickwinkel, wenn in Europa immer wieder der Gedanke aufkeimt, der Islam könne am Wesen der europäischen Grundwerte genesen und – damit infiziert – die Aufklärung in den Welt-Islam hinaustragen.

Europa ist beim Thema „Islam" in politisch korrekten Denkgewohnheiten gefangen. Die Autoren dieses Buches haben den Ehrgeiz, dagegen zu verstoßen. An deren Stelle tritt eine unbefangene Auseinandersetzung mit Tatsachen. Und Tatsache ist, dass allen Idealisierungen zum Trotz die Geschichte Europas in weiten Teilen eine Geschichte des europäisch-islamischen Konfliktes ist und nicht eines harmonischen Zusammenlebens. Am Anfang steht deshalb die Dekonstruktion des Mythos von Al-Andalus. Weder gab es unter dem Islam in Spanien ein Goldenes Zeitalter noch waren die Kreuzzüge Überfälle primitiver aggressiver christlicher Barbaren auf friedfertige Muslime, ohne deren zivilisatorische Leistungen die Menschheit noch immer zu einem unbequemen Leben auf Bäumen verurteilt wäre. Eine historische Skizze, die Kontinuität und Wandel in den Motiven und Mitteln der Konfliktaustragung nachzeichnet, kann dazu beitragen, die europäische Fehlsichtigkeit zu korrigieren. Zur Kontinuität dieses Konfliktes gehört auch das aktuelle islamische Streben nach der kulturellen Hegemonie in Europa. Dabei kommt ins Spiel, dass der Islam nicht nur Religion ist, sondern auch die diesseitige Vorstellung einer idealen Gemeinschaft.

---

10 Appell in München: Erdogan pocht auf EU-Beitritt, in: *Spiegel-online*, 9. Februar 2008, http://www.spiegel.de/politik/deutschland/appell-in-muenchen-erdogan-pocht-auf-eu-beitritt-a-534199.html, Zugriff am 27.8.2012

Diese wiederum hat ihre Wurzeln in einem spezifischen Menschen- und Gottesbild. Ein wichtiges Element der heutigen Spannungen ist das traurige Schicksal des nahöstlichen Christentums, die Verfolgung und Ermordung von Menschen, die sich nichts anderes zuschulden kommen lassen, als ein elementares Menschenrecht in Anspruch zu nehmen. Das Wertedilemma hat also auch eine internationale Dimension. Das ist der Grund dafür, dass sich die europäischen Muslime nicht als Unschuldslämmer in Szene setzen können, die Gewalt und Verbrechen im Namen des Islam nichts angeht, obwohl Terror und Untaten oder Diskriminierung und Verfolgung von Christen in seinem Namen begangen werden. Es gibt natürlich keine Kollektivhaftung. Aber da sich die Muslime als weltweite islamische Nation verstehen, müssten gerade sie empört sein, wenn Angehörige dieser Gemeinschaft die Prinzipien einer angeblich so toleranten Religion verraten. Aus dieser Konfliktkonstellation resultiert das Problem der Wechselseitigkeit. Europa muss auf der Religionsfreiheit für Christen in der Türkei bestehen, ohne seinerseits die Religionsfreiheit der Muslime einzuschränken. Aber das Jammern über die angebliche Islamophobie ist solange pure Heuchelei, solange die Muslime in Deutschland nicht mit allem Nachdruck für Christenrechte und Religionsfreiheit in der Türkei eintreten. Und so lange wird auch der christlich-muslimische Dialog nicht einen kümmerlichen Hauch an Glaubwürdigkeit besitzen. Den Mitgliedern des politisch-gesellschaftlichen Establishments in Europa, die meinen, dieses Wertedilemma ließe sich durch den Multikulturalismus überwinden, muss klar sein, dass sie nicht mehr sind als die „nützlichen Idioten"[11] eines neuen Totalitarismus.

Die Autoren gehen in diesem Buch folgenden Thesen nach: Erste These: Die Einwanderung des Islam nach Europa hat ein Dilemma entstehen lassen, weil die kulturellen Werte des Islam mit den kulturellen Werten Europas weitgehend unvereinbar sind. Diese These ist natürlich nicht unumstritten. Der polnische katholische Publizist Stefan Wilkanowicz z. B., der 2003 einen viel beachteten Vorschlag für die Präambel

---

11 W. I. Lenin zugeschriebenes Zitat

einer neuen EU-Verfassung gemacht hat, ist der Meinung, dass auch der Islam zum europäischen Erbe gehört.¹² Zweite These: Den Diskurs um

---

12 Der Entwurf einer Präambel von Stefan Wilkanowicz lautet: „Wir Europäer wollen im Bewusstsein des Reichtums unseres Erbes, das aus den Errungenschaften des Judentums, des Christentums, des Islam, der griechischen Philosophie, des römischen Rechts und des Humanismus mit seinen religiösen wie auch nichtreligiösen Quellen stammt; im Bewusstsein des Wertes der christlichen Zivilisation, welche die grundlegende Quelle unserer Identität ist; im Bewusstsein des häufigen Verrats, der an diesen Werten von Christen und Nichtchristen verübt worden ist; im Bewusstsein des Guten und Schlechten, das wir den Bewohnern anderer Kontinente gebracht haben; im Bedauern der Katastrophen, die in unserer Zivilisation entstandene totalitäre Systeme über die Menschheit gebracht haben, unsere gemeinsame Zukunft bauen:
In tiefer Achtung gegenüber jedem Menschen und in Anerkennung seiner unveräußerlichen Würde; in der Überzeugung, dass jeder Mensch wichtig ist und gebraucht wird, dass jeder Mensch Anspruch auf die Verwirklichung seiner Rechte hat und von jedem auch die Erfüllung seiner Pflichten verlangt werden kann; im Bewusstsein der Bedrohungen, die sich aus der Geringschätzung seiner Würde und Rechte ergeben und die hervorgerufen werden durch Ideen und Prozesse, die dieses Menschsein schmälern; in Achtung vor dem Reichtum der Verschiedenheit und in der Überzeugung, dass die Entwicklung einer gemeinsamen Wertegrundlage unerlässlich ist; in der Überzeugung, dass jeder Europäer verantwortlich ist für die Entwicklung seiner eigenen nationalen und der gemeinsamen europäischen Kultur, die unsere gemeinsame Aufgabe ist; im Bewusstsein der besonderem Verantwortung der Europäer für die Zukunft der Menschheit; im Bewusstsein der großen Gefahren, die ihr durch Hunger, Kriege und die Erniedrigung ganzer Gesellschaften drohen, verpflichten wir uns, die Entwicklung jedes einzelnen Menschen, menschlicher Gemeinschaften wie der ganzen Menschheit nach besten Kräften zu fördern." (*Tygodnik Powszechny*, Nr. 26 (2816), 29. Juni 2003, http://www.tygodnik.com.pl/tp/2816/main01.php, Zugriff am 27.2.2013, Übersetzung B. L.).
[„My, Europejczycy
- świadomi bogactwa naszego dziedzictwa, czerpiącego z dorobku judaizmu, chrześcijaństwa, islamu, greckiej filozofii, rzymskiego prawa oraz humanizmu mającego religijne i nierelegijne źródła;
- świadomi wartości cywilizacji chrześcijańskiej, podstawowego źródła naszej tożsamości;
- świadomi częstego zdradzania tych wartości przez chrześcijan i niechrześcijan;
- świadomi dobra i zła, które nieśliśmy mieszkańcom innych kontynentów;
- opłakujący katastrofę człowieczeństwa spowodowaną przez totalitarne systemy, zrodzone w ramach naszej cywilizacji, chcemy budować naszą wspólną przyszłość

die Einwanderung des Islam beherrschen Realitätsverweigerung und Bereicherungsrhetorik statt nüchterner Problemanalyse und offener Auseinandersetzung mit dieser Religion. Kein Weg führt vorbei an einer freien Debatte über die Probleme, die durch die islamische Einwanderung in Italien, in Deutschland und in den anderen Ländern Europas entstanden sind. Dritte These: Der Islam strebt nach kultureller Hegemonie. Zumindest der politische Islam macht aus seinem, wenn auch noch fernen, Endziel keinen Hehl: die Eroberung und Islamisierung Europas. Vierte These: Europa spielt ein gefährliches Spiel: Gelingt es nicht, den Islam zu zähmen, dann werden am Ende bedrohliche Konflikte entstehen, die die europäischen Gesellschaften zuerst spalten und später zerlegen.[13] Falls das Spiel verloren geht, wird das bisher bekannte Europa von der Weltbühne verschwinden. Fünfte These: Nicht der Islam ist die größte Bedrohung, sondern Europa ist sich selbst die größte Gefahr: Nachgiebigkeit und Werterelativismus, Unsicherheit über die eigenen Werte, mangelnder Wille zur kulturellen Selbstbehauptung lassen nur allzu schnell die Bereitschaft aufkommen, die an Feiertagen beschworenen kulturellen und politischen Grundwerte Europas im Alltag aufzugeben.

- w oparciu o głęboki szacunek dla każdego człowieka, o uznanie jego niezbywalnej godności;
- przekonani, że każdy człowiek jest ważny i potrzebny, że każdemu należy zapewnić realizację jego praw i od każdego wymagać spełnienia jego powinności;
- świadomi zagrożeń płynących z lekceważenia jego godności i praw, wywoływanych przez idee i procesy redukujące jego człowieczeństwo;
- doceniający bogactwo różnorodności i przekonani o konieczności rozwijania wspólnej bazy wartości;
- przekonani, że każdy Europejczyk jest odpowiedzialny za rozwój własnej kultury narodowej i wspólnej kultury europejskiej, która jest naszym wspólnym zadaniem;
- świadomi szczególnej odpowiedzialności Europejczyków za przyszłość ludzkości;
- świadomi wielkich niebezpieczeństw, które jej zagrażają, zwłaszcza klęsk głodów, wojen i degradacji całych społeczeństw zobowiązujemy się do usilnych starań o stwarzanie warunków dla rozwoju każdego człowieka, wszystkich społeczności i całej ludzkości."]

13 So ähnlich äußern sich selbst die islamfreundlichen Autoren: Idriz, Benjamin / Leimgruber, Stephan / Wimmer, Stefan (Hg.): Islam mit europäischem Gesicht. Impulse und Perspektiven. Kevelaer 2010, S. 224 f.

Ein Beispiel dafür bot jüngst die Ministerpräsidentin des Bundeslandes Nordrhein-Westfalen, Hannelore Kraft (SPD). Nach gewalttätigen Angriffen von Salafisten auf Polizisten im Mai 2012 kündigte Kraft unter anderem an, die Landesregierung werde Anhängern der rechtsradikalen Splitterpartei *Pro NRW* untersagen lassen, islamkritische Karikaturen zu zeigen. Diese Karikaturen hatten die Salafisten zu den Ausschreitungen provoziert.[14] Medien und Öffentlichkeit schien nicht aufzufallen, dass die nordrheinwestfälische Landesregierung gerade dabei war, das Grundrecht auf freie Meinungsäußerung aus Angst vor gewalttätigen Muslimen aufzugeben. Schlimmer noch, die Ankündigung war de facto die Einladung an muslimische Verfassungsfeinde, sich an der Ausgestaltung und Interpretation demokratischer Grundrechte in Deutschland schöpferisch zu beteiligen. Sechste These: Der Islam ist ein Teil Europas, ohne dazuzugehören. Trotzdem ist er in Europa auf Dauer angekommen und sein demografisches Gewicht erhöht sich ständig. Europa wird die islamische Herausforderung verlieren, wenn es nicht unnachgiebig darauf besteht, dass der Islam und die Muslime die kulturellen Werte Europas *bedingungslos* anerkennen und zu ihren eigenen machen.

Kulturelle und politische Werte

In diesem Buch geht es um Werte. Genauer, um Werte, die Einwanderer und Einheimische unterscheiden. Wertekonflikte sind Kennzeichen für Einwanderungsgesellschaften. Das Trennende ist mal größer, mal kleiner, und zwar abhängig davon, wie groß die Kluft zwischen der Kultur des Einwanderungslandes und der Kultur der Einwanderer ist. Europäische und islamische Wertewelt liegen weit auseinander. Sichtbar ist das z. B. in den vom Islam dominierten ethnischen Kolonien. In bestimmten Stadtteilen europäischer Großstädte wähnt sich mancher auf einer Reise in den Orient. Die augenfälligen kulturellen Unterschiede sind dabei lediglich Ausdruck unterschiedlicher Wertewelten. Eine soziale Ordnung,

---

14 SPD-Ministerin Kraft kündigt „Null-Toleranz" an: Druck auf Pro NRW und Salafisten „maximal erhöhen", in: *Focus-online*, 7. Mai 2012, http://www.focus.de/politik/deutschland/spd-ministerin-kraft-kuendigt-null-toleranz-an-druck-auf-pro-nrw-und-salafisten-maximal-erhoehen_aid_748575.html, Zugriff am 24.7.2012

in der Frauen weniger Rechte haben als Männer, drückt sich z. B. durch eine Kultur aus, in der Frauen Männern mit gesenktem Blick begegnen oder nicht am öffentlichen Leben teilnehmen. Sind die infrage stehenden Werte sehr weit voneinander entfernt, kann ein Wertedilemma entstehen. Aber was sind Werte?

Der Soziologe Hans Joas hat eine überzeugende Definition entwickelt. Werte sind emotional stark besetzte Vorstellungen über das, was Individuen, Gruppen oder ganze Gesellschaften für wünschenswert halten. Diese Vorstellungen sind also nicht bloße Meinungen oder Wünsche, die bei Einwänden leicht wieder aufgegeben werden können, sondern dauerhafte Einstellungen. Es sind Werte, durch die man etwas für erstrebenswert oder nicht wünschenswert hält. Werte sind etwas, von dem man ergriffen ist; sie haben den Charakter unbedingter Überzeugungen und bedingen, wie Joas schreibt, ein „Nicht-anders-Können".[15]

Inhalt des Wünschens- oder Erstrebenswerten können Eigenschaften (z. B. Höflichkeit), Dinge (z. B. Eigentum: „mein Haus, mein Auto, mein Boot"), Ideen (Freiheit, soziale Gerechtigkeit, individuelle Selbstbestimmung), Verhalten (man muss auch in einer unfairen Auseinandersetzung sachlich bleiben und seine Wut beherrschen), Beziehungen (Liebe als Grundlage des Eltern-Kind-Verhältnisses) oder Gefühle sein. Wie man leicht sehen kann, beeinflussen Werte damit die Auswahl möglicher Handlungsziele, Mittel und Handlungsweisen der Menschen. Werte sind offenkundig ein weites Feld und ein unscharfes Thema. Umso wichtiger ist der Versuch, zu einigermaßen präzisen Begriffen zu kommen. Aus analytischen Gründen werden deshalb antagonistische und nichtantagonistische Werte sowie kulturelle und politische Grundwerte unterschieden.

Werte können, wie gesagt, antagonistisch und nichtantagonistisch sein. Im Falle der nichtantagonistischen Werte legen verschiedene Menschen Wert auf unterschiedliche Dinge, die sich gegenseitig nicht ausschließen. Beispiel: Die einen geben sich die Hand bei der Begrüßung, andere umarmen sich. Höflichkeitsformen etwa bieten ein Bei-

---

15 Vgl. Joas, Hans / Wiegandt, Klaus (Hg.): Die kulturellen Werte Europas. Frankfurt am Main 2005, S. 13–16; Joas, Hans: Die Entstehung der Werte. Frankfurt am Main ²1999, S. 19–21, 30–33; Noll, Bernd: Wirtschafts- und Unternehmensethik in der Marktwirtschaft. Stuttgart 2002, S. 9

spiel für die Koexistenz unterschiedlicher Werte. Eine typische Wertehierarchie liegt vor, wenn danach gefragt wird, welche Elemente ein gutes Leben ausmachen und in welcher Reihenfolge diese Elemente anzuordnen sind. Eine solche Konstellation kann sehr konfliktgeladen sein, ist aber grundsätzlich kontrollierbar, etwa bei der Frage, ob sich Menschen für ihre individuelle Selbstverwirklichung entscheiden oder für ein Leben in einer familiären Gemeinschaft, die die persönliche Autonomie einschränkt. Das Beispiel zeigt, dass es selbst in einer kulturell homogenen Gesellschaft zu konflikthaften Wertentscheidungen kommt. Komplizierter wird es, wenn die kulturellen Werte, die aufeinandertreffen, antagonistisch sind. Antagonistische Werte sind *unbedingt*, sie vertragen keinen Kompromiss, schließen einander aus, sind miteinander unvereinbar. Zu dieser Konstellation ist es in Europa mit der Einwanderung des Islam gekommen. Islamische Kultur und europäisch-christlich geprägte Kultur ticken anders – eben nicht nur unterschiedlich, sondern häufig entgegengesetzt. Bestimmte Werte können nicht wirklich koexistieren, selbst wenn sie es in der sozialen Wirklichkeit manchmal tun. Gegner der Todesstrafe können die Praxis der Todesstrafe niemals hinnehmen.[16] Polygamie ist mit der europäischen Idee von der Ehe unvereinbar. Die islamischen Speisevorschriften haben für Muslime ausschließliche Gültigkeit. Die spannende Frage ist also immer, wie mit Wertedifferenzen umgegangen werden kann, selbst wenn sie unüberbrückbar groß sind.

Grundlegend ist auch die Unterscheidung von kulturellen und politischen Grundwerten. Grundwerte bringen eine unendliche Vielfalt von alltäglichen Erscheinungsformen auf dichte abstrakte Begriffe. Will man die kulturellen Grundwerte Europas auf einen kurzen Nenner bringen, kann man sich an die Bestimmung von Jürgen Habermas halten: Freiheit, Gleichheit, Solidarität, persönliche Autonomie, Emanzipation, individuelle Gewissensmoral, Menschenrechte und Demokratie. Hinzuzufügen wären Rationalität, die Trennung von Vernunft und Glauben, Innerlichkeit, Individualismus und Selbstverwirklichung. Unter allen diesen Werten aber ist die Freiheit der zentrale Wert über-

---

16 So ist Tatsache, dass ein Teil der US-Bundesstaaten die Todesstrafe abgeschafft hat, während sie in der Mehrheit der Staaten jedoch vollstreckt wird – ein Beispiel für die Koexistenz von Praktiken, die auf jeweils völlig unvereinbaren Werten beruhen.

haupt. Der amerikanische Soziologe Orlando Patterson meint, dass das Christentum als erste und einzige Weltreligion die Freiheit zum höchsten religiösen Ziel erklärt habe. Es habe den Freiheitsbegriff intellektuell auf die höchste Stufe gehoben und spirituell für heilig erklärt, wie die Briefe des heiligen Paulus an die Galater und die Römer belegten. Für Patterson ist der hohe Stellenwert der Freiheit Ausfluss des christlichen Erlösungsgedankens, der sich in der Theologie des Paulus zur Idee verdichtet, dass im Mittelpunkt des Menschseins die persönliche spirituelle Freiheit steht. In dem Maße, in dem sich das Christentum im Laufe des Mittelalters als hegemoniale kulturelle Kraft durchsetzte, sei auch „die Freiheit vollständig institutionalisiert" worden. Im Zentrum des christlichen Glaubens steht ein Gott, der seinen Sohn zur Befreiung der Menschheit in die Welt gesandt hat. Dieses Denken habe „Geist und Seele Europas" erfasst und dafür gesorgt, dass die einzelnen europäischen Kulturen vom Wert der Freiheit beseelt wurden:

> „Die Freiheit als autonomer Wert im Zentrum des Wertesystems ... prägte ... alle übrigen Werte und durchdrang sämtliche Bereiche der Kultur. Europa und das Christentum wurden eins. Und das Christentum konzentrierte sich unablässig auf ein Ziel: Erlösung und Freiheit."[17]

Die kulturellen Werte Europas sind aus dem Christentum oder in Auseinandersetzung mit ihm hervorgegangen. Auch wenn sich viele Werte von ihrem metaphysischen Hintergrund gelöst haben und säkulare Werte geworden sind, können sie ihre Herkunft doch nicht verleugnen. Die politischen Grundwerte leiten sich aus den kulturellen Grundwerten ab. Daraus entsteht ein mentaler Zustand, der als politische Kultur bezeichnet wird. Dem kulturellen Ideal der autonomen Lebensführung z. B. entsprechen im liberalen und demokratischen Rechtsstaat die verfassungsmäßig garantierten individuellen Freiheitsrechte. Dem kulturellen Grundwert der Gottesebenbildlichkeit des Menschen entspricht die Würde des Menschen als höchstes Verfassungsziel. Politische und kulturelle Grundwerte sind also eng miteinander verzahnt. Deshalb ist auch die amerikanische

---

17 Patterson, Orlando: Freiheit, Sklaverei und die moderne Konstruktion der Rechte, in: Joas, Hans / Wiegandt, Klaus (Hg.): Die kulturellen Werte Europas. Frankfurt am Main 2005, S. 164–218, besonders S. 172–174

Vorstellung, im Irak oder in Afghanistan könne eine Demokratie westlichen Zuschnitts eingeführt werden, naiv: Die hergebrachten kulturellen und neu verordneten politischen Werte passen dort nicht zusammen. Aber auch in Deutschland blüht diese Naivität. Der stillschweigende integrationspolitische Konsens der deutschen Bundestagsparteien geht von der Annahme aus, man könne die Einwanderer aus fremden Kulturen dazu bringen, die politischen Grundwerte zu internalisieren, ohne dass sie sich vorher die kulturellen Grundwerte des Einwanderungslandes angeeignet haben. Aber die politischen Grundwerte lassen sich nur aus ihrem kulturellen und historischen Hintergrund ableiten. Ohne ihre kulturelle Verankerung bleiben die unveräußerlichen Grundrechte, die Herrschaft des Rechts, die Gewaltenteilung, die Volkssouveränität, die repräsentative und plebiszitäre Demokratie, das Recht auf Leben und freie Entfaltung der Persönlichkeit, das Streben nach sozialer Gerechtigkeit, die Selbstbestimmung des Volkes nach dem Willen der jeweiligen Mehrheit, die Gleichheit vor dem Gesetz, die Verantwortlichkeit der Regierung, die Gesetzmäßigkeit der Verwaltung, die Unabhängigkeit der Gerichte, das Mehrparteienprinzip, die Chancengleichheit für alle politischen Parteien, das Recht auf Opposition oberflächlich und rein formal.

Von der militärischen zur demografischen Eroberung Europas? Eine kurze Geschichte des europäisch-islamischen Konfliktes

Am 2. Januar 1492 übergibt der letzte maurische Regent Mohammed XII. Granada an Ferdinand und Isabella von Spanien. Damit war die *Reconquista* zum Abschluss gekommen. Sie hatte 750 lange Jahre gedauert und schließlich zur Befreiung der spanischen Halbinsel von der Herrschaft der Muslime geführt. Am 11. und am 12. September 1683 erlitt das türkische Heer vor den Toren Wiens eine vernichtende Niederlage. Diese militärische Katastrophe war der Anfang vom Ende des Projektes einer osmanischen Weltherrschaft. Mit der Niederlage begann die Rückeroberung des Balkans durch die Habsburger. Fünf Jahrhunderte nach der Vertreibung der Muslime aus Spanien und drei Jahrhunderte nach dem Scheitern der Belagerung von Wien steht Europa erneut vor einer islamischen Landnahme. Aber im Unterschied zur Vergangenheit sind es keine Heere, die in Europa einfallen. Es sind Einwanderer aus Afrika, dem Nahen Osten und aus Asien, die nach Europa drängen. Familienzusammenführung und Geburtenraten, die über denen der einheimischen Europäer liegen, tragen zusätzlich zu einem schnellen Anwachsen der islamischen Bevölkerung bei.

Muslime in Europa

Etwas mehr als 44 Millionen Muslime gibt es derzeit in Europa. Diese Zahl ist geschätzt. Ständige Wanderungsbewegungen und Schwierigkeiten bei der Erhebung genauer Daten erschweren die Ermittlung exakter Zahlen. Aber diese Zahl gilt gleichwohl als einigermaßen sicher. Sie stammt vom *Forum on Religion and Public Life Pew Research Center*, das für seine Zuverlässigkeit bekannt ist. Im Jahr 1990 waren es noch 29,6 Millionen Muslime. Bis 2030 wird ihre Zahl auf 58 Millionen steigen, so die Prognose in dem Bericht *The Future of the Global Muslim Population Projections for 2010–2030*, der im Januar 2011 veröffentlicht wurde. Wenn die Prognose zutrifft, dann steigt der muslimische Anteil an der europäischen Gesamtbevölkerung also von etwa 4 Prozent im Jahr 1990 auf 8 Prozent im Jahr 2030.

Die meisten Muslime Europas, etwa 15 Millionen Menschen, leben in Russland. In Albanien (80 Prozent) und im Kosovo (90 Prozent) ist die Bevölkerungsmehrheit muslimisch. Beide Gebiete waren sehr lange Zeit unter osmanischer Herrschaft. Nennenswert ist auch der muslimische Bevölkerungsanteil in Bosnien-Herzegowina (40 Prozent) und Mazedonien (33 Prozent). Die Mehrheit der Muslime in Westeuropa ist in den vergangenen 50 Jahren gekommen. Sie sind Einwanderer oder Kinder von Einwanderern aus der Türkei, Nordafrika und Asien. Dagegen stammen die meisten Muslime, die in Russland und auf dem Balkan leben, von Einheimischen ab, die im Zuge der osmanischen Eroberungen zum Islam konvertiert sind. Sie leben also schon seit Jahrhunderten dort.

Deutschland hat vermutlich 3 bis 4 Millionen Muslime, die heute etwa 5 Prozent der Bevölkerung ausmachen. Das sind weitaus mehr als in den USA, wo im Jahre 2010 nach Angaben des *Pew Research Centers* 2,6 Millionen Muslime lebten, was einem Bevölkerungsanteil von etwa 0,8 Prozent entspricht.[1] Bei den Muslimen in Deutschland handelt es sich überwiegend um Türken. Schätzungen gehen davon aus, dass sich der muslimische Bevölkerungsanteil in den nächsten zwei Jahrzehnten noch um eineinhalb Millionen erhöhen wird. In diesem Fall würden die Muslime im Jahre 2030 bereits 7 Prozent der gesamten Bevölkerung ausmachen. In Frankreich leben bereits heute, absolut als auch prozentual gemessen, die meisten Muslime unter allen EU-Ländern. Ihre Zahl wird sich auf 6,8 Millionen erhöhen. Dann werden in Frankreich und Belgien mehr als 10 Prozent der Bevölkerung muslimisch sein, während sich Österreich und Schweden einer zweistelligen Prozentzahl annähern.

Der Wirtschaftswissenschaftler Karoly Lorant, Autor einer vom Europäischen Parlament in Auftrag gegebenen Studie, gibt an, dass im Jahre 2005 25 Prozent der Einwohner von Marseille und Rotterdam, 20 Prozent der Einwohner von Malmö und 15 Prozent der Bewohner von Brüssel und Birmingham Muslime waren. In Paris, London und Kopenhagen kamen die Muslime auf 10 Prozent der Gesamtbevölkerung. In absoluten Zahlen gemessen wird die muslimische Bevölkerung Europas am stärksten in Großbritannien, Frankreich, Italien und Deutschland zunehmen.

---

1 The Future of the Global Muslim Populations. Projections for 2010–2030, http://www.pewforum.org/The-Future-of-the-Global-Muslim-Population.aspx; Zugriff am 23.2.2013

Von der militärischen zur demografischen Eroberung Europas?

Europa
Anzahl der Muslime in ausgewählten Ländern

Länder	Geschätzter Umfang der muslim. Bevölkerung	Geschätzter Anteil (in %) der muslim. Bevölkerung	Erwarteter Umfang der muslim. Bevölkerung	Erwarteter Anteil (in %) der muslim. Bevölkerung
	2010	2010	2030	2030
Belgien	638.000	6,0	1.149.000	10,2
Dänemark	226.000	4,1	317.000	5,6
Deutschland	4.119.000	5,0	5.545.000	7,1
Finnland	42.000	0,8	105.000	1,9
Frankreich	4.704.000	7,5	6.860.000	10,3
Griechenland	527.000	4,7	772.000	6,9
Großbritannien	2.869.000	4,6	5.567.000	8,2
Irland	43.000	0,9	125.000	2,2
Italien	1.583.000	2,6	3.199.000	5,4
Luxemburg	11.000	2,3	14.000	2,3
Niederlande	914.000	5,5	1.365.000	7,8
Norwegen	144.000	3,0	359.000	6,5
Österreich	475.000	5,7	799.000	9,3
Portugal	65.000	0,6	65.000	0,6
Schweden	451.000	4,9	993.000	9,9
Schweiz	433.000	5,7	663.000	8,1
Spanien	1.021.000	2,3	1.859.000	3,7
Insgesamt	18.267.000	4,5	29.759.000	7,1

Die Schätzungen der Bevölkerungszahlen sind jeweils auf Tausend gerundet. Die Prozentanteile sind von nicht gerundeten Zahlen errechnet, sodass die Zahlen sich daher aufgrund der Rundungen nicht exakt entsprechen. Die Tabelle führt 17 von insgesamt 50 europäischen Ländern und Gebieten auf.

Pew Research Center's Forum on Religion & Public Life: Erwartete muslimische Bevölkerung weltweit, Januar 2011

35

Von der militärischen zur demografischen Eroberung Europas?

Europa				
Jährliche Bevölkerungswachstumsraten von Muslimen und Nichtmuslimen (in %)				
Zeitraum	1990–2000	2000–2010	2010–2020	2020–2030
Muslime	2,2	1,8	1,6	1,2
Nichtmuslime	0,0	0,0	–0,1	–0,2

Diese Zahlen sind Mittelwerte der Jahreswachstumsraten in Jahrzehnten gerechnet. Die Errechnung dieser Mittelwerte erfolgt auf der Grundlage der Bevölkerungszahl jedes einzelnen Jahres unter Berücksichtigung des Bevölkerungswachstums aus dem jeweils vorhergehenden Jahr. Die eingetragenen Prozentanteile beruhen auf nicht gerundeten Zahlen. Grau hinterlegte Felder bezeichnen erwartete Zahlengrößen.

Pew Research Center's Forum on Religion & Public Life: Erwartete muslimische Bevölkerung weltweit, Januar 2011

In den nächsten Jahren wird die muslimische Bevölkerung in Europa also weiter stetig wachsen, auch wenn die Zuwachsrate abnimmt. Dagegen bleibt die nichtmuslimische Bevölkerungszahl allenfalls konstant.

Die Gründe für das Wachstum der muslimischen Bevölkerung in Europa sind die hohen Geburtenraten und eine weitere Einwanderung, vor allem im Zuge von Familiennachzug und Asylsuche. Auf der Grundlage der verfügbaren Daten für 25 europäische Länder schätzt der Bericht, dass muslimische Frauen im Durchschnitt 2,2 Kinder haben, während nichtmuslimische Frauen nur 1,5 Kinder zur Welt bringen. In Deutschland haben türkische Frauen, die die große Mehrheit der muslimischen Frauen bilden, im Durchschnitt 1,8 Kinder, deutsche Frauen dagegen nur 1,3. In Finnland liegen muslimische Frauen mit 3,3 Kindern an der Spitze der Geburtenraten. Nichtmuslimische Frauen haben dagegen nur 1,8 Kinder.

Es gibt viele Faktoren, die zu den höheren Geburtenraten der Muslime beitragen, aber es ist nicht möglich, alle genau zu bestimmen. Sicherlich hat die Religion einen starken Einfluss. Musliminnen gebären mehr Kinder als Christinnen, aber auch mehr als Frauen, die anderen Religionsgemeinschaften angehören. Allerdings wird der Einfluss der Religion auf die Geburtenhäufigkeit in der Bevölkerungswissenschaft lebhaft diskutiert. Die Daten sind nämlich widersprüchlich. Es stimmt zwar, dass Frauen mit einer starken religiösen Bindung eine höhere Geburtenrate haben; das gilt jedoch nicht nur für Musliminnen, sondern auch für Christinnen. Was die Geburtenkontrolle angeht, verbietet der Islam nicht ausdrücklich die Familienplanung, jedoch beschränken oder verbieten viele muslimische Länder die Abtreibung. Der eindrucksvolle Rückgang der Geburtenrate im Iran bietet überdies ein Beispiel dafür, wie strenge islamische Praktiken mit einer weitverbreiteten Familienplanung koexistieren können. In diesem Land ist nämlich die Geburtenrate, die zwischen 1980 und 1990 noch 6 Kinder betragen hatte, auf die aktuelle Zahl von 1,7 Kindern pro Frau gesunken. Damit hat der Iran das demografische Niveau Europas erreicht. Andererseits ist es eine Tatsache, dass islamische Länder immer noch zu den Ländern mit dem höchsten Bevölkerungswachstum gehören. Die Geburtenrate in den 49 Ländern, in denen Muslime die Bevölkerungsmehrheit bilden, wird für den Zeitraum 2010–2015 auf 2,9 Kinder geschätzt. In den Jahren 1990–1995 waren es noch 4,3 Kinder pro Frau. Bemerkenswert ist, dass auch sehr reiche islamische Länder, wie etwa Saudi-Arabien, ein Bevölkerungswachstum aufweisen. Diese Tatsache relativiert die Bedeutung einer ökonomistischen Erklärung, wonach Armut und niedriges Bildungsniveau zu höheren Geburtenraten führen. Eine sehr hohe Kinderzahl kann auch die Folge einer beschränkten persönlichen Autonomie der Frauen und begrenzter Möglichkeiten in Bildung und Beruf sein. Zudem ist es für Frauen in islamischen Ländern schwieriger, sich scheiden zu lassen. Eine Emanzipation der Frauen, die in Europa zu einem großen Teil für den Rückgang der Geburtenrate verantwortlich ist, hat in den muslimischen Ländern bisher nicht stattgefunden. Die hohe Kinderzahl bei muslimischen Einwanderern enthält noch eine weitere Botschaft: Wir halten an Kultur und Verhaltensweisen, wie wir sie aus unseren Herkunftsländern mitgebracht haben, unbeirrt fest.

Auch das geringere Heiratsalter und die Tendenz, Kinder schon bald nach der Heirat zu bekommen, erhöht die muslimische Geburtenrate. Eine Analyse von Daten der UN durch das *Pew Forum* zeigt, dass das durchschnittliche Heiratsalter von muslimischen Frauen in höher entwickelten Ländern mit nichtmuslimischer Bevölkerungsmehrheit 26,2 Jahre, in Ländern mit muslimischer Mehrheit 21,6 Jahre beträgt. Dagegen heiraten deutsche Frauen durchschnittlich erst mit 30,0 Jah-

Von der militärischen zur demografischen Eroberung Europas?

Europa
Geburtenraten von Muslimen und Nichtmuslimen / durchschnittliche Kinderzahl

Länder	2005–2010			2025–2030		
	Muslime	Nichtmuslime	Differenz	Muslime	Nichtmuslime	Differenz
Albanien*	1,9	1,7	0,2	1,9	1,7	0,2
Belgien	2,5	1,7	0,8	2,2	1,7	0,5
Bosnien-Herzegowina	1,2	1,2	0,0	1,4	1,4	0,0
Bulgarien	1,8	1,3	0,5	1,7	1,4	0,3
Dänemark	2,7	1,8	0,9	2,4	1,8	0,6
Deutschland	1,8	1,3	0,5	1,7	1,4	0,3
Finnland	3,3	1,8	1,5	2,8	1,8	1,0
Frankreich	2,8	1,9	0,9	2,4	1,9	0,5
Georgien	1,8	1,6	0,2	1,9	1,7	0,2
Griechenland	1,8	1,6	0,2	1,9	1,7	0,2
Großbritannien	3,0	1,8	1,2	2,5	1,8	0,7
Irland	3,0	1,9	1,1	2,6	1,9	0,7
Italien	1,9	1,4	0,5	1,8	1,4	0,4
Kosovo*	2,4	1,1	1,3	1,9	1,1	0,8

Von der militärischen zur demografischen Eroberung Europas?

Makedonien	1,7	1,3	0,4	1,8	1,5	0,3
Montenegro	2,5	1,5	1,0	2,3	1,7	0,6
Niederlande	2,7	1,6	1,1	2,3	1,7	0,6
Norwegen	3,1	1,8	1,3	2,6	1,8	0,8
Österreich	2,4	1,3	1,1	2,1	1,4	0,7
Rumänien	1,4	1,3	0,1	1,4	1,4	0,0
Schweden	2,5	1,8	0,7	2,3	1,8	0,5
Schweiz	2,4	1,4	1,0	2,2	1,6	0,6
Serbien	3,1	1,6	1,5	2,7	1,7	1,0
Spanien	1,6	1,4	0,2	1,5	1,4	0,1
Ukraine	1,9	1,5	0,4	1,9	1,7	0,2
Durchschnitt insgesamt	2,2	1,5	0,7	2,0	1,6	0,4

* Land mit muslimischer Bevölkerungsmehrheit

Quelle: *International Institute for Applied Systems Analysis* (IIASA): Geburtenraten insgesamt. Die Durchschnittszahlen sind aufgrund der Bevölkerungszahlen der einzelnen Länder errechnet, sodass bevölkerungsreichere Länder sich darin mehr widerspiegeln als kleinere Länder. Die Zahlen können einander aufgrund der Rundungen nicht immer exakt entsprechen. Die Tabelle führt nur diejenigen Länder auf, deren Zahlenmaterial zugänglich war.

Pew Research Center's Forum on Religion & Public Life: Erwartete muslimische Bevölkerung weltweit, Januar 2011

ren. Darüber hinaus neigen deutsche Frauen im Gegensatz zu muslimischen dazu, die Entscheidung für Kinder auf eine spätere Lebensphase zu verschieben, in der die Fruchtbarkeit bereits abnimmt. So verringern sich die biologischen Gelegenheiten für Kinder, auch wenn sie erwünscht sind.

Aufgrund der hohen Geburtenrate der Muslime in den letzten Jahren sind jetzt zahlreiche muslimische Jugendliche und junge Erwachsene im gebär- und zeugungsfähigen Alter oder stehen kurz davor. Daraus folgt, dass selbst bei geringerer Kinderzahl je Frau die muslimische Bevölkerung in den nächsten beiden Jahrzehnten relativ rasch ansteigen wird. Diese Entwicklung hat auch sozialpsychologische Auswirkungen: Den extrem niedrigen Geburtenraten der Nichtmuslime in Europa stehen die Zunahme der Zahl der Muslime und ihre wachsende Sichtbarkeit gegenüber. Viele Menschen in Europa fürchten, dass die Muslime bald in der Mehrheit sein und die europäischen Gesellschaften radikal verändern könnten. Und genau diese Perspektive, in der Demografie zu einer Waffe im Kampf der Kulturen wird, befürworten nicht wenige prominente und weniger prominente Vertreter der islamischen Welt und verfolgen sie auch politisch. So erklärte der 1942 in Ankara geborene türkische Reiseunternehmer mit deutscher Staatsangehörigkeit, Vural Öger (Öger Tours GmbH), der für die SPD von 2004 bis 2009 Mitglied des Europäischen Parlaments war, im Jahre 2004:

„Im Jahr 2100 wird es in Deutschland 35 Millionen Türken geben. Die Einwohnerzahl der Deutschen wird dann bei ungefähr 20 Millionen liegen. Das, was Kanuni Sultan Süleyman 1529 mit der Belagerung Wiens begonnen hat, werden wir über die Einwohner, mit unseren kräftigen Männern und gesunden Frauen, verwirklichen."[2]

---

2 Zitat *Hürriyet*: wörtliche Übersetzung aus *BILD*, 26. Mai 2004. Vgl. auch: Nur ein Witz? Wirbel um Öger-Äußerungen. Irritation: SPD-Europakandidat fordert deutsche Frauen auf, mehr Kinder zu bekommen, in: *Hamburger Abendblatt*, 25. Mai 2004 http://www.abendblatt.de/hamburg/article254449/Nur-ein-Witz-Wirbel-um-Oeger-Aeusserungen.html, Zugriff am 30.7.2004; Krüger, Karen: Türkische Medien zu Sarrazin: Er ist nur eine Stimme unter vielen, in: *FAZ.net*, 31. August 2010, http://www.faz.net/aktuell/feuilleton/debatten/2.1763/die-debatte/tuerkische-medien-zu-sarrazin-er-ist-nur-eine-stimme-unter-vielen-11028027.html, Zugriff am 25.7.2012

Als er mit diesem Satz auf Kritik stieß, behauptete Öger, es habe sich bei dem – auch von der türkischen Zeitung *Hürriyet* veröffentlichten – Zitat lediglich um einen Witz gehandelt. Ögers „Witz" ist freilich kein Einzelfall. Das Motiv der demografischen Eroberung dringt immer mal wieder durch, wenn auch meist nur zwischen den Zeilen. So hat der türkische Staatspräsident Abdullah Gül während seines Besuches im September 2011 gefordert, Deutschland müsse sich angesichts seiner schrumpfenden Bevölkerung weiter für Einwanderer öffnen. Der Präsident dürfte dabei vor allem an türkische Einwanderer gedacht haben.

Zwar zeigen demografische Studien, dass sich die Kluft zwischen der Fruchtbarkeit der muslimischen und der nichtmuslimischen Frauen in Europa verringert. Gleichzeitig nimmt die nichtmuslimische Bevölkerung aber weiter ab. Für den Zeitraum 2025–2030 wird erwartet, dass die Kinderzahl muslimischer Frauen auf durchschnittlich 2,0 sinkt und die der nicht-muslimischen leicht auf 1,6 Kinder ansteigt. Aber wohlgemerkt, bei diesen demografischen Zahlenspielen handelt es sich um bloße Vermutungen. Vielleicht ist auch nur ein frommer Wunsch der Vater der Prognose.

Der Unterschied in den Geburtenraten von Muslimen und Nichtmuslimen verändert die Altersstruktur in beiden Gruppen. Den sozialen Folgen, die sich daraus ergeben, wird heute dennoch keine Aufmerksamkeit geschenkt. Die muslimische Bevölkerung in Europa ist viel jünger als die nichtmuslimische. Im Jahre 2010 waren 49 Prozent der Muslime unter 30 Jahren, während bei den Nichtmuslimen die Unterdreißigjährigen nur 34 Prozent ausmachten. Hochrechnungen für die nächsten zwei Jahrzehnte bestätigen diesen Unterschied: Im Jahr 2030 sinkt der Anteil junger Muslime unter 30 Jahren auf 42 Prozent und bei den Nicht-Muslimen auf 31 Prozent. Gleichzeitig sind bei den Muslimen nur 11 Prozent über 60 Jahre, bei den Nichtmuslimen 24 Prozent. Die Alterung der einheimischen Bevölkerung Europas scheint ein wichtiger Grund für die weitverbreitete Resignation gegenüber den Herausforderungen durch einen vitalen und aggressiven Islam.

Kurzum, die unterschiedlichen Geburtenraten führen zu einem anhaltenden Rückgang der nichtmuslimischen und einer stetigen Zunahme der muslimischen Bevölkerung. Der zweite Faktor, der den Unterschied zwischen den beiden Bevölkerungen verstärkt, ist eine ungebrochene Dynamik der Einwanderung. Deutlich mehr Muslime

Von der militärischen zur demografischen Eroberung Europas?

Europa			
Einwanderungssaldo von Muslimen in ausgewählten Ländern 2010			
	Geschätzte Netto-Immigration von Muslimen	Anteil (in %) der Muslime unter den neuen Einwanderern	Anteil (in %) der Muslime an der Gesamtbevölkerung
Westeuropa			
Frankreich	66.000	68,5	7,5
Niederlande	3.000	42,6	5,5
Belgien	14.000	30,8	6,0
Österreich	8.000	23,4	5,7
Schweiz	2.000	19,0	5,7
Deutschland	22.000	14,7	5,0
Südeuropa			
Griechenland	12.000	29,7	4,7
Italien	60.000	23,7	2,6
Spanien	70.000	13,1	2,3
Nordeuropa			
Schweden	19.000	45,4	4,9
Norwegen	7.000	34,0	3,0
Großbritannien	64.000	28,1	4,6
Finnland	2.000	20,6	0,8
Ireland	5.000	9,6	0,9
Dänemark	<1.000	8,0	4,1
Osteuropa			
Bulgarien	<1.000	41,9	13,4

Quelle: *International Institute for Applied Systems Analysis* (IIASA): Geschätzte Netto-Migration anhand der Analyse von Daten von Eurostat, UNO und Datenbank der Weltreligionen.

Pew Research Center's Forum on Religion & Public Life: Erwartete muslimische Bevölkerung weltweit, Januar 2011

wandern in die europäischen Länder ein als in ihre Herkunftsländer zurückkehren. Beispielsweise wurde der Wanderungssaldo zwischen ausreisenden und einreisenden Muslimen 2010 in Deutschland auf plus 22.000 Personen geschätzt, in Italien, Großbritannien, Spanien und Frankreich sogar auf 60.000 Personen und mehr.

Wege der Einwanderung

In den letzten zehn Jahren hat die Einwanderung aus Nordafrika und der Türkei nach Europa deutlich ihren Charakter verändert. Anfangs war die Einwanderung lediglich eine Reaktion auf die Bedürfnisse des Arbeitsmarktes. Sie war zeitlich begrenzt und deshalb kehrten die Einwanderer, die als „Gastarbeiter" betrachtet wurden, früher oder später in ihre Heimatländer zurück. Heute ist die Einwanderung nach Europa nur noch zum Teil auf die Bedürfnisse des Arbeitsmarktes ausgerichtet. Es sind andere Einwanderungsmöglichkeiten dazugekommen: die Familienzusammenführung etwa, die Suche nach Asyl oder auch die illegale Einwanderung. Die neuen legalen Einwanderer sind überwiegend Familienangehörige – Ehefrauen, Söhne, Ehemänner und andere Verwandte. Im Unterschied zu den Gastarbeitern lassen die neuen Einwanderer alles hinter sich, um sich mit ihren Familienangehörigen in den europäischen Ländern auf Dauer niederzulassen.

Die Familienzusammenführung hat die Immigration, das Verhalten der Immigranten und den Charakter der Einwanderergemeinschaften verändert. Einige Probleme, etwa solche des häuslichen Zusammenlebens oder der Gesundheit, haben sich verschärft, andere sind neu entstanden, etwa im Bereich von Schule und Kindererziehung. Die Familien formieren sich neu, und das bringt neue Probleme mit sich. Es verändert nämlich die Einstellungen der Einwanderer gegenüber den kulturellen und religiösen Werten des Aufnahmelandes. Die einzelnen Einwanderer lebten isoliert oder in einer überschaubaren Gruppe von Landsleuten. Manche Immigranten erprobten den europäischen Lebensstil, der liberaler und toleranter war. Mit der Ankunft der Familie im Einwanderungsland aber änderte sich alles. Nun stehen die Einwanderer vor dem Problem, wie sie im Westen ihre Kultur, ihren Lebensstil und das Familienmodell ihres Herkunftslandes leben sollen, um die hergebrachte Moral der Familienmitglieder zu bewahren und sie vor den Verlockungen des Westens zu schützen.

Bisher reichten Hinterhofräume als Moschee für Zusammenkünfte und gemeinschaftliches Gebet aus. Nun aber verlangen die muslimischen Gemeinden nach Räumen, die größer und sichtbarer sind – sichtbar nicht nur für die eigene Gemeinschaft, sondern auch für die Gesellschaft, in die die Muslime eingewandert sind.

Durch Eheschließungen, die häufig auch zwischen Cousinen und Cousins stattfinden, werden die Versuche der Einwanderungsländer umgangen, die Immigration strenger zu regeln. Damit wird jedoch mitten in Europa ein Familienmodell aufrechterhalten, das nicht im Einklang mit europäischen Werten steht und deshalb die Integration behindert. Junge muslimische Männer heiraten häufig ein Mädchen, das im Herkunftsland ihrer Eltern lebt, und nicht eines, das der zweiten Einwanderergeneration angehört, wie sie selbst. Weil sie die Verwestlichung von Mädchen, die wie sie aus Einwandererfamilien stammen, fürchten, entscheiden sie sich lieber für solche mit einer traditionellen Einstellung. Für Mädchen aus Einwandererfamilien kann es dagegen vorteilhaft sein, einen Mann im Herkunftsland der Eltern zu heiraten, insbesondere wenn der künftige Ehemann einer höheren sozialen Schicht angehört und aufgeschlossenere Vorstellungen von der Ehe und der Rolle der Frauen hat als die Gleichaltrigen in den Einwanderungsländern. Gerade die Familien der Mädchen legen oft Wert darauf, eine Ehe der Tochter mit einem Landsmann im Herkunftsland zu arrangieren, vor allem wenn er auch noch ein Verwandter ist. Damit versuchen sie zu verhindern, dass die junge Frau unter westlichen Einfluss gerät. So werden die Mädchen und Jungen der zweiten Generation häufig als eine Art lebender Einreisegarantie betrachtet.

In liberalen Rechtsstaaten wird Menschen, die aus Gründen der Rasse, der Religion, der Nationalität, der Zugehörigkeit zu diskriminierten Gruppen oder wegen ihrer politischen Ideen verfolgt werden, Asyl gewährt. Aber nachdem die europäischen Länder die Einwanderung auf die nationalen Arbeitsmärkte erschwert haben, weichen Einwanderungswillige zunehmend auf einen Asylantrag aus, um einwandern zu können. Sie berufen sich auf den Tatbestand der „politischen Verfolgung", unabhängig davon, wie die Lage im Herkunftsland tatsächlich ist. Die meisten Asylsuchenden kommen illegal nach Europa.

Weil Rechtslage und Asylpraxis in den verschiedenen europäischen Ländern unterschiedlich ausgestaltet sind, gehen die Einwanderungswilligen bevorzugt in die Länder, die – wie etwa Deutschland – besonders aufnahmewillig sind und eine großzügige Sozialhilfe gewähren.

Abgelehnte Asylbewerber werden nicht zwangsläufig abgeschoben, weil gegen den Ablehnungsbescheid Rechtsmittel eingelegt werden können, wenn etwa im Herkunftsland des Asylbewerbers die Todesstrafe gilt oder wenn das Herkunftsland sich weigert, seine eigenen Bürger wieder aufzunehmen. Innerhalb der Europäischen Union hat Deutschland die höchste Zahl an Flüchtlingen aufgenommen.

Es gibt immer wieder Fälle politischer Verfolgung, deren Opfer muslimische Aktivisten sind. Einer der prominentesten war Said Ramadan, der Schwiegersohn des Gründers der Muslimbruderschaft Hassan al-Banna und der Vater des islamistischen Aktivisten Tariq Ramadan. Er erhielt politisches Asyl in der Schweiz und setzte von dort aus seine politischen Aktivitäten fort. Er gehört zu jener Kategorie islamischer Aktivisten, die, statt sich in eine neue freie und tolerante Umwelt zu integrieren, sich lieber in konspirative Aktivitäten stürzen mit dem Ziel, säkulare durch religiöse Diktaturen zu ersetzen. An den Werten der liberalen Demokratie haben sie kein Interesse, aber sie verstehen sich bestens darauf, sie sich für ihre eigenen Ziele zunutze zu machen.

Aus islamischen Ländern kommen aber auch Flüchtlinge, die der strikten Anwendung des islamischen Rechts entfliehen wollen: Anhänger anderer Religionen, die wegen ihres Glaubens verfolgt wurden, Menschen, die zwangsweise zum Islam konvertiert waren, weil sie verfolgten Minderheiten angehört hatten, aber auch Homosexuelle.

Neben der regulären Einwanderung gibt es noch das Phänomen der illegalen Einwanderung. Sie ist unkontrollierbar, auch wegen der geografischen Gegebenheiten der EU und aufgrund des politischen Widerstandes gegen eine restriktive Einwanderungspolitik. Das genaue Ausmaß der illegalen Einwanderung ist nicht bekannt.

Nach einer Studie der *Frontex*, der EU-Agentur für die Koordination der Maßnahmen zur Grenzsicherung durch die Mitgliedsstaaten, sind im Jahr 2009 106.200 Menschen bei dem Versuch des illegalen Grenzübertritts in die EU aufgegriffen worden. Im Vorjahr waren es 30 Prozent mehr. Sollten diese Zahlen zutreffen, dann kann man davon ausgehen, dass jährlich 400.000 bis 500.000 Menschen illegal in die EU einreisen. Illegale zahlen keine Steuern, aber sie können auch nicht in vollem Umfang die Leistungen des Sozialstaats in Anspruch nehmen. Deshalb sind sie einem ganz besonderen Risiko ausgesetzt: Sie werden häufig von Gruppen und Strukturen aufgefangen, die ihnen einerseits Sicherheit und Schutz bieten, sie andererseits aber für kriminelle Aktivitäten missbrauchen. Deshalb wächst der politische Druck, die Illegalen zu legalisieren, ihnen eine Amnestie zu gewähren und eine Aufenthaltserlaubnis zu verschaffen.

Diesem Druck nachzugeben hat allerdings eine gefährliche Kehrseite. Die Amnestielösung beseitigt das Phänomen der illegalen Einwanderung nur auf dem Papier: Illegale werden zu legalen Einwanderern erklärt. Das Phänomen der unerwünschten Einwanderung ist damit aber nicht beseitigt, weil unerwünschte Einwanderungswillige nun damit rechnen können, über kurz oder lang einen legalen Aufenthaltsstatus zu erhalten. Ein zweiter Gesichtspunkt ist noch problematischer: Bei Durchsetzung des Amnestiemodells tritt das Einwanderungsland seine Entscheidungsgewalt über einen legalen Aufenthaltsstatus faktisch an die Einwanderungswilligen ab. Sie entscheiden letztlich selbst über ihre Einwanderung. Die Amnestie setzt nämlich gültige Regelungen außer Kraft, nach denen die illegalen Einwanderer einen Aufenthaltsstatus eigentlich gerade nicht erhalten können. Sie bekommen ihn aber dennoch, wenn sie lange genug aushalten. Das Amnestiemodell unterläuft so demokratisch beschlossene Gesetze und führt dazu, dass die Gesellschaft letztlich nicht mehr selbst darüber entscheiden kann, ob überhaupt, wer und wie viele einwandern dürfen. Einwanderung wird so zu einer Art von Menschenrecht, das der demokratischen Entscheidung entzogen wird und im äußersten Fall auch gegen den Willen der betroffenen Gesellschaft durchgesetzt werden kann. Eine solche Entwicklung beseitigt letztlich das Prinzip der Volkssouveränität, ohne die am Ende auch die Demokratie verloren geht.

Wie auch immer die genauen Umstände der demografischen Entwicklung sind: Die muslimische Bevölkerung wird weiter wachsen, wenn auch vielleicht auf etwas niedrigerem Niveau. Es ist eine junge Bevölkerung und sie wächst im Umfeld viel älterer und gleichzeitig schrumpfender Gesellschaften. Auch wenn die offizielle Rhetorik lieber von einer Bereicherung durch muslimische Immigranten spricht, ist wohl nur schwer zu leugnen, dass die Einwanderung des Islam massive

Probleme mit sich bringt. Diese Probleme sind einerseits auf die Distanz zwischen den Kulturen zurückzuführen. Andererseits haben sie ihre Ursache auch in Entwicklungen, die den Islam global betreffen. Überall auf der Welt setzen sich nämlich die radikalsten Positionen durch. Unterstützt von den islamischen Staaten, entfaltet der Islam weltweit intensive politische Aktivitäten mit dem Ziel, islamische Werte und die islamische Lehre zu verbreiten und damit das Gewicht des Islam weltweit zu erhöhen. Aufschlussreich sind die Ziele, um derentwillen die *Organisation für Islamische Zusammenarbeit* (OIC), in der sich 57 islamische Staaten zusammengeschlossen haben, gegründet wurde. Die OIC ist auf der internationalen Bühne sehr aktiv. So hat sie im Februar 2011 in Brüssel einen Workshop zum Thema „Islamophobie" veranstaltet. Über die Ziele der OIC kann man in ihrer Charta nachlesen, dass es darum gehe, „die edlen islamischen Werte der Mäßigung, der Toleranz, der Achtung der Vielfalt, der Erhaltung der islamischen Symbole und des gemeinsamen Erbes zu pflegen und die Universalität der islamischen Religion zu verteidigen; […] die Bande der Brüderlichkeit und Solidarität zwischen den [islamischen] Mitgliederstaaten zu stärken und zu festigen; […] die islamische Lehre und islamische Werte […] auszubreiten, zu fördern und zu bewahren sowie die islamische Kultur zu fördern und das islamische Erbe zu schützen; […] das wahre Bild des Islam zu schützen und zu verteidigen und die Diffamierung des Islam zu bekämpfen; […] die Rechte, die Würde sowie die religiöse und kulturelle Identität von muslimischen Gemeinschaften und muslimischen Minderheiten in Nicht-Mitgliedsstaaten [der OIC] zu schützen"³.

---

3 „[…] to foster noble Islamic values concerning moderation, tolerance, respect for diversity, preservation of Islamic symbols and common heritage and to defend the universality of Islamic religion; […] 1. To enhance and consolidate the bonds of fraternity and solidarity among the Member States; […] 11. To disseminate, promote and preserve the Islamic teachings and values […], promote Islamic culture and safeguard Islamic heritage; […] 12. To protect and defend the true image of Islam, to combat defamation of Islam […] 16. To safeguard the rights, dignity and religious and cultural identity of Muslim communities and minorities in non-Member States", zitiert nach: Charter of the *Organisation of Islamic Cooperation* (OIC), http://www.oic-oci.org/page_detail.asp?p_id=53, Zugriff am 3.9.2012

Von der militärischen zur demografischen Eroberung Europas?

Europa steht wieder einmal an einem schicksalhaften Wendepunkt seiner Geschichte. Zwei Entwicklungsrichtungen sind möglich. Europa möchte verhindern, dass die Zahl der Muslime unaufhaltsam wächst und sich das kulturelle und demografische Gesicht Europas in den nächsten Jahrzehnten langsam bis zur Unkenntlichkeit ändert. In diesem Fall kommen die EU-Mitgliedsstaaten nicht darum herum, die bislang nur diffamierend gemeinte Rede von einer „Festung Europa" Wirklichkeit werden zu lassen und der muslimischen Einwanderung mit wirksamen Maßnahmen zu begegnen. Findet sich Europa aber mit der Tatsache einer ständig wachsenden muslimischen Bevölkerung ab, dann bleibt nur noch die Möglichkeit, alle Energien darauf zu konzentrieren, die Muslime irgendwie in die europäischen Gesellschaften zu integrieren. Dieser Weg scheint naheliegend. In Wirklichkeit ist dieser Weg aber mit schier unüberwindlichen mit Hindernissen gepflastert. In den Weg legt sich Europa diese Hindernisse in erster Linie selbst. Europa hat Angst davor, fremdenfeindlich zu erscheinen und das überempfindliche Selbstverständnis der islamischen Staaten zu verletzen. Schließlich unterhält man mit diesen Staaten profitable Handelsbeziehungen und schließlich hängt von ihnen eine sichere Ölversorgung ab. Dies sind die wichtigsten Gründe dafür, dass sich Europa selbst verleugnet. Die Tendenz zur Selbstverleugnung zeigt sich u. a. da, wo aus geschichtspolitischen Gründen die Geschichte der europäisch-islamischen Beziehungen durch den Filter eines positiven Vorurteils gegenüber dem Islam betrachtet und umgeschrieben wird. Im Lichte dieser ideologischen Vorgabe des Zeitgeistes[4] erscheint z.B. die Geschichte der islamischen Besetzung Spaniens als Goldenes Zeitalter, als zivilisatorischer Höhepunkt und als Beispiel toleranten Zusammenlebens unterschiedlicher Religionen und Kulturen. Eine unvoreingenommene historische Aufarbeitung der Beziehungen zwischen Europa und dem Islam verlangt allerdings, die historischen Tatsachen zum Ausgangspunkt zu nehmen und die aktuellen Probleme auf dieser Grundlage zu analysieren. Die Problematik dieser Beziehungen verdichtet sich symbolhaft in einem Punkt. Dieser neuralgische Punkt sind die Kreuzzüge.

---

4 Der auf Johann Gottfried Herder zurückgehende Begriff des „Zeitgeistes" meint die Denkweise und die Art und Weise des Fühlens, die für eine bestimmte Epoche und eine bestimmte Kultur charakteristisch sind.

Eine kurze Geschichte des europäisch-islamischen Konfliktes

Die zeitgeistgerechte Version einer Geschichte der europäisch-islamischen Beziehungen macht sich die islamische These von der Opferrolle der Muslime zu eigen. Damit will sie zwei Botschaften übermitteln: Erstens, das christliche Europa habe keine moralische Berechtigung, von der islamischen Welt zu fordern, die Menschenrechte zu achten. Schließlich habe sich Europa selbst mit schrecklichen Verbrechen befleckt. Das Christentum sei selbst eine gewalttätige Religion und habe daher kein Recht, über andere Religionen zu urteilen. Zweitens, die islamische Welt habe gute Gründe, wegen der Kreuzzüge, die als traumatisches Ereignis im kollektiven Gedächtnis der Muslime bis heute lebendig sind, einen tiefen Groll gegen den Westen und das Christentum zu hegen. Die Wurzel dieser Abneigung gegenüber der westlichen Welt und der christlichen Religion läge in dem brutalen und nicht provozierten Angriff, den die Christen grundlos gegen eine hoch entwickelte, tolerante und sanfte islamische Kultur gerichtet hätten. Mit anderen Worten, die tieferliegende Ursache für den aktuellen Konflikt, für das Unverständnis und die Feindseligkeit gegenüber dem Westen läge in den Kreuzzügen, die von machthungrigen Päpsten gewollt und von grausamen religiösen Fanatikern durchgekämpft worden seien. Die Kreuzzüge seien die eigentliche Ursache dafür, dass der einst friedliche Nahe Osten und die aufgeklärte islamische Kultur zugrunde gerichtet worden seien. Die Europäer sollten bekennen, dass die Kreuzzüge einen unauslöschlichen Makel in der Geschichte der Kirche, des christlichen Europa und der gesamten westlichen Zivilisation hinterlassen hätten. Warum derart krude Thesen so tief in das westliche Bewusstsein eindringen konnten, ist weitgehend unverständlich. Vielleicht ist dieses Phänomen auf eine Mentalität der Selbstbezichtigung zurückzuführen, die sich in den vergangenen Jahrzehnten in ganz Europa breitgemacht hat und die als eine nicht unproblematische Nebenwirkung des Programms der selbstkritischen Bewältigung von Geschichte, die in nahezu allen europäischen Ländern bis heute stattfindet, beschrieben werden kann. Was die Kreuzzüge allerdings angeht, ist die historische Wirklichkeit keineswegs so eindeutig, wie es ihre gängige Bewertung unterstellt. Von daher kann es nicht überraschen, dass sich in den geschichtswissenschaftlichen Diskurs in jüngster Zeit durchaus

Von der militärischen zur demografischen Eroberung Europas?

neue Töne und Thesen mischen. Thomas F. Madden, einer der wichtigsten Historiker der Kreuzzüge in den Vereinigten Staaten, stellt der derzeit gängigen Bewertung der Kreuzzüge eine radikal andere Position entgegen: „Die Kreuzzüge in den Nahen Osten waren in jeder Weise Abwehrkriege. Sie waren eine direkte Antwort auf die islamische Aggression – ein Versuch, die islamischen Eroberungen christlicher Länder rückgängig zu machen oder aber diese Gebiete davor zu schützen. [...] Sie waren weder dem Hirn eines überaus ehrgeizigen Papstes entsprungen noch die Wahnidee von Raubrittern, sondern eine Antwort auf mehr als vier Jahrhunderte islamischer Eroberungsfeldzüge, während derer die Muslime bereits zwei Drittel der alten christlichen Welt eingenommen hatten. Irgendwann musste die Christenheit als Glaube und als Kultur sich selbst verteidigen, wollte sie nicht vom Islam ganz aufgesogen werden. Die Kreuzzüge waren diese Selbstverteidigung."[5]

Unbestreitbar jedenfalls ist die folgende Tatsache: Als Urban II. im Jahre 1095 zum ersten Kreuzzug aufrief, war die Christenheit gerade dabei, vollständig vom Islam aufgerieben zu werden. Der Islam hatte sich in kurzer Zeit überall im Mittelmeer ausgebreitet und mit Waffengewalt ganz Nordafrika und Kleinasien erobert. Islamische Truppen hatten Konstantinopel eingekreist, Sizilien, einen Teil Kalabriens und ganz Spanien besetzt. Sie hatten die Pyrenäen überquert und waren in Frankreich eingefallen. Der Sieg des fränkischen Hausmeiers Karl Martell in der Schlacht bei Tours und Poitiers im Jahre 732 ist zum Symbol der Rettung des christlichen Europa geworden. Mag sein, dass die Bedeutung der Schlacht überschätzt wird. In der Geschichtswissen-

---

5 „The Crusades to the East were in every way defensive wars. They were a direct response to Muslim aggression – an attempt to turn back or defend against Muslim conquests of Christian lands ... They were not the brainchild of an ambitious pope or rapacious knights but a response to more than four centuries of conquests in which Muslims had already captured two-thirds of the old Christian world. At some point, Christianity as a faith and a culture had to defend itself or be subsumed by Islam. The Crusades were that defense", in: Madden, Thomas F.: The Real History of the Crusades. The crusades are quite possibly the most misunderstood event in European history. Most of what passes for public knowledge about it is either misleading or just plain wrong, in: *ARMA, The Association for Renaissance Martial Arts*, http://www.thearma.org/essays/Crusades.htm, Zugriff am 27.8.2012

schaft ist nämlich umstritten, ob die muslimische Invasion bei Poitiers tatsächlich gestoppt worden ist oder sich nur totgelaufen hat, weil die Angreifer ihren Offensivschwung verloren hatten.[6] Das alles ändert aber nichts an der Tatsache, dass sich der noch christliche Teil Europas zu dieser Zeit in einem verzweifelten Abwehrkampf gegen die muslimischen Eroberer befand. Die Eindringlinge aus dem heutigen Marokko hatten im Jahre 711 mit der Eroberung Spaniens begonnen. In der Schlacht von Covadonga im Jahre 722 erlitten die muslimischen Angreifer erstmals eine Niederlage auf spanischem Boden. Dieser erste militärische Erfolg galt den christlichen Chronisten als Beginn der *Reconquista*, während die muslimischen Geschichtsschreiber diesen Waffengang für so hochgradig bedeutungslos hielten, dass sie ihn einfach ignorierten.

Das Mittelmeer war jetzt praktisch islamisch geworden. Ibn Khaldun (1332–1406), der wohl bedeutendste arabische Historiker, beschreibt die islamische Seemacht im Mittelmeer so: „Die Muslime hatten die Kontrolle über das ganze Mittelmeer gewonnen. Ihre Macht und Herrschaft über das Mittelmeer waren groß und die Christen vermochten nichts gegen die islamischen Flotten auszurichten, in keinem Teil des Meeres. ... die Christen waren gezwungen, mit ihren Schiffen im Nordosten des Mittelmeeres zu fahren, um zu den Seegebieten zu gelangen, die zu den Franken und zu den Slawen gehörten oder wenn sie Kurs auf die römischen Inseln nehmen wollten. Die Flotte der Muslime stürzte sich auf die Flotten der Christen wie ein Löwe auf seine Beute."[7]

Tatsache ist auch, dass es schon vor dem Aufruf Urbans II. Aufforderungen der Päpste gab, die muslimische Expansion im Mittelmeerraum zu bremsen. Angespornt durch Papst Benedikt VIII. haben die Seerepubliken Pisa und Genua bereits in den Jahren 1015 und 1016 erfolgreich in Sardinien interveniert. Dort hatte al-Mujahid (989–1044),

---

6 Cardini, Franco: Europa und der Islam. Geschichte eines Mißverständnisses. München 2000, S. 13 ff.

7 Ibn Khaldūn / Franz Rosenthal (Hg., Übers.): The Muqaddimah: An Introduction to History, Princeton 1969, Ibn Khaldun: Die Muqaddima: Betrachtungen zur Weltgeschichte. Übertragen und mit einer Einführung von Alma Giese unter Mitwirkung von Wolfhart Heinrichs. München 2011

der Herr der spanischen Stadt Denia und der Balearen, versucht, Teile der Insel zu kolonisieren und einen mächtigen Seestaat zu errichten. 1087 hatte Papst Viktor III. Pisa und Genua von Neuem dazu aufgerufen, im Tyrrhenischen Meer einzugreifen und es sicher zu machen. Die Rückeroberung des Tyrrhenischen Meeres im 11. Jahrhundert ist zu einem der Wendepunkte in der Geschichte des mittelalterlichen Europa geworden.

Unmittelbar nach dem Tode Mohammeds hatten die Krieger des Islam begonnen, die christliche Welt zu erobern. Ihre großen kriegerischen Anstrengungen bescherten ihnen zahlreiche Erfolge. Zu der Zeit, in der Mohammed Krieg gegen Mekka führte, war das Christentum noch die dominierende Religion im Nahen Osten und im ganzen Mittelmeerraum. Die christliche Welt ist deshalb zum Eroberungsziel der ersten Kalifen geworden und sie ist es für die folgenden 1000 Jahre geblieben.

Der Islam ist im Kontext von Krieg und Gewaltanwendung entstanden und hat sich mithilfe von Kriegen ausgebreitet. Das Wort *Islam* bedeutet „Unterwerfung", und meint nicht nur die Unterwerfung unter den Koran, das heilige Buch des Islam. Für die Anhänger Mohammeds bedeutet „Unterwerfung" auch, den Willen Allahs in der Geschichte zu verwirklichen. Die islamische Lehre vom Heiligen Krieg (*Dschihad*) stammt vom Propheten selbst: Es sei der Wille Allahs, solange zu kämpfen, bis die Gesetze des Islam über die ganze Welt verbreitet sind. Folgerichtig kann die politische Herrschaft des Islam mit dem Schwert verbreitet werden, und das wurde sie auch. Islam bedeutet eben nicht „Frieden", obwohl das mit einer merkwürdig anmutenden Beharrlichkeit im Westen so gerne behauptet wird.

Ägypten, Palästina und Syrien unterlagen in diesem Kampf ganz schnell. Diese drei Regionen waren damals durch und durch christlich geprägte Gebiete. Sie waren organisiert in Patriarchate (Alexandria, Jerusalem und Antiochia), die großes Ansehen genossen, u. a., weil sie fundamentale Beiträge zur Systematisierung der christlichen Glaubenslehre geleistet hatten. Aus diesen Patriarchaten stammten auch einige der bedeutendsten Heiligen der Kirche. Am Ende des 8. Jahrhunderts hatten die Armeen der Muslime das ganze christliche Nordafrika und Spanien erobert. Im 9. Jahrhundert errichteten sie dank ihrer maritimen Überlegenheit in Bari ein Emirat (840–870). Sie setzten sich im Mündungsgebiet des mittelitalienischen Flusses Garigliano fest und unternahmen von dort aus Vorstöße nach Rom. 846 griffen sie sogar die beiden Basiliken „St. Peter" und „St. Paul vor den Mauern" an in der Absicht, den Papst gefangen zu nehmen. Sie ließen sich in der Provence nieder und drangen bis in die Schweiz vor. Die Küsten, die christlich geblieben waren, waren das Ziel unaufhörlicher muslimischer Angriffe. Im 11. Jahrhundert schließlich eroberten Türken, die sich nach ihrem Herrscherhaus Seldschuken nannten, Kleinasien, das Gebiet der heutigen Türkei, ein Gebiet also, das noch vom heiligen Paulus selbst evangelisiert worden war. Das Oströmische Reich mit seiner Hauptstadt Konstantinopel (Byzanz) war im Verlaufe des 11. Jahrhunderts auf wenig mehr als das heutige Griechenland geschrumpft.

Zwei Ziele, die auch von seinen Nachfolgern übernommen wurden, hatte Papst Urban II. den ersten Kreuzfahrern gesetzt: Das erste bestand darin, die Christen von muslimischer Herrschaft zu erlösen und Jerusalem und andere heilige Stätten zu befreien. Der Kreuzzug war im Verständnis seiner Zeit ein „Akt der Liebe" gegenüber Gott und gegenüber den „Brüdern im Glauben" (Innozenz III.), wie der renommierte britische Kreuzzugshistoriker Jonathan Riley Smith geschrieben hat. Das zweite Ziel, die Befreiung der Orte, an denen Jesus gewirkt hatte, sollte den christlichen Pilgern ungehinderten und sicheren Zugang zu den heiligen Stätten der Christenheit verschaffen. Seit dem 3. Jahrhundert hatte das Heilige Land christliche Pilger angezogen. Als Palästina aber im 7. Jahrhundert unter islamische Kontrolle geriet, wurden Pilgerfahrten ans Heilige Grab in Jerusalem sehr viel schwieriger. Die christlichen Pilger konnten die Stadt und die Kirchen nur besuchen, wenn sie Geleitbriefe kauften. Das große Zeitalter der Pilgerfahrten begann etwa um das Jahr 1000, als Männer und Frauen aus allen sozialen Schichten scharenweise übers Meer und auf dem Landweg nach Palästina kamen. Die arabische Dynastie der Fatimiden, die zu dieser Zeit in Palästina herrschte, garantierte einen relativen Frieden. Die Pilger waren gern gesehen, weil sie eine wichtige Einnahmequelle waren. Die Lage änderte sich, als sich 1076 die türkischen Seldschuken in Palästina festsetzten. Sie reanimierten den kriegerischen Geist des Islam, der sich im Laufe der Zeit abgeschwächt hatte, und riefen von Neuem zum Heiligen Krieg auf. Die Pilgerfahrten waren damit nicht mehr sicher. Wem es gelungen war, nach Europa zurückzukehren, der berichtete von entsetzlichen Verfolgungen. Die mittelalterli-

Von der militärischen zur demografischen Eroberung Europas?

chen Kreuzfahrer sahen sich als Pilger und als Gegenleistung erhielten sie vom Papst den Ablass ihrer Sünden. Die Kreuzzüge zur Rückeroberung Jerusalems waren für sie Ausdruck der christlichen Solidarität. Sie sahen darin einen Akt der Befreiung von Orten, an denen Gott Menschengestalt angenommen hatte, um die Menschheit zu erlösen.

Aus einer solchen Perspektive betrachtet waren die Kreuzzüge legitime Verteidigungskriege angesichts eines Dschihad, der schon seit Jahrhunderten gegen die christliche Welt wütete. Die Kreuzfahrer haben nicht einmal den Versuch unternommen, die muslimische Welt gewaltsam zu bekehren. Aber sie haben Gewalt angewandt, um christliche Sklaven aus den Händen der Sarazenen, wie die Muslime damals allgemein genannt wurden, zu befreien. Gelegentlich wird die vulgärmarxistische Auffassung vertreten, die Kreuzzüge seien von wirtschaftlichen Interessen und von der Suche nach neuen Märkten inspiriert gewesen. Die Quellen berichten dagegen übereinstimmend, dass Tausende von Menschen aus allen sozialen Schichten und die Führungsspitze der damaligen Feudalgesellschaft aus religiösen Motiven heraus bereit waren, dem Aufruf des Papstes zum Kreuzzug zu folgen.

Die Kreuzzüge waren Kriege, und wie alle Kriege voller Schrecken und Brutalität. Aber die Großmacht der mittelalterlichen Welt war der Islam und nicht das Christentum. Die Kreuzzüge waren der Versuch, diese Übermacht abzuschwächen. Allerdings hatten die Kreuzzüge keinen dauerhaften Erfolg. Im Jahre 1291 töteten oder vertrieben die muslimischen Streitkräfte die letzten Kreuzfahrer und tilgten die Kreuzfahrerstaaten von der Landkarte. Die islamischen Reiche wurden stärker und stärker. Die Türken, die ihr Reich nach der Dynastie der Osmanen benannten, entwickelten eine gewaltige Macht. Sie eroberten die Territorien ihrer muslimischen Brüder und unterwarfen sich alle arabischen Länder. Damit gelang es ihnen, den Islam politisch zu einigen. Gleichzeitig drangen sie nach Europa vor. Seit dem 15. Jahrhundert waren die Kreuzzüge keine Interventionen zugunsten ferner Glaubensbrüder mehr, sondern nur noch verzweifelte Versuche, zu retten, was von der christlichen Welt übrig geblieben war. Immer realer wurde die Möglichkeit, dass der Islam am Ende sein Ziel, die christliche Welt vollständig zu erobern, erreichen würde.

Sultan Mehmet II. nahm 1453 Konstantinopel ein. Das Oströmische Reich hörte auf zu existieren. 1463 eroberte er Bosnien. 1478 zwang er auch die Venezianer, das nordalbanische Shkodra aufzugeben. Damit war ganz Albanien, das seinerzeit in einen katholischen Norden und in einen orthodoxen Süden geteilt war, osmanisch. 1480 eroberte er Otranto in Apulien. Von dort aus plante er, Rom anzugreifen, um endlich den *Kizil Elma*, den „Goldenen Apfel", in Besitz zu nehmen und den Petersdom in eine Moschee umzuwandeln. Der Tod des Sultans 1481, der Erbfolgekonflikt zwischen seinen beiden Söhnen und die von Papst Sixtus IV. aufgebotenen Truppen durchkreuzten diese Pläne. Aber die Türken haben die Idee, sich in den Besitz des *Kizil Elma* zu bringen, nicht mehr fallen gelassen. Der Goldene Apfel, das war aus türkischer Sicht zunächst Konstantinopel, dann Rom und dann Wien.

Das Symbol des Goldenen Apfels bezieht sich auf den Lauf der Sonne nach Westen. Der Goldene Apfel wurde zum Kriegsruf der Turkstämme auf ihrem Marsch nach Europa. Nach einem alten türkischen Mythos wird „der Glaubenskrieger den roten Apfel pflücken". Konstantinopel, das Zweite Rom, war der erste *Kizil Elma*, der gepflückt werden sollte, danach war das Erste Rom an der Reihe. *Kizil Elma* ist auch der Titel eines Gedichts des Philosophen und türkischen Poeten, Ziya Gökalp (1876–1924), der als Vater des türkischen Nationalismus gilt. Gökalp war es, der den pantürkischen Mythos des Turanismus wiederbelebte. Der *Turanismus* ist die Vorstellung von einem Goldenen Zeitalter, in dem der Urvater der Türken, Tur, seine Herrschaft über ganz Asien ausgebreitet hatte. Dieses Goldene Zeitalter kehre dem Mythos zufolge wieder, wenn alle turksprachigen Völker in einer einzigen Nation vereinigt seien, die sich von Mittelasien bis ans Mittelmeer erstrecke. Deshalb förderte der Turanismus die Idee einer Wiedergeburt und einer Union aller geistig und kulturell verwandten „turanischen" Völker. Dazu gehörten das finno-ugrische, türkische, mongolische, dravidische (Teile des indischen Subkontinents) und japanische Volk. Zwischen dem Ersten und dem Zweiten Weltkrieg sehr verbreitet, existiert der Turanismus heute nur noch in einer pantürkischen Variante. Diese inspiriert politische Gruppierungen wie die Partei der Nationalistischen Bewegung (*Milliyetçi Hareket Partisi, MHP*), den politischen Arm der sogenannten *Grauen Wölfe*, die traurige Berühmtheit erlangten, weil ihr Mitglied Ali Ağca 1981 ein Attentat auf Papst Johannes Paul II. verübte.

In der verschrobenen Vorstellungswelt der Turanisten ist *Kizil Elma* der wirkliche Name Roms. Es seien die Römer und die katholische Kirche gewesen, die den türkischen Namen der Stadt absichtlich unterschlagen hätten. Sie hätten aber genau gewusst, dass das, was sie Rom nannten, in Wirklichkeit eine Stadt türkischen Ursprungs sei. Sie sei von den turanischen Etruskern gegründet worden, was man den Menschen aber verschwiegen hätte. Wenn aber Rom türkischen Ursprungs ist, dann liegt es auf der Hand, dass Rom oder, besser gesagt, *Kizil Elma*, zurückerobert werden muss.

Unter Süleyman dem Prächtigen setzten die Türken ihre Eroberungszüge auf dem Balkan und im Mittelmeer fort und gerieten so erneut in einen Konflikt mit den europäischen Staaten. 1521 eroberten sie Belgrad, 1522 die auf der ägäischen Insel Rhodos liegende Stadt Rodi, 1526 besiegten sie in der Schlacht von Mohács den König von Ungarn und Böhmen. Im Oktober 1529 schließlich erreichten sie die Stadt Wien und belagerten sie. Die Stadt wäre wohl erobert worden und anschließend auch ganz Deutschland in türkische Hände gefallen, wären den verbissen kämpfenden Verteidigern nicht verheerende Regenfälle zu Hilfe gekommen. Die Verteidiger der ungarischen Hauptstadt Buda hatten dagegen weniger Glück. Die Stadt fiel 1541 nach einer langen und blutigen Belagerung in die Hand der Türken. Nachdem die Türken alle größeren ungarischen und slawischen Städte eingenommen hatten, unterwarfen sich viele Territorien im Donauraum formell dem Osmanischen Reich und verpflichteten sich, ihm Tribut zu bezahlen. Zur Zeit seiner größten Ausdehnung herrschte das Osmanische Reich über die heutigen Staaten Griechenland, Bulgarien, Rumänien, Albanien, Serbien, Mazedonien, Montenegro, Bosnien und Ungarn. Die Türken schienen unbezwingbar.

Das 16. Jahrhundert war die Zeit eines noch nie dagewesenen Umbruchs in Europa. Die religiösen, politischen und sozialökonomischen Verhältnisse veränderten sich radikal. Da war vor allem die Reformation, die die Einheit der Kirche beendete. Europa wurde von Religionskriegen erschüttert. Die Verhältnisse waren aber auch durch die wirtschaftliche Entwicklung, durch bahnbrechende wissenschaftliche Entdeckungen und die neue geistesgeschichtliche Strömung des Humanismus in Bewegung gekommen. Und schließlich nahmen die geografischen Entdeckungen dem Mittelmeer seine strategische Bedeutung und lenkten die Aufmerksamkeit auf andere Regionen der Erde. Zwar hat auch Martin Luther die Türkengefahr gesehen und einen Verteidigungskrieg gegen sie befürwortet, trotzdem rückte der Konflikt mit den Osmanen zeitweise etwas in den Hintergrund. Das lag auch daran, dass es der Heiligen Liga, einem Bündnis von Papst Pius V. mit Spanien, Venedig, Genua, Savoyen, der Toskana und den Malteserrittern im Oktober 1571 gelungen war, die osmanische Flotte in der Seeschlacht von Lepanto im Ionischen Meer so vernichtend zu schlagen, dass die Türken ihre Vorherrschaft im Mittelmeer verloren. Aber im September 1683 flammte der Konflikt mit den Türken noch einmal gefährlich auf und drohte Europa an den Rand seiner Existenz zu bringen.

Einer neuen Heiligen Liga europäischer Staaten gelang es jedoch, die Belagerung Wiens durch die Türken zu beenden. In diesem Bündnis hatten sich die polnisch-litauische Konföderation, das Heilige Römische Reich (Österreich, Bayern, Sachsen, Franken und Schwaben), die Republik Venedig, das Großherzogtum Toskana, Spanien und Portugal zusammengeschlossen. Soldaten aus Frankreich waren nur als Freiwillige dabei, weil sich ihr König Ludwig XIV., der bezüglich der Türken eine doppeldeutige Politik verfolgte, mit ihnen verständigt hatte. Insgesamt gelang es der Liga unter dem Kommando des polnischen Königs Jan III. Sobieski 80.000 Soldaten aufzubieten, darunter 30.000 Polen. Begleitet wurden die Truppen im Auftrag des Papstes Innozenz XI. von dem im Jahre 2003 heiliggesprochenen Kapuzinermönch Marco d'Aviano. Dieser war ein begnadeter Prediger, der seine Ansprachen auf Italienisch, Deutsch und Lateinisch hielt und die außerordentliche Fähigkeit besaß, andere zu motivieren und mitzureißen. Als päpstlicher Gesandter gelang es ihm, die katholischen Mächte dazu zu bringen, ihre internen Streitigkeiten zu überwinden und sich zu einer Koalition zusammenzuschließen. Die Muslime nannten ihn den „Mann mit einem Stück Holz in der Hand", womit ein Kruzifix gemeint war. Während Marco d'Aviano in der islamischen Welt zu einer Legende wurde, geriet er im Westen für Jahrhunderte in Vergessenheit. Wie brenzlig die Lage in Europa 1689 noch einmal war, demonstrierte die Kavallerie des Sultans. Ihr gelang es nämlich, über Wien hinaus bis nach Regensburg vorzustoßen, wo der Reichstag des Heiligen Römischen Reiches seinen Sitz hatte. Zwischen dem Beginn der spanischen Reconquista im Jahre 711 und der Befreiung Wiens, die als „letzter Kreuzzug" in die Geschichtsschreibung einging, liegt fast ein Jahrtausend. Tausend Jahre, in denen die islamischen Angriffe und Überfälle Europa zu Wasser und zu Lande in Atem gehalten hatten. Ohne die Kreuzzüge wäre das Christentum, das die Werte hervorgebracht hat, auf denen die kulturellen Werte Europas gründen, vielleicht in der Bedeutungslosigkeit versunken.

Nach der Schlacht von Wien dauerte der Krieg zwischen der Heiligen Liga und dem Osmanischen Reich noch bis zum Friedensschluss von Karlowitz im Jahre 1699. Karlowitz bedeutete den Anfang vom Niedergang der Herrschaft des Osmanischen Reiches in Europa. Die Türken waren gezwungen, Ungarn, Kroatien sowie Teile Sloweniens und Serbiens an Österreich, Dalmatien an Venedig und andere Gebiete an Polen und Russland abzutreten. 1822 wurde die Unabhängigkeit Griechenlands verkündet. Der Berliner Kongress von 1878 bestätigte die Unabhängigkeit Rumäniens, Serbiens, Montenegros und die Angliederung Bosniens an die österreichisch-ungarische Doppelmonarchie. Im Jahr 1913 verloren die Türken auch ihre letzten Gebiete auf dem Balkan. 1922 wurde mit der Aufhebung des Sultanats schließlich auch das Osmanische Reich zu Grabe getragen, abgeschafft vom eigenen Volk.

Eine neue islamische Herausforderung und Europas Schwäche

Aber das Thema „Islam" ist am Ende des 20. Jahrhunderts auf eine tragisch gewalttätige Weise mit dem Krieg in Bosnien (1992–1995) auf den Balkan zurückgekehrt. Die Darstellung dieser Katastrophe, die weltweit verbreitet wurde und die sich die westlichen Regierungen sofort zu eigen gemacht haben, die auch zur offiziellen Lesart für die Historiker geworden ist, lautet in etwa so: Radikale Nationalisten, katholische Kroaten, aber insbesondere orthodoxe Serben haben mit in der Region noch nie dagewesener Brutalität und barbarischen Methoden versucht, die toleranten bosnischen Muslime zu vernichten und in Sarajewo eine Regierung zu beseitigen, die islamisch, aber demokratisch und multikulturalistisch gesinnt war. Das Massaker von Srebrenica im Juli 1995 schien die völlige Entmenschlichung der Serben zu bestätigen. John R. Schindler, heute Professor für Fragen der nationalen Sicherheit am *Naval War College* der US-Marine in Newport/Rhode Island, war während des Krieges in Bosnien als US-Geheimdienstoffizier tätig. In seinem vor Kurzem erschienenen Buch über diesen Krieg findet sich eine Rekonstruktion der Ereignisse, die erheblich von der Version abweicht, die wir zu hören gewohnt sind. Dabei versucht er nicht, die Gräueltaten der serbischen Seite zu verharmlosen. Aber er erzählt auch von den Grausamkeiten der anderen Seite, über die westliche Medien und Publizistik ohne viel Skrupel einfach hinweggegangen sind. Auf der Grundlage überaus ergiebiger Quellen kommt Schindler zu dem Schluss, dass der Bosnienkonflikt in einen größeren Zusammenhang eingeordnet werden muss. Bosnien war auch eine Bühne des globalen Dschihad, ein Übungsplatz für Mudschaheddin aus der ganzen Welt, von denen einige später wiederum in terroristische Attentate verwickelt waren. Es gab Tausende von Kriegern in Bosnien, die einem Aufruf aus Sarajewo von überall her gefolgt waren, um den islamischen Heiligen Krieg nach Europa zu tragen. Und Aiman az-Zawahiri, der seit dem Tod Osama bin Ladens als Nummer eins des Terrornetzwerks al-Qaida gilt, blickt angesichts dieser ermutigenden Erfahrungen optimistisch in die Zukunft:

„Was die laufenden Kämpfe in entlegenen Regionen der islamischen Welt angeht, was also in Tschetschenien, Afghanistan, Kaschmir und in Bosnien vor sich geht, ist erst Vorbereitung und Vorhut der großen Schlachten, die im Herzen der islamischen Welt ihren Anfang genommen haben. Wir bitten Allah, er möge uns jenen Sieg schicken, den er seinen treuen Gläubigen versprochen hat."[8]

Der Balkan sieht sich heute mit einem neuen türkischen Geltungsdrang konfrontiert. Die Türkei ist bestrebt, dort regionale Großmacht zu werden. Aber die türkischen Ambitionen sind nicht auf den Balkan beschränkt, sie haben ganz Europa im Blick. Um dieses Ziel zu erreichen,

---

8 „As for the battles that are going on in the far-flung regions of the Islamic world, such as Chechnya, Afghanistan, Kashmir, and Bosnia, they are just the groundwork and the vanguard for the major battles which have begun in the heart of the Islamic world. We ask Allah that He send down his victory upon us that He promised to His faithful worshippers", in: Schindler, John R.: Unholy Terror, Bosnia, Al-Qa'ida, and the Rise of Global Jihad. Minneapolis/MN 2007, S. 9; Anm. dort: Der gesamte Text ist auf Arabisch und in englischer Übersetzung einsehbar auf der Internetseite des *U.S. Director of National Intelligence* (dni.gov).

agiert die Türkei zweigleisig. Zum einen unternimmt sie alles, um die Auslandstürken fest an sich zu binden. Diese Politik ist besonders sichtbar in Deutschland. Aus offizieller türkischer Sicht scheint nämlich die Gemeinde der nach Deutschland eingewanderten Türken so etwas wie die (im Zweifel weisungsgebundene) Zweigniederlassung der Türkischen Republik in Deutschland. Nicht ohne Grund hat Ministerpräsident Erdogan während des Besuches von Bundeskanzlerin Merkel im Februar 2013 in der Türkei gesagt, mit den fünf Millionen Türken in der EU sei die Türkei *de facto* schon deren Mitglied.[9] Gleichzeitig richtet sich ihre Politik darauf, ihren Einfluss auf Gebiete, die einmal Teil des Osmanischen Reiches waren, zu stärken. Zum anderen ist der Traum von einer Wiederherstellung des Kalifates in der Türkei noch lange nicht ausgeträumt. Der britische Schriftsteller und Historiker Hilaire Belloc wagte vor fast hundert Jahren die Vorhersage, dass der Westen vom Islam erneut bedroht werden könnte:

„Er [der Islam] hätte uns beinahe vernichtet. Tausend Jahre lang hat er die christliche Welt militärisch bedroht. Aber die Geschichte ist noch nicht an ihrem Ende. Die Macht des Islam kann in jedem Moment wiederauferstehen."[10]

Als Belloc das schrieb, befand sich die islamische Welt zu weiten Teilen unter der Herrschaft der europäischen Kolonialmächte. Die Gefahren für Großbritannien und Europa gingen damals vom Nationalsozialismus aus. Und doch glaubte Belloc, dass es nach wie vor Ziel des Islam sei, das Christentum wie auch den ganzen Westen, der mit ihm gleichgesetzt wird, zu vernichten. Solche Prognosen sind aufgrund ihres alarmistisch wirkenden Charakters natürlich mit Vorsicht zu genießen. Zu viel Missbrauch wird mit dem Hang vieler Menschen zu katastrophischen Lebensgefühlen (psychologischer Angstlust-Effekt) getrieben. Das darf andererr-

---

9 Erdogan: Türkei „de facto" schon EU-Mitglied, in: *Frankfurter Allgemeine Zeitung*, 25. Februar 2013, S. 1
10 „It very nearly destroyed us. It kept up the battle against Christendom actively for a thousand years, and the story is by no means over; the power of Islam may at any moment re-arise", in: Belloc, Hilaire: The Great Heresies [1938]. Rockford/IL 1991; 2009, S. 37, 2011, S. 35

Von der militärischen zur demografischen Eroberung Europas?

seits nicht davon abhalten, Tatsachen wenigstens zur Kenntnis zu nehmen. Tatsache ist: Der Islam erstarkt heute weltweit wieder, wenn auch nicht durch traditionelle Kriege, sondern durch Migration und demografischen Wandel. In islamischen Ländern werden nicht nur Christen diskriminiert, sondern jeder, der nach islamischem Gesetz als blasphemisch oder abtrünnig gilt: Atheisten, Gläubige anderer Religionsgemeinschaften oder Homosexuelle. Gewalt entlädt sich jedoch nicht nur in den Ländern, in denen die Muslime in der Mehrheit sind, sondern auch in Europa. Zahlreiche Menschen in Europa leben aus Furcht vor Attentaten unter Polizeischutz. Zu den prominenten Fällen gehören der italienische Starjournalist Magdi Cristiano Allam, der französische Philosoph Robert Redeker oder die ehemalige niederländische Parlamentsabgeordnete Aayan Hirsi Ali. Auch in Deutschland stehen sogenannte Islamkritiker immer wieder unter Polizeischutz. Und immer wieder kommt es aufgrund von Drohungen islamistischer Gruppen zur faktischen Einschränkung der Meinungs- und Kunstfreiheit. Die weltweiten Ausschreitungen nach den Mohammed-Karikaturen in Dänemark 2005 oder nach dem Mohammed-Schmähfilm „Die Unschuld der Muslime" 2012 waren nur die bislang prominentesten Fälle. Und ist nicht häufig auch Selbstzensur im Spiel, wenn sich Massenmedien mit dem Islam beschäftigen?

In soziokultureller Hinsicht gibt es noch radikalere Brüche zwischen Europa und der islamischen Welt. Während der Islam auf unumstößliche religiöse Gewissheiten setzt, erlebt Europa in weiten Teilen einen spirituellen Niedergang und den Rückzug des Christentums. Der Werterelativismus gilt als allgemeines, kulturell anerkanntes Bewertungskriterium; schrankenloser Individualismus, Nützlichkeitsdenken, Materialismus und Hedonismus prägen den Lebensstil vieler Menschen in Europa. Im Islam hingegen hat sich eine erneuerte Sichtweise der Einheit von Religion, Politik und Kultur durchgesetzt. Eine Analyse der Verhältnisse und der Möglichkeiten zukünftiger Entwicklungen muss drei Umstände zur Kenntnis nehmen: Erstens, in den meisten europäischen Ländern gibt es heute eine zahlenmäßig beträchtliche islamische Bevölkerung, die sich dauerhaft niedergelassen hat. Zweitens, diese Bevölkerungen assimilieren sich nicht. Selbst ihre politische und soziale Integration ist bisher weitgehend misslungen, es sei denn, man qualifiziert ein überwiegend beziehungsloses Nebeneinander schon als gelungene Integration. Allenfalls einzelne islamische Einwanderer integrieren sich, stoßen damit aber meist auf den Widerstand ihrer Familien und ihrer ethnischen Gemeinde. Drittens steckt Europa bis zur Halskrause in einer Wertekrise, während die EU vollauf damit beschäftigt ist, eine künstliche und abstrakte europäische Identität zu erfinden, die ausschließlich auf der Verabsolutierung von Individualrechten beruht. Diese Situation aber macht Europa in kultureller Hinsicht zerbrechlich. Im Einzelnen sind folgende Phänomene zu beobachten:

a) Die Souveränität der Staaten in Europa wird durch den Rahmen begrenzt, den die Europäische Union setzt. Ein großer Teil der nationalen und regionalen Gesetze muss mit den europäischen vereinbar sein. Mit Nachdruck verfolgt die Europäische Kommission das Konzept einer Unionsbürgerschaft. Sie erlässt Richtlinien, die auf eine möglichst weitgehende Homogenisierung der europäischen Völker zielen und die auf die verschiedenen Traditionen und Kulturen keine Rücksicht nehmen. Auch die Immigrationspolitik der einzelnen Staaten wird immer mehr von europäischen Vorgaben bestimmt.

b) Europa wird ethnisch zunehmend pluraler. Aufgrund der unterschiedlichen Geburtenraten wachsen die Einwandererbevölkerungen, die muslimische eingeschlossen. In Europa beträgt die Geburtenrate (Zahl der Neugeborenen für jede Frau im geburtsfähigen Alter) der einheimischen Bevölkerung etwa 1,5 Kinder (in Italien 1,3 und in der Region Friaul-Julisch Venetien gar nur 1,2), während die Geburtenrate der muslimischen Bevölkerung teilweise doppelt oder fast dreifach so hoch ist. Das heißt, in den nächsten Jahrzehnten wird sich nicht nur die demografische Struktur Europas grundlegend verändern, sondern auch das Gesicht der Dörfer und Städte, ja selbst die Institutionen werden sich wandeln.

c) Trotz der Versuche der EU, ihnen ein Einheitsmodell aufzuzwingen (oder vielleicht gerade deshalb), empfinden die Europäer eine wachsende Verunsicherung ihres Selbstbewusstseins.

d) In den europäischen Institutionen geht es vor allem um Wirtschaft. Jedes einzelne Land versucht, möglichst große Vorteile für sich selbst bei Verhandlungen auf europäischer Ebene herauszuschlagen. Das galt beispielsweise für jene Verhandlungen, in denen um Bedingungen, Fristen und Modalitäten des EU-Beitritts der neuen Länder gefeilscht wurde. Das gilt aber auch für die laufend geführten Verhandlungen, die der Festlegung der europäischen Politik dienen. Wenn es jedoch keine gemeinsame europäische Identität gibt, dann sind auch die europäischen Institutionen schwach und befinden sich in einer kontinuierlichen Legitimationskrise. Überdies ist die von den Eurokraten gewollte Identität weit entfernt von den Kulturen der einzelnen regionalen und nationalen Gemeinschaften. Die Ausarbeitung der europäischen Verfassung hätte die Gelegenheit sein können, über die Fundamente der europäischen Identität nachzudenken. Sie hätte die Chance geboten, einen Bezug zu den gemeinsamen Erfahrungen aller Europäer herzustellen. Dies hatte Papst Johannes Paul II. immer wieder, aber letztlich erfolglos gefordert. Sein Kernargument lautete: Es gebe keinen Bereich in der europäischen Kultur, der ohne religiösen Bezug sei. Wenn man die religiöse Dimension außer Acht lasse, verstehe man die Kathedralen, die Malerei, die Musik, die Literatur, die Philosophie, all das, was Europa ausmacht, nicht. Gerade das Fehlen einer Vision, das Fehlen eines leicht wiedererkennbaren Bezugs, hat dazu geführt, dass die europäische Verfassung jetzt vor allem aus Individualrechten und Gemeinschaftsregeln besteht. Und jedes Mal, wenn die Völker direkt über die Verfassung abstimmen konnten, haben sie sie durchfallen lassen. Das war in Frankreich so, aber auch in den Niederlanden und in Irland.

e) Der wirtschaftslastige Ansatz der europäischen Vereinigung durchdringt auch die ganze Einwanderungsproblematik. Die vorrangige Sorge der Wirtschaft gilt der Beschaffung von Arbeitskräften. Zum einen sollen die Lücken auf den nationalen Arbeitsmärkten geschlossen werden, die sich durch die negative demografische Entwicklung und die steigenden Erwartungen der Einheimischen an ihren Lebensstandard auftun. Zum anderen will die Wirtschaft billige Arbeitskräfte. Die soziale Seite der beschleunigten Immigration wurde meistens an karitative Vereinigungen delegiert, das kulturelle Risiko der Einwanderung den Einheimischen aufgehalst.

f) Das europäische politische Establishment will unter allen Umständen verhindern, dass sich die Union auf Werte beruft, die sich, wenn auch nur vage, auf die christliche Prägung Europas zurückführen lassen. Die daraus resultierende Werte-Indifferenz schwächt die Fähigkeit Europas, die Probleme zu lösen, die durch die Immigration entstanden sind.

g) Die europäischen Institutionen und politischen Entscheidungszentren, die der demokratischen Kontrolle entzogen sind, orientieren sich an einem werterelativistischen Modell von Kultur.
h) Es ist eine Ironie der Geschichte, dass die alten Kolonialmächte immer inklusiver werden. Sie betrachten die kulturellen Differenzen als wünschenswerten Bestandteil ihrer nationalen Identität, während sich die nationale Identität der ehemaligen Kolonien, also der Länder, aus denen der Großteil der muslimischen Immigranten kommt, genau in die entgegengesetzte Richtung bewegt. Gerade die muslimischen Einwanderer sind nämlich auf ethnische und religiöse Abgrenzung bedacht. Entgegen unseren faden Diskursen über Globalisierung fährt die Welt fort, sich immer mehr in Richtung einer kulturellen Differenzierung und eines kulturellen Partikularismus zu bewegen und immer weniger in Richtung Homogenisierung und Universalismus.
i) Aus europäischer Sicht sind die Bürgerrechte die zentralen Rechte überhaupt. Sie werden in einem absoluten Sinn verstanden, das heißt, unabhängig von Geschlecht, Alter, Ethnie usw. In den Ländern, aus denen die muslimischen Einwanderer kommen, existieren dagegen Bürgerrechte in einem europäischen Sinne nicht. Bürgerrechte hängen dort von der Zustimmung zum Koran und der Beachtung seiner Regeln ab. Das stellt Europa vor zwei Probleme: Sollen in Europa Verhaltensweisen, die im Gegensatz zu den Grundrechten stehen, aber Ausdruck eines anderen Bürgerrechtsverständnisses sind, akzeptiert werden oder nicht? Und sollte Europa nicht im Gegenzug für die Integration von Muslimen die Wechselseitigkeit der Bürgerrechte für christliche und andere Minderheiten in islamischen Ländern fordern?

Alles in allem: Europa steckt im vielleicht größten Wandel seit dem Untergang der antiken Welt und der Völkerwanderung. Sein Verhältnis zum Islam ist risikoreich.

Europäische Identitätskrise, schleichende Islamisierung und der Kampf um die kulturelle Hegemonie

Die Islamisierungsthese sagt voraus, dass Europa im Verlauf des 21. Jahrhunderts mehr und mehr islamisch umgeprägt wird. Begünstigt werde die Islamisierung Europas durch die demografischen Veränderungen, die die kulturelle Transformation Europas zusätzlich beschleunigen. Hinzu kommt der mangelnde kulturelle Selbstbehauptungswille der Europäer. Der französische Philosoph Robert Redeker etwa warnt vor einer schleichenden „Islamisierung des Denkens", die in der Nachgiebigkeit staatlicher Verantwortungsträger gegenüber den Forderungen islamischer Organisationen zum Ausdruck komme. Redeker schreibt:

> „Der Islam versucht, Europa seine Regeln aufzuzwingen: In den öffentlichen Badeanstalten Schwimmzeiten nur für Frauen, das Verbot, diese Religion zu karikieren, der Anspruch auf einen Sonderspeiseplan für muslimische Kinder in den Schulkantinen, der Kampf für das islamische Kopftuch an den Schulen und der Vorwurf der Islamophobie gegen alle freien Denker."[1]

Die These einer schleichenden Islamisierung Europas hat seit Jahren Hochkonjunktur und zahlreiche prominente Vertreter in allen europäischen Ländern. In Deutschland haben Publizisten wie Ralph Giordano, Rolf Stolz, Hans-Peter Raddatz und Udo Ulfkotte in den letzten Jahren mit Islamkritik von sich reden gemacht. Muslimische Lobbyisten halten für diese Art von Kritik die Totschlagkeule des Islamophobievorwurfs bereit. Ihr Ziel ist es, generell jede Kritik am Islam zu delegitimieren und die Kritiker vor einer Öffentlichkeit mundtot zu machen, die nichts mehr zu scheuen scheint als den Vorwurf der Islamfeindlichkeit. Dabei hilft es noch allemal, unliebsame Stimmen in die rechtspopulistische Schmuddelecke zu stellen. Schon ein wenig aufwendiger wird es, Positionen zu diskreditieren, wenn es sich bei den Kritikern um anerkannte Wissen-

---

1 Wiegel, Michaela: Ein Philosophielehrer auf der Flucht, in: *Frankfurter Allgemeine Zeitung*, 6. Oktober 2006, http://www.faz.net/aktuell/politik/ausland/frankreich-ein-philosophielehrer-auf-der-flucht-1380677.html, Zugriff am 29.8.2012

schaftler handelt. Islamwissenschaftler wie Tilman Nagel, Ralph Ghadban, Ursula Spuler-Stegemann, Necla Kelek und Christine Schirrmacher oder der Althistoriker Egon Flaig lassen sich nicht ganz so einfach verleumden. Flaig zum Beispiel hatte sich den Zorn des politisch korrekten Deutschland mit seiner Warnung eingehandelt, der Islam strebe nach der Weltherrschaft.[2]

Bernard Lewis, einer der weltweit renommiertesten Islamwissenschaftler, vertritt beispielsweise die These, dass Europa am Ende des 21. Jahrhunderts islamisch sein werde, weil in den europäischen Ländern die muslimischen Minderheiten zu Mehrheiten würden. Die Hoffnung, die Muslime würden im Laufe der Zeit das demografische Muster Europas übernehmen, könne sich als trügerisch erweisen. Und wenn die muslimische Einwanderung und das demografische Verhalten der Muslime auf dem augenblicklichen Niveau blieben, dann sei die Islamisierung unvermeidlich. Europas ängstliche Reaktion erschöpfe sich darin, die muslimischen Minderheiten zu beschwichtigen. Die Muslime hingegen schauten selbstbewusst und siegesgewiss in die Zukunft. In dieser Hinsicht verräterisch sei das muslimische Echo auf die Mohammed-Karikaturen in Dänemark gewesen. In Europa habe es immer Mohammed-Karikaturen gegeben, angefangen mit Dantes *Inferno*, wo Mohammed für seine Sünden in der Hölle schmort. Das habe die Muslime bisher aber nie gerührt. Dem Propheten zu nahe zu treten, habe bisher nur im islamischen Raum als Straftat gegolten. Nur dort hätten sich Muslime wie Nichtmuslime wegen Beleidigung des Propheten zu verantworten gehabt. Doch heute verlangten islamische Richter erstmals, dänische Nichtmuslime zu bestrafen. Dafür gebe es nur eine Erklärung: Sie sähen Europa, im Unterschied zu früher, jetzt als Teil des islamischen Gebietes, als „Haus des Islam" (*dar al-Islam*), an.[3]

---

2 Flaig, Egon: Der Islam will die Welteroberung. Die Kriegsregeln sind flexibel, das Kriegsziel bleibt: Der Greifswalder Althistoriker Egon Flaig über Mohammeds kämpferische Religion, in: *Frankfurter Allgemeine Zeitung*, 15. September 2006, http://www.faz.net/frankfurter-allgemeine-zeitung/essay-der-islam-will-die-welteroberung-1354009.html, Zugriff am 29.8.2012

3 „Europa wird islamisch." Die Christen werden zur Minderheit in Europa. Gegen den Iran braucht es Härte. Amerika ist bedroht. Ein Gespräch mit dem renommierten Islamwissenschaftler Bernard Lewis, in: *Welt-online*, 19. April 2006, http://www.welt.de/print-welt/article211310/Europa-wird-islamisch.html, Zugriff am 29.8.2012

Natürlich scheiden sich an der Islamisierungsthese in Deutschland und Europa die Geister. Die These ist emotional und politisch-ideologisch hoch aufgeladen, markiert aber nicht unbedingt die üblichen Bruchlinien des politischen Rechts-Links-Schemas. Auch Linke machen sich die These zu eigen, wie die publizistischen Aktivitäten des Schriftstellers Ralph Giordano beweisen. Dagegen finden sich selbst in der CDU prominente Politiker, die vor der Problematik die Augen verschließen. Bundeskanzlerin Merkel steht dabei nur an vorderster Stelle eines Mainstreams aus Politik, Medien, Wissenschaft und gesellschaftlichem Establishment, das sich einem zur Not auch einseitigen Dialog mit dem Islam verschrieben hat. Und es scheint kaum jemanden zu stören, dass dieser „Dialog" mitunter die Grenze zur Anbiederung mühelos überschreitet.

Welche Argumente für welche Positionen typisch sind, das zeigt ein Streitgespräch in der Zeitschrift *Der Stern*, das die Brüder Gernot und Ekkehart Rotter 2007 geführt haben. Professor für Islamwissenschaft an der Universität Hamburg der eine, Mittelalterhistoriker an der Akademie der Wissenschaften in Mainz der andere, beide ausgewiesene Fachleute zum Thema Islam. Der Vertreter der Islamisierungsthese, Ekkehart Rotter, sieht im eingewanderten Islam den Rückschritt auf dem Vormarsch: „Es sind Muslime, die ihren Töchtern mitten in Europa das geistige Niveau anatolischer Schafhirten verordnen – mithilfe der Grünen und feiger Schulpolitiker. Sollen wir zurück ins Mittelalter, damit die Muslime sich hier wohlfühlen können?" Vor allem aber sieht er eine existenzielle Gefahr, weil die Muslime dabei seien, „unter dem Deckmäntelchen der Religionsfreiheit Europa den Garaus zu machen". Sie eroberten Schritt für Schritt den öffentlichen Raum und verdrängten allmählich die Nichtmuslime. Die Frankfurter Universitätsbibliothek sei voll von Kopftuchfrauen: „Die bereiten sich kaum auf ihre Integration vor. Die rüsten sich für die Islamisierung." Er sei in dieser Bibliothek schon bedroht worden. Auf dem Weg ins Untergeschoss habe ihm ein bärtiger Muslim den Weg verstellt und ihm gesagt, er „könne da jetzt nicht rein. In der Garderobe werde jetzt gebetet, sagte er". Und wie die Muslime heute einen Bibliotheksraum besetzen, so werden sie es morgen mit dem ganzen Land tun, sobald sie nur dazu in der Lage seien. Aus diesem Grunde hätte man es nie zu einer muslimischen Masseneinwanderung in Europa kommen lassen dürfen. Ekkehart Rotters

Skizze beschreibt den Kern der Islamisierungsthese: Das Motiv der Muslime ist die Vernichtung Europas als kultureller Lebensform. Die hilflose Antwort der Europäer ist ihre kollektive Selbstaufgabe. Gernot bestreitet die Islamisierungsthese. Er sieht keine Gefahr, dass Europa am Ende des Jahrhunderts islamisiert sein könnte. Schließlich würden sich die Einwanderer in der dritten und vierten Generation immer weiter integrieren. Das bestreitet Ekkehart vehement. Die Muslime würden sich nicht integrieren, das sähe man daran, dass die dritte Generation dem Islam am intensivsten anhänge. Und das, obwohl der Islam im Grunde eine totalitäre Ideologie sei und intellektuell „ohnehin eine Zumutung. Da streiten Muslime darüber, ob sie noch rein fürs Gebet sind, wenn sie zufällig in der U-Bahn eine Frau gestreift haben". Zudem lasse sich auch Gewalt gegen Andersgläubige islamisch rechtfertigen. Die Gewaltaffinität komme aus dem Islam selbst. Da der Koran das unmittelbar gesprochene Wort Gottes sei, täten sich auch reformorientierte Muslime schwer, den Koran von seinen aggressiven Inhalten zu reinigen. Gernot antwortet mit der Gegenthese, dass der Islam eine Religion wie jede andere sei und deshalb auch niemand vor den Muslimen Angst zu haben brauche. Jede Religion lasse sich missbrauchen, wie auch die Geschichte des Christentums bewiesen habe. Dieses bekannte Argument lässt Ekkehart seinem Bruder Gernot aber nicht durchgehen. Denn in der Gewaltfrage seien Christentum und Islam nicht vergleichbar. Imperialistische Gewaltanwendung im Namen des Christentums könne jedenfalls nicht mit dem Evangelium begründet werden.[4]

So heftig die Auseinandersetzung zwischen den Anhängern und Gegnern der Islamisierungsthese auch immer geführt wird, eine Tatsache lässt sich jedenfalls nicht so leicht übersehen. Auf der einen, der europäischen Seite, eine Kultur, die sich mit Selbstzweifeln und Identitätskrisen herumplagt, auf der anderen Seite ein Islam, der selbstsicher, ja oft sogar selbstgefällig auftritt und mit aller Macht nach sichtbarer Präsenz im öffentlichen Raum strebt. Das belegen nicht nur die zahlreich aus dem Boden schießenden Moscheen oder das allgegenwärtige Kopftuch. Auch

---

4 „Die rüsten für die Islamisierung! – „Unsinn!" Ein Streitgespräch unter den Brüdern Ekkehart und Gernot Rotter, in: *Der Stern*, 14. Juni 2007, Nr. 25, S. 70–74; http://www.stern.de/politik/deutschland/islam-die-ruesten-fuer-die-islamisierung-unsinn-591361.html, 19. Juni 2007, Zugriff am 18.9.2012

der Kampf um islamische Speisevorschriften in Schulmensen, um Räume für das islamische Gebet in der Schule oder um islamkonformen Unterricht, um muslimische Friedhöfe, um spezielle Schwimmzeiten für muslimische Frauen in öffentlichen Bädern, kurzum der Kampf um die Durchsetzung islamischer Vorschriften und Regeln im öffentlichen Raum verhelfen dem Islam zu einer nicht zu übersehenden Präsenz. Selbst in der Gestaltung und Bewältigung des täglichen Lebens der Muslime wird der Islam immer sichtbarer. In allen europäischen Einwanderungsländern sind in den vergangenen Jahrzehnten ethnoreligiöse Infrastrukturen und islamische Ökonomien entstanden. Islamische Unternehmen produzieren *halal*[5]. Dazu zählen nicht nur Metzgereien, in denen sichergestellt ist, dass Tiere auf islamische Weise geschlachtet werden,[6] sondern auch Restaurants, Kosmetikproduzenten, islamische Beerdigungsinstitute, Finanzdienstleister oder auch Halal-Zertifizierer, die wiederum anderen Unternehmen ihre islamische Unbedenklichkeit bescheinigen. Über einen recht originellen Beitrag zur Etablierung islamischen Eigenlebens berichtete *die tageszeitung*. Eine jüngst gegründete islamische Mitfahrzentrale „Muslim-Taxi" soll helfen, die durch den Islam vorgeschriebene Geschlechtertrennung umzusetzen. Der Muslim-Taxi-Gründer ärgerte sich darüber, dass Muslime, die sich vom jeweils anderen Geschlecht getrennt halten sollten, kaum Mitfahrgelegenheiten haben. Das „Muslim-Taxi" ändere dies jedoch und könne überdies auch das „Fremdgehrisiko" minimieren: „Wir Muslime passen untereinander auf uns auf, wir sind Geschwister im Glauben und unterstützen uns gegenseitig."[7] Auf welche islamischen Aktivitäten man auch immer stößt, immer geht es um die Etablierung islamischen Eigenlebens und um die faktische Trennung von der Gesamtgesellschaft.

---

5 *Halal* bedeutet im Arabischen „erlaubt"; im engeren Sinne, dass Lebensmittel in Übereinstimmung mit den islamischen Speisevorschriften hergestellt werden.
6 Das bedeutet, dass die erlaubten Tiere geschächtet werden müssen und bei der Schlachtung jedes einzelnen Tieres der Name Allahs genannt werden muss.
7 Cigdem Akyol: Gründer über islamische Mitfahrzentrale: „Wir schützen Ehen", in: *taz.de*, 24. Januar 2012, http://www.taz.de/!86202/, Zugriff am 27.2.2013

Moscheen und Minarette:
Strebt der Islam nach kultureller Hegemonie?

Strebt der Islam nach kultureller Hegemonie? Das ist die Schlüsselfrage, weil die kulturelle Hegemonie des Islam Voraussetzung für die Islamisierung Europas wäre. Aber ist der Hegemonieverdacht überhaupt haltbar? Oder ist er nur ein Gespenst, mit dem paranoide Islamfeinde die multikulturelle Gesellschaft zu verleumden pflegen? Und woran erkennt man kulturelles Hegemoniestreben? Was genau meint der Begriff der „kulturellen Hegemonie"? Der Begriff geht auf den marxistischen Theoretiker Antonio Gramsci zurück, der davon ausging, dass politische Herrschaft, die sich auf bloße Gewalt stützt, nicht von Dauer sein könne. Macht allein genüge nicht, selbst wenn sie aus Gewehrläufen käme.[8] Stabile politische Herrschaft beruht auf dem Doppelfundament von Macht *und* Konsens. Konsens wiederum entsteht auf der Grundlage kultureller Hegemonie. Sie besitzt, wer die Zustimmung der Beherrschten hat und sie davon überzeugen kann, dass das politische Projekt der Herrschenden wenigstens teilweise auch in ihrem Interesse sei. Diese Form der geistigen Herrschaft ist die Vorbedingung der politischen Herrschaft. Wer die Herrschaftsverhältnisse dagegen umwälzen will, muss zuerst die kulturelle Hegemonie erringen. Dazu muss er die geistige Führung in der Gesellschaft übernehmen, das heißt, er muss sie mit seiner Weltanschauung und seinem Wertesystem durchdringen oder wenigstens die gesellschaftliche Akzeptanz für sie gewinnen. Das ist nur möglich, wenn er seine politischen und moralischen Vorstellungen, Ideen und Werte in der Öffentlichkeit zur Geltung bringen kann. Um dieses Ziel zu erreichen, muss er die führende Rolle in der öffentlichen Meinung erringen oder die öffentliche Meinung wenigstens auf seine Seite ziehen. Er muss die Deutungshoheit über die kulturellen Werte und gesellschaftlichen Symbole derjenigen brechen, die die kulturelle Hegemonie bisher besaßen. Und er muss sichtbare Zeichen im öffentlichen Raum setzen, Zeichen, die seinem Dominanzstreben einen sinnfälligen Ausdruck geben. Das können Demonstrationen, öffentliche Versammlungen und kulturelle Massenveranstaltungen sein, aber

---

8 „Jeder Kommunist muss diese Wahrheit begreifen: ‚Die politische Macht kommt aus den Gewehrläufen.'", aus: Worte des Vorsitzenden Mao Tse-Tung. Peking 1968, S. 74

auch architektonische Zeichen. Blickt man durch den analytischen Filterbegriff der kulturellen Hegemonie, bekommen Moscheen und Minarette, die den öffentlichen Raum prägen, eine Bedeutung, die weit über ihren kultischen Zweck hinausgehen.

Wer in den letzten zwanzig Jahren aufmerksam durch Deutschland gefahren ist, hat nicht übersehen können, dass die Silhouetten der deutschen Städte eine neue architektonische Komponente erhalten haben – die Moscheen. Und er hat beobachten können, wie sie von Jahr zu Jahr mehr geworden sind. Der Bau dieser Moscheen wird meist von einem verbissenen Ringen um die Höhe von Minaretten und vom Feilschen um einen Muezzin, der öffentlich zum Gebet rufen soll, begleitet. Die Schweizer Volksabstimmung vom 30. November 2009 verschaffte dem europaweit schwelenden Streit um Moscheebauten zusätzliche Dynamik. Mit ihrem Votum für ein verfassungsrechtlich verankertes Verbot von Minaretten haben die Schweizerbürger weltweite Aufmerksamkeit erregt. Der türkische Ministerpräsident Erdogan erklärte sogleich, Religionsfreiheit sei ein Grundrecht, das nicht zur Abstimmung gestellt werden dürfe. Er nannte das Verbot „rassistisch und faschistisch" und eine „Schande für die Schweizer".[9] Besorgte Kommentatoren fragten, wie so etwas in einem Staat passieren könne, der den Ruf eines rechtsstaatlichen Musterlandes genießt. Dagegen nahmen die eidgenössischen Verbotsbefürworter für sich in Anspruch, nicht generell gegen die Religionsfreiheit für Muslime gestimmt zu haben, sehr wohl aber gegen das Minarett als Zeichen eines radikalen politischen Islam, der nicht von seinem weltlichen Herrschaftsanspruch lassen wolle.[10] Der Schweizer Historiker Urs Altermatt lehnte das Ergebnis der Abstimmung ab. Aber er deutete auch Verständnis für seine Landsleute an. In ihrem Verhalten entdeckte er eine besondere Sensibilität für den Be-

---

9 Türkei zu Minarett-Verbot: ‚Rassistisch und faschistisch', in: *kath.net*, 1. Dezember 2009 mit Bezug auf die Katholische Nachrichtenagentur (KNA), www.kath.net/detail.php?id=24764, Zugriff am 3.1.2012

10 Vgl. Köppel, Roger: Mutige Schweizer. FAZ-Kommentar, in: *Frankfurter Allgemeine Zeitung*, 1. Dezember 2009; vgl. auch seine Aussagen in der ARD-Talkshow *hart aber fair* am 2. Dezember 2009

ginn eines neuen Kulturkampfes, der ganz Europa betreffe, in der Schweiz jedoch nur früher und deutlicher erkannt werde.[11]

In Deutschland ist der heftig umstrittene und bundesweit diskutierte Bau der Zentralmoschee in Köln-Ehrenfeld beispielhaft, weil an den Auseinandersetzungen um diese Moschee die typischen Konfliktlinien studiert werden können, die durch die Einwanderung des Islam in ein nichtislamisches Land entstehen. Die Vorbehalte in der Mehrheitsgesellschaft gegenüber einer Religion und Kultur, die nach Präsenz im öffentlichen Raum strebt, verbinden sich mit der Unsicherheit über den Symbolgehalt fremder religiös-kultureller Zeichen: Geht es nur um das Grundrecht auf freie Religionsausübung oder geht es in Wirklichkeit um mehr? Beispielhaft ist der Kölner Moscheekonflikt auch deshalb, weil hier zum ersten Mal aus der politischen Mitte heraus öffentlich thematisiert wurde, was bisher als politisches Gespenst tabuisiert war: die „Furcht vor einer schleichenden Islamisierung unseres Landes"[12]. In die Debatte geworfen hatte diese Formulierung einer, von dem das nicht unbedingt zu erwarten war: der Publizist Ralph Giordano.[13] Hinter den vordergründigen bau- und immissionsschutzrechtlichen, architektonischen, städtebaulichen und verkehrstechnischen Argumenten und Einwänden gegen den Bau repräsentativer Moscheen steht also in Wirklichkeit die Frage nach der *kulturellen Hegemonie*.

Eine nach Deutschland eingewanderte Religionsgemeinschaft möchte repräsentative Gebäude bauen. Dabei beruft sie sich auf das Ver-

---

11 Das ist der Anfang eines Kulturkampfes. Der Historiker Urs Altermatt zur Minarett-Initiative, in: *NZZ-online*, 6. Dezember 2009, http://www.nzz.ch/aktuell/startseite/das-ist-der-anfang-eines-kulturkampfs-1.4114212, Zugriff am 3.1.2012

12 Giordano, Ralph: Nicht die Moschee, der Islam ist das Problem, in: Sommerfeld, Franz (Hg.): Der Moscheestreit. Eine exemplarische Debatte über Einwanderung und Integration. Köln 2008, S. 37; vgl. auch ders.: „Nicht die Moschee, der Islam ist das Problem", in: Geus, Armin / Etzel, Stefan (Hg.): Gegen die feige Neutralität: Beiträge zur Islamkritik. Marburg 2008, S. 52–64; vgl. auch Winter, Aloysius: Wider die schleichende Islamisierung Europas, in: Geus / Etzel, ebenda 2008, S. 37–47

13 Giordano, Ralph: Giordano im Wortlaut: „Nicht die Moschee, der Islam ist das Problem!", in: *EuropeNews*, 10. September 2007, http://europenews.dk/de/node/655, Zugriff am 30.8.2012; Giordano, Ralph: „Der Islam ist das Problem", in: *Focus-online*, 26. September 2007, http://www.focus.de/politik/cicero-exklusiv/tid-7505/cicero-exklusiv_aid_133889.html, Zugriff am 30.8.2012

fassungsgrundrecht der freien Religionsausübung nach Art. 4 Grundgesetz. Wie kann das überhaupt zu einem Problem werden? Sind repräsentative Moscheen nicht im Gegenteil „Zeichen gelungener Integration"[14]? Ein weiterer Schritt auf dem Weg zur Einbürgerung einer fremden Religion? Die Anerkenntnis, dass der Islam zu Deutschland gehört, wie der ehemalige Bundespräsident Christian Wulff bei der Feier zum 20. Jahrestag der deutschen Einheit am 3. Oktober 2010 betonte? Die offizielle Sichtweise der muslimischen Bauherren formulierte der Generalsekretär der *Türkisch-Islamischen Union der Anstalt für Religion e. V.* (DITIB), Mehmet Yildirim:

> „Wir Muslime sind ein Teil der Kölner Gesellschaft geworden. Der Neubau soll ein Zeichen setzen, dass wir hier zu Hause sind."[15]

Befürworter des Projektes wiesen darauf hin, dass der Islam in Deutschland aus seiner Nischenexistenz herauswolle, nach politischer und kultureller Anerkennung strebe und deshalb auf architektonische Sichtbarkeit dränge. Die Planung repräsentativer Moscheen zeige den Ehrgeiz, das Stadtbild mitzuprägen.[16] In die euphorische Zustimmung mischten sich allerdings auch ambivalente Gefühle. So nannte der Schriftsteller Dieter Wellershoff die Kölner Moschee eine „machtbetonte Demonstration des legitimen Anspruchs auf religiöse Gleichberechtigung", um im selben Atemzug einen Hegemoniekonflikt anzudeuten: Liege nicht

> „der tiefere Grund der Besorgnis und des Misstrauens gegenüber einer so vitalen, Leidenschaft und kompromisslose Gläubigkeit mobilisierenden Religion wie dem Islam"

---

14 Kirchenamt der Evangelischen Kirche in Deutschland (Hg.): Klarheit und gute Nachbarschaft. Christen und Muslime in Deutschland. Eine Handreichung des Rates der EKD (EKD-Texte, Nr. 86). Hannover 2006, S. 66
15 Yildirim, Mehmet: Die Kölner Ditib-Moschee – eine offene Moschee als Integrationsbeitrag, in: Sommerfeld 2008, S. 67
16 Höhn, Hans-Joachim: Die Goldene Regel, in: Sommerfeld 2008, S. 125

im Bedeutungsschwund der christlichen Kirchen?[17] Ambivalent fiel auch die Stellungnahme der EKD aus dem Jahre 2006 aus:

> „Der Bau einer Moschee signalisiert einerseits die öffentliche Präsenz einer anderen Religion und kann daher ein Zeichen gelungener Integration sein. Andererseits aber können Moscheen auch zu kulturellen Rückzugsräumen und damit zu einem Ort der Distanz der Minderheit von der Mehrheitsgesellschaft werden."[18]

Während die Kritik an dem Projekt zunächst noch politisch korrekt in die unangreifbare Form rechtlicher Bedenken gegossen wurde, emanzipierte sie sich zunehmend von dieser Form des vordergründigen Protestes und richtete sich immer stärker gegen die *symbolische Dimension* der Moschee. Bemängelt wurden nicht nur ihre als überdimensioniert empfundenen Abmessungen, die auf viele „imperial" und „anmaßend"[19] wirkten. Vor allem die Optik der Zentralmoschee, die ursprünglich in einer traditionellen türkisch-osmanischen Form mit Kuppel und Minaretten geplant war, wurde als Indiz eines problematischen islamisch-türkischen Selbstbewusstseins empfunden.[20]

Architekten kritisierten, eine Entscheidung für den traditionellen Typus der Moschee sei eine Entscheidung für fragwürdige Inhalte.[21] Wenn sich die muslimischen Einwanderer wirklich als Teil der deutschen Gesellschaft betrachten, dann sei der Typus der osmanischen Moschee keine angemessene architektonische Lösung.[22] Klassische Moscheen nähren bei vielen den Verdacht, dem nach Europa eingewanderten Islam gehe die Bereitschaft oder Fähigkeit zur Integration in die westliche Zivilisation ab. Die Architektur der Moscheen und Minarette habe nichts mit den deutschen Städten zu tun, in denen sie gebaut

---

17 Wellershoff, Dieter: Wofür steht die Kölner Moschee?, in: Sommerfeld 2008, S. 60 f.
18 EKD 2006, S. 66
19 Frank, Joachim: Klimawandel zwischen den christlichen Kirchen und den islamischen Verbänden, in: Sommerfeld 2008, S. 205 f.
20 Sommerfeld, Franz: Vorwort. Der Kölner Moscheestreit – ein Lehrstück über Demokratie, in: Sommerfeld 2008, S. 17–21
21 Gatermann, Dörte: Die Dialektik von Inhalt und Form, in: Sommerfeld 2008, S. 162
22 Kraft, Sabine: Moscheearchitektur zwischen Nostalgie und Moderne, in: Sommerfeld 2008, S. 175

werden: „Zu viel Istanbul, zu wenig Duisburg", wie Dieter Bartetzko von der *Frankfurter Allgemeinen Zeitung* seine Einwände betitelte. Mit gutem Willen und einem Quäntchen Einfühlungsvermögen in die Befürchtungen der Mehrheitsgesellschaft könnten die Muslime den Streit um die Moscheen selbst entschärfen. Ein einfacher Weg sei es, ihre Bauten der europäischen Architektur und der städtebaulichen Umwelt anzupassen, wie das die Synagogen seit Jahrhunderten tun.[23] Von solchen Einwänden aus war es nicht mehr weit zu dem Vorwurf, die islamischen Bauherren betrieben ein doppelbödiges Spiel. So fragte die Architektin Dörte Gatermann,

> „... warum es in Deutschland richtig sein soll, Minarette zu bauen, die von der Funktion her hier vermeintlich sinnentleert sind? Ist das wirklich nur eine Zeichensprache, die den klassischen Typ widerspiegelt? Auch wenn dort, wie es immer heißt, gar kein Muezzin rufen soll? Oder soll er es vielleicht doch irgendwann tun? [...] manche Menschen haben eben die Sorge, dass Symbole, die vielleicht jetzt sinnentleert sind, diesen Sinn ja vielleicht zurückbekommen könnten."[24]

Die muslimische Seite dagegen verteidigte das Minarett stets mit dem Argument, die Einwanderer wollten sich mit dem Bau einer traditionellen Moschee lediglich ein Stück Heimat in der Fremde schaffen, das Minarett sei dekoratives Beiwerk ohne tiefere Bedeutung. Das Argument klang nicht besonders überzeugend. Warum sollten sich die Kölner Muslime ein Stück Heimat in die Fremde holen, wenn die Fremde doch angeblich längst zu ihrer neuen Heimat geworden ist? Aber die Bedeutungsambivalenz war auch aus anderen Gründen nicht aus der Welt zu schaffen:

---

23 Bartetzko, Dieter: Archtektur und Integration: Zu viel Istanbul, zu wenig Duisburg, in: *Frankfurter Allgemeine Zeitung*, 9. Dezember 2009, http://www.faz.net/aktuell/fcuilleton/kunst/architektur-und-integration-zu-viel-istanbul-zu-wenig-duisburg-1901312.html, Zugriff am 30.8.2012
24 Gatermann in: Sommerfeld, 2008, S. 164 f.

„Manche Leute finden Minarette schön, andere fürchten sie; ähnlich wie bei Kirchtürmen ist das eine Frage des geopolitischen Blickwinkels und Naivitätsgrades. Kunstgeschichtlich interessierte Touristen können die Ästhetik eines Moscheeturms in Unschuld würdigen. Gebrannte Kinder der Geschichte empören sich über denselben Turm: Der christlichen Bevölkerung auf dem Balkan etwa sind Minarette ein Ärgernis, ja Hassobjekt, weil sie die jahrhundertelange brutale Unterdrückung durch die türkischen Osmanen symbolisieren. Diese richteten ihre Minarette überall auf, wo sie an die Macht kamen. Nachdem Mehmet II. 1453 Konstantinopel genommen hatte, befahl er sofort, der uralten Kirche Hagia Sophia ein Minarett beizufügen. ‚Eine Art Siegesturm' nannte die deutsche Orientalistin Annemarie Schimmel, eigentlich eine Islamschwärmerin, das Minarett sehr unsentimental. ‚Das sichtbare Zeichen der Gegenwart des Islam in einem neu eroberten Gebiet.'"[25]

In neuester Zeit ins Zwielicht geraten war das Minarett auch durch den Bürgermeister von Istanbul und späteren türkischen Ministerpräsidenten Recep Tayyip Erdogan. Unter Verwendung eines Zitates aus einem Gedicht des türkischen Schriftstellers Ziya Gökalp aus dem Jahr 1912 hatte Erdogan 1997 öffentlich gesagt:

„Die Demokratie ist nur der Zug, auf den wir aufsteigen, bis wir am Ziel sind. Die Moscheen sind unsere Kasernen, die Minarette unsere Bajonette, die Kuppeln unsere Helme und die Gläubigen unsere Soldaten."[26]

---

[25] Widmer, Thomas: Das Minarett. Eine Art Siegessäule. Muslime fordern den Bau von Minaretten in der Schweiz. Sind die Glaubenstürme Triumphzeichen islamischer Macht oder nur dekoratives Beiwerk ohne tiefere Bedeutung?, in: *Die Weltwoche*, Nr. 19/2007, http://www.weltwoche.ch/ausgaben/2007-19/artikel-2007-19-eine-art-siegess.html, Zugriff am 4.10.2008

[26] Vgl. Sen, Faruk: Recep Tayyip Erdogan: Der Islamist als Modernisierer, in: *Welt-online*, 5. Mai 2007 http://www.welt.de/debatte/kommentare/article6068757/Recep-Tayyip-Erdogan-Der-Islamist-als-Modernisierer.html, Zugriff am 30.8.2012; Widmer 2007 (wie Anm. 25); Anmerkung: Erdogan war dafür von der laizistischen türkischen Justiz zu zehn Monaten Haft wegen „religiöser Hetze" verurteilt worden; ein Hinweis darauf, wie ernst die türkische Staatsmacht den Inhalt solcher Reden nahm (vgl. Sen 2007).

Das Minarett steht seither auch in der breiten Öffentlichkeit in Europa im Verdacht, ein islamisches Herrschaftssymbol, ein Triumphzeichen islamischer Macht zu sein. Ironischerweise hat Erdogan der *Schweizer Volkspartei* (SVP), die die Abstimmungsinitiative gestartet hatte, das Motiv ihres Plakates selbst geliefert: Minarette, die aufgestellt auf der Schweizer Fahne wie bedrohliche Raketen wirken.

Für die Soziologin Necla Kelek sind Moscheen wie die in Köln-Ehrenfeld „ein politisches Statement des Islam in Beton":[27]

> „Die Ur-Moschee war Mohammeds Wohnhaus in Medina: ein Hof mit offener Säulenhalle. Erst als der Islam christliche Kirchen eroberte, änderte sich auch die Architektur der Moscheen. [...] Durch Umwidmung des Kuppelbaus der byzantinischen Hagia Sophia zur Moschee wurde eine christliche Kirche zum Vorbild für die türkische Moschee. Minarett und Kuppel wurden Zeichen osmanischer Herrschaft – auch in Mekka. Der Entwurf für die Kölner Moschee nimmt diese Tradition des Gestus der Eroberung auf. Eine offene Kuppel mit stilisierter Weltkugel zeigt noch keine Weltoffenheit. Es ist entscheidend, was darunter passiert. Man könnte diese Kuppel und das Minarett auch als Hegemonieanspruch deuten, ganz so wie der Islam sich als ,Siegel', als Vollendung der Religionen begreift und den Anspruch auf Weltherrschaft reklamiert. Jedenfalls steht auch dieser Entwurf in osmanischer Tradition und zielt weder von der äußeren Form noch von der inneren Funktion her auf Erneuerung oder Integration. [...] Damit steht der Streit um den Bau der Kölner Moschee in einer Linie mit dem Streit um das Kopftuch. Freitagsmoscheen im Stadtbild sind wie die Kopftücher auf der Straße ein sichtbares politisches Statement. Es soll sagen: Wir sind hier, wirds sind anders, und wir haben das Recht dazu."[28]

Im Laufe der Auseinandersetzungen um die Kölner Moschee fiel Ralph Giordano immer mehr die Rolle zu, die Bedenken der Mehrheitsgesell-

---

27 Kelek, Necla: Das Minarett ist ein Herrschaftssymbol, in: *Frankfurter Allgemeine Zeitung*, 5. Juni 2007; vgl. auch dies.: Kölner Moscheenstreit. Das Minarett ist ein Herrschaftssymbol, in: *Frankfurter Allgemeine Zeitung*, 6. Juni 2007, http://www.faz.net/aktuell/feuilleton/koelner-moscheenstreit-das-minarett-ist-ein-herrschafts-symbol-1437435.html, Zugriff am 30.8.2012
28 Kelek 2007, ebenda

schaft gegenüber vermeintlicher oder tatsächlicher islamischer Herrschaftsarchitektur zu artikulieren:

> „Wahrer Bauherr der Großmoschee sind ohnehin nicht Kölns Bürgermeister und zustimmende Stadtratsfraktionen, nicht der deutsche Architekt und auch nicht die Ditib, sondern deren verlängerter Arm – das Amt für religiöse Angelegenheiten Diyanet in Ankara. Dort, in dieser autoritär geführten Staatsbehörde, ist das Projekt ausgeheckt worden, wie all die anderen Großmoscheen, die in Deutschland mit Namen von osmanischen Eroberern wie Pilze aus dem Boden schießen – sakrale Großbauten, Symbole einer Landnahme auf fremdem Territorium, Strategie einer türkischen Außenpolitik, die längst dabei ist, in Deutschland mitzuregieren. Zwischen viel beklagter Hinterhofmoschee und zentraler Großmoschee hätte es zahlreiche Abstufungen ohne Abschreckungseffekt gegeben. Nun aber, im Falle von Köln-Ehrenfeld, hat sich die Diyanet einen verräterischen Schritt zu weit nach vorn gewagt."[29]

Giordanos Haltung ist exemplarisch für den islamkritischen Teil der öffentlichen Meinung, der im Verhalten der türkisch-islamischen Immigrantenorganisationen Hinweise auf eine weitergehende Strategie sieht. Die türkisch-islamische Seite selbst deute diese Strategie in der historischen Anspielung an, die Türken seien 1683 vor Wien zwar daran gehindert worden, sich ganz Europa zu unterwerfen, aber was damals militärisch nicht gelungen sei, werde jetzt langfristig mithilfe der demografischen Waffe vollendet.[30]

Aber sind das nicht alles Überinterpretationen? Kann dem Islam wirklich ein Streben nach kultureller Hegemonie unterstellt werden, nur weil die Mehrheitsgesellschaft ein Moscheeprojekt als überzogen und anmaßend empfindet oder weil die Einheimischen Kopftücher und andere Attribute kultureller und religiöser Fremdheit nicht ertragen können? Was bedeuten denn die Größe einer Moschee, die Höhe und die Anzahl ihrer Minarette? Was bedeutet die Tatsache, dass in vielen deutschen Städten, etwa in Pforzheim, Mannheim, Bremen, Köln, Kiel und Lübeck Moscheen den Namen „Eroberermoschee" tragen?

---

29 Giordano in: Sommerfeld 2008, S. 39
30 Ebenda, S. 44

Die Islamwissenschaftlerin Ursula Spuler-Stegemann schreibt, es sei bestenfalls eine „religionspolitische Instinktlosigkeit", Moscheen im christlichen Umfeld gerade nach Sultan Mehmet II. zu benennen. Schließlich war es Mehmet, der „Eroberer", der 1453 die Hauptstadt des christlichen Oströmischen Reiches, Byzanz, militärisch eingenommen und damit einen Schlussstrich unter die christliche Geschichte Kleinasiens gezogen hat. Wahrscheinlicher jedoch als eine instinktlose Namensgebung scheint Spuler-Stegemann eine provokative Absicht. Eine vergleichbare Namensgebung für christliche Kirchen in islamischen Ländern würde nämlich niemals hingenommen. Gelänge es überhaupt, eine neue Kirche zu bauen, dann wären Christen, die ihre neue Kirche z.B. nach den Kreuzfahrern Richard Löwenherz oder Gottfried von Bouillon benennen würden, ihres Lebens nicht mehr sicher. Aber auch Namensgebungen, die hierzulande zunächst einmal als versöhnliches Zeichen gedeutet werden, haben einen aggressiven Hintersinn. Die *„Ayasofya*-Moscheen", von denen es ebenfalls einige in Deutschland gibt, sind nach der einstigen christlichen Hagia Sophia-Basilika benannt. Aber die *Hagia Sophia* (griech. für „Heilige Weisheit"), die ihren Namen auch nach 1453 behalten hat, obwohl sie in eine Moschee umgewandelt worden war, gilt den Muslimen bis heute als machtvolles Symbol für den Sieg des Islam über das Christentum.[31]

Auch das Ringen um die Höhe der Minarette steht im Verdacht, der vermeintlichen Überlegenheit des Islam einen architektonischen Ausdruck geben zu wollen. In Köln ist es die große Zentralmoschee mit ihren 55 Meter hohen Minaretten, die unweit des berühmten Doms, der das Wahrzeichen der Stadt ist, entsteht. Die Minarette niedriger zu bauen, um den Konflikt zu entschärfen und dem Vorwurf einer missverständlichen Architektursymbolik zu begegnen, lehnte der Bauherr, die *Türkisch-Islamische Union der Anstalt für Religion* e.V. (DITIB), die von der Türkei finanziert wird und deren Aufgabe die Förderung der islamischen Religion ist, ab. Nach Auffassung der DITIB und ihrer einheimischen Unterstützer bildet das Projekt gar einen Prüfstein für den Stand der türkisch-deutschen Integration. Aber nicht nur in Köln, son-

---

31 Spuler-Stegemann, Ursula: Muslime in Deutschland. Informationen und Klärungen. Freiburg 2002, S. 156–158; vgl. auch Stelkens, Paul: Moscheeplanung zwischen Baurecht und Verfassungsrecht, Sommerfeld 2008, S. 148

dern überall in Europa streben die Muslime nach der Hoheit über den öffentlichen Raum. Oriana Fallaci berichtet von einem ähnlichen Konflikt beim Bau der Großen Moschee in Rom der 1980er- und 1990er-Jahre.[32] Und um Moscheen gefeilscht wurde nicht nur in Rom. Wenig anders liefen die Auseinandersetzungen in Bologna, Genua, Colle Val d'Elsa und an anderen Orten ab.

Architektonisch und städtebaulich prägende Bauwerke sind *auch* die Symbole eines Dominanzanspruches. Alle Religionen, politischen Ideen oder Ideologien streben nach kultureller Hegemonie, zumindest dann, wenn sie eine kritische Größe erreicht haben oder damit rechnen, diese kritische Größe zu erreichen. Religion und Kultur sind Ausdruck der Geistes- und Ideenwelt sowie der Lebensform einer Gesellschaft. Insbesondere die herausragenden Zeugnisse religiöser Architektur sind Wegmarken einer kulturellen Landnahme und werden als solche wahrgenommen. Das lässt sich an den christlichen Bauwerken Europas ebenso zeigen wie an der buddhistischen oder hinduistischen Architektur in Asien. Selbst die großen säkularen Ideologien bedienen sich einer Architektursprache, die in der öffentlichen Wahrnehmung entweder umstandslos verstanden oder eindeutig interpretiert wird. So ist es kein Zufall, dass sich die Attentäter des 11. September 2001 gerade das *World Trade Center* in New York ausgesucht haben. Die *Twin Towers* waren das prominenteste architektonische Symbol des verhassten amerikanischen Kapitalismus und Imperialismus.

Kirchtürme prägen die europäischen Stadt- und Landschaftsbilder bis heute. Kirchen und Kirchtürme haben aber nicht nur eine religiöse Funktion, sind nicht nur einfach Wahrzeichen, sie signalisieren auch kulturelle Dominanz. Selbst die Alltagssprache bringt das zum Ausdruck, etwa in der Redewendung, man solle doch „die Kirche im Dorf lassen". Nicht anders Moscheen und Minarette. Sie sind bis heute das äußere Zeichen dafür, dass sich die islamische Gesellschaft dem Lebensrhythmus des Koran unterwirft. Der fünfmalige Gebetsruf des Muezzin ist in den islamischen Ländern nicht nur liturgische Handlung, sondern Taktgeber eines islamisch strukturierten Alltags. Aber müssen demzufolge Moscheen und Minarette auch in Deutschland dasselbe bedeuten?

---

32 Fallaci, Oriana: Die Kraft der Vernunft. Berlin 2004, S. 157 f.

Nicht nur Minderheiten haben gegenüber der Mehrheit Anspruch auf einen sensiblen Umgang mit ihr; auch die Mehrheit kann von Minderheiten erwarten, dass sie auf ihre kulturellen Empfindlichkeiten Rücksicht nehmen. Selbst die Moscheebaukritiker, die den Verdacht einer schleichenden Islamisierung nicht teilten, vermuteten hinter dem architektonischen Triumphalismus der Kölner Muslime die provokativ zur Schau gestellte Unbescheidenheit einer eingewanderten Religion, die einen eklatanten Mangel an Einfühlungsvermögen für die kulturellen Empfindlichkeiten der Aufnahmegesellschaft erkennen lässt. Dieser Vermutung hatte die eigenwillig unkluge, von vielen als anmaßend und großspurig empfundene Verlautbarung des Ditib-Vorsitzenden, Sadi Arslan, in der Europa-Ausgabe der türkischen Zeitung *Sabah* zusätzlichen Auftrieb gegeben:

> „Wir entscheiden, wie groß und breit die Moschee gebaut wird. Wir sind nicht bereit, Zugeständnisse zu machen. Wir haben uns nicht zu rechtfertigen."[33]

Diese demonstrative Unbescheidenheit legte nicht nur die Vermutung nahe, es mangele den islamischen Bauherren an Integrationswillen. Sie nährte auch den Verdacht, der nach Deutschland eingewanderte Islam nehme durch seine baulichen Aktivitäten eine künftige kulturelle Hegemonie vorweg. Allerdings geben sich Muslime auch anderswo in Europa wenig Mühe, solche Verdachtsmomente zu entkräften. Wie anders sollte man auch sonst die Forderung der *Federación Española de Entidades Religiosas Islámicas* (Spanischer Verband der islamischen Glaubensgemeinschaften) nach Rückgabe der Moschee von Córdoba verstehen, die seit 1236 eine Kathedrale ist?[34] Nur mit einem kollektiven Identitätsverlust erklärt werden kann die Tatsache, dass diese muslimische Forderung

---

[33] Sommerfeld, Franz: Vorwort. Der Kölner Moscheestreit – ein Lehrstück über Demokratie, in: Sommerfeld 2008, S. 31

[34] Delgado, Mariano: Religiöser Pluralismus und Laizismus-Debatte in Spanien, in: *Stimmen der Zeit. Die Zeitschrift für christliche Kultur*, Nr. 3/2009, S. 197–209. Im Internet auf S. 10 des Beitrages des Autors. http://www.stimmen-der-zeit.de/zeitschrift/archiv/beitrag_details?k_beitrag=1916331&query_start=10&k_produkt=2624310, Zugriff am 14.2.2013

auch bei den nichtmuslimischen Verantwortlichen der Stadt Unterstützung gefunden hat. Der Clou an dieser Geschichte: Die berühmte einstige Moschee von Córdoba war ursprünglich eine Kirche. Die Geschichte der Moschee von Córdoba erinnert an die Tatsache, dass viele Kirchen im Zuge der islamischen Eroberung in Moscheen umgewandelt worden sind. Die bekanntesten Beispiele dafür sind neben der Hagia Sophia in Istanbul die Umayyaden-Moschee in Damaskus und die Ibn Tulun-Moschee in Kairo, die aus dem Baumaterial zerstörter Kirchen errichtet wurde. Die anfangs zitierte, im Auftrag der Universität Münster im Jahre 2010 durchgeführte Umfrage des Meinungsforschungsinstituts *TNS Emnid*, die dem Islam in Deutschland ein schlechtes Image bescheinigte, hat auch herausgefunden, dass den Bau neuer Moscheen lediglich 28 Prozent der Westdeutschen und 20 Prozent der Ostdeutschen befürworten. Minarette scheinen noch provokativer zu wirken. Nur 18 Prozent der Westdeutschen und 12 Prozent der Ostdeutschen können sich mit ihnen anfreunden.[35]

Solange die Mehrheitsgesellschaft Moscheen und Minarette skeptisch betrachtet, liegt es an der muslimischen Minderheit, ihr Verhalten selbstkritisch zu reflektieren und durch ein Verhalten kultureller Anpassung und Loyalität langfristig das Vertrauen der Aufnahmegesellschaft zu gewinnen. Mit etwas Einfühlungsvermögen könnte die muslimische Seite erkennen, dass Moscheen, Minarette und zweifelhafte Namensgebungen für Moscheen als bedrohlich empfunden werden können.[36] Eine im besten Fall missverständlich zu nennende Symbolsprache ist der Grund, weshalb die Mehrheitsgesellschaft Zurückhaltung beim Bau von Moscheen erwartet. Ein aussagefähiger Ausdruck guten Willens wäre es deshalb, wenn die muslimische Seite als Zeichen

---

35 Westfälische Wilhelms-Universität Münster: Prof. Dr. Detlef Pollack: „Deutsche sind viel weniger tolerant gegenüber Muslimen." Umfrage zu religiöser Vielfalt in Europa zeigt integrationspolitisch brisante Ergebnisse, http://www.unimuenster.de/Religion-und-Politik/aktuelles/2010/dez/PM_Studie_Religioese_Vielfalt_in_Europa.html, Zugriff am 27.8.2012

36 Vgl. Das Streiflicht der *Süddeutschen Zeitung* vom 2. Dezember 2009 übte eine „Turmkritik", die auch das Schweizer Minarett-Referendum geschmückt hätte.

eines wirklichen Integrationswillens freiwillig auf den Bau von Minaretten verzichtete.[37]

Die Bauwut der islamischen Gemeinden macht bewusst, dass die wachsende öffentliche Präsenz der Muslime die innerstädtischen Verhältnisse dauerhaft verändern wird. Der Bau neuer Moscheen scheint zugleich tief greifende Veränderungen in den europäischen Gesellschaften anzukündigen. Die Minarette, die das kulturelle Profil der Städte erweitern, lassen den Islam immer sichtbarer werden. Man braucht sich also nicht zu wundern, dass die Minarette überall in Europa auf Widerstand stoßen. Die Muslime selbst bekennen, dass die neuen Moscheen in Europa eine klare und deutliche Botschaft verkünden sollen: „Wir sind Teil dieser Gesellschaft und wir werden bleiben." Kultstätten haben einen hohen symbolischen Wert überall und zu jeder Zeit. Die neuen Moscheen präsentieren sich so, dass der Stolz auf die muslimische Identität und Stärke spürbar wird. Die Forderung der islamischen Gemeinden, große Moscheen und hohe Minarette an Plätzen zu bauen, die symbolisch hoch aufgeladen sind, verrät die Absicht. Deshalb fällt es schwer, Moscheen und Minarette lediglich als Symbole einer friedlichen und toleranten Religion zu sehen, die in Deutschland und den anderen Ländern Europas heimisch werden möchte. Vielmehr deuten nicht wenige Anzeichen darauf hin, dass der Kampf um die kulturelle Hegemonie in Europa begonnen hat.

Kollektive Identitätskrise und kulturelle Selbstverleugnung

In der Notaufnahme des Krankenhauses im oberschwäbischen Ravensburg hing 2008 ein Werbeplakat des Ortsvereins des *Deutschen Roten Kreuzes* (DRK). Im Vordergrund eine Rotkreuzflagge, versetzt hinter ihr der rote Halbmond. Wahrscheinlich war den Auftraggebern des Plakates die Doppeldeutigkeit der Symbolik gar nicht bewusst. Sie verstanden ihr Plakat sicherlich als ein Signal des partnerschaftlichen Miteinanders zwischen Einheimischen und islamischen Einwanderern. Aber das Ar-

---

[37] Altwegg, Jürg: Mehr Zurückhaltung! Bösewicht Schweiz? Warum ich nicht abgestimmt habe. In: *Frankfurter Allgemeine Zeitung*, Nr. 279, 1. Dezember 2009, S. 31

rangement der Symbole kann auch anders gedeutet werden, nämlich als Anzeichen einer beginnenden kulturellen Selbstaufgabe. Dann wäre das Plakat ein Zeichen dafür, dass die Erosion der kulturellen Hegemonie der deutschen Mehrheitsgesellschaft den gesellschaftlichen Alltag erreicht und dass die Mehrheitsgesellschaft damit begonnen hat, ihre kulturelle Hegemonie, die sich an der *ausschließlichen* Geltung von Symbolen festmacht, freiwillig aufzugeben. Es gibt nämlich gar keinen Grund, den Halbmond ins Spiel zu bringen, denn in Europa symbolisiert das rote Kreuz den humanitären Gedanken dieser weltweiten Bewegung. Da das Kreuzsymbol in der islamischen Welt auf Widerwillen stößt, ist der rote Halbmond zum komplementär verwendeten Emblem der Rotkreuzidee geworden. Historisch gesehen repräsentieren Kreuz und Halbmond unterschiedliche Kulturkreise mit einer außerordentlich konfliktreichen Geschichte. Aus europäischer Sicht symbolisierte der Halbmond die Zerstörung der griechisch-römisch-christlichen Zivilisation in Kleinasien, eine sieben Jahrhunderte lange arabisch-islamische Fremdherrschaft in Spanien und eine fünfhundertjährige osmanisch-islamische Besetzung des Balkans sowie den Versuch der Türken, das christliche Europa zu erobern. Aus islamischer Sicht steht das Kreuz für die mittelalterlichen Kreuzzüge und die kolonialistische Demütigung durch den Westen. Gläubige Muslime empfinden das Kreuz bis heute als Provokation gegen den Islam, selbst wenn sie in Europa leben. Sogar als Bestandteil von Vereinswappen auf Fußballtrikots ist das Kreuz geeignet, die Muslime und den Islam zu „beleidigen". Beispielsweise haben türkische Fans gefordert, ein *Champions League*-Spiel, das der italienische Klub *Inter Mailand* 2007 gegen die türkische Mannschaft von Fenerbahce gewonnen hat, zu annullieren, weil die Italiener mit einem Trikot bekleidet waren, auf dem im Wappen ein rotes Kreuz zu sehen war.[38]

---

38 Schiappapietra, Andrea: Inter, offende i musulmani la maglia del centenario, in: *La Gazzetta dello Sport*, 10. Dezember 2007, http://www.gazzetta.it/Calcio/SerieA/Squadre/Inter/Primo_Piano/2007/12_Dicembre/10/turchi.html, Zugriff am 25.9. 2008; vgl. auch: Barcelona shirts appearing cross-less in Saudi Arabia, in: AFP, 15. Dezember 2007, http://afp.google.com/article/ALeqM5gI-lq8tPy9njwNgbzX-SP8Bjn6DnQ, Zugriff am 25.9.2008; Schmid, Thomas: Wie Inter Mailand den Islam beleidigte, in: *Welt-online*, 12. Dezember 2007, http://www.welt.de/sport/article1455029/Wie-Inter-Mailand-den-Islam-beleidigte.html, Zugriff am 31.8. 2012; Das Kreuz mit dem Kreuz, in: *Lizas Welt – Ansichten zu Politik & Fußball*,

In der europäischen Bevölkerung ist der Halbmond dagegen heute nicht mehr als eine dekorative Form, die wie das Kreuz auch auf dem Niveau eines modischen Accessoires angekommen ist.

Zahllose Beispiele aus dem multikulturellen Alltag in Deutschland und Europa liefern Anzeichen eines freiwilligen kulturellen Rückzuges der Mehrheitsgesellschaft. Beklagt wird, dass der kulturelle Rückzug gerade in den Sozialisationsinstanzen stattfinde, die neben der Familie die wichtigste Rolle spielen: in Schule und Kindergarten. In vielen deutschen Kindertagesstätten kommt kein Schweinefleisch mehr auf den Tisch. Muslimische Speisevorschriften werden damit – auch für die nichtmuslimischen Kinder – faktisch allgemein verbindlich. Die SPD-Bundestagsabgeordnete Lale Akgün sieht diesen Verzicht als logische Folge der Einwanderung von Muslimen: „Besser man verzichtet aus religiösen Gründen darauf, als einen Keil zwischen die Kinder zu treiben."[39] Immer mehr christliche Kindergärten sehen von Advents-, Weihnachts- oder Nikolausfeiern ab, weil muslimischen Kindern und Eltern solche Feiern wohl nicht zugemutet werden können. Das Sankt Martinsfest wird seines religiösen Bezugs beraubt und religionsneutral in „Laternenfest" umbenannt, weil Kindergärten befürchten, bei muslimischen Eltern mit christlichen Texten Anstoß zu erregen.[40] In Großbritannien gelten traditionelle Weihnachtsfeiern nicht mehr als schicklich, weil im multikulturellen London Menschen verschiedener Religion zusammenarbeiten und vor allem Muslime die oft ausschweifenden vorweihnachtlichen Bürofeiern als beleidigend empfinden könnten. Britische Stadtverwaltungen untersagen Weihnachtsbäume, Weihnachtsschmuck und Lichterketten in Einkaufszentren und Fußgängerzonen, britische Arbeitgeber verbieten ihren Mitarbeitern Weihnachts-

---

14. Dezember 2007, http://lizaswelt.net/2007/12/14/das-kreuz-mit-dem-kreuz/, Zugriff am 31.8.2012
39 *Nachtcafé*, Gäste bei Wieland Backes: Kebab, Kopftuch, Koran – Wie muslimisch wird Deutschland?, in: *SWR*, 21. November 2008, http://www.swr.de/nachtcafe/-/id=200198/nid=200198/did=4061028/2jjvwk/index.html, Zugriff am 24.11.2008
40 Viele Kindergärten verzichten auf Weihnachtsfeiern, in: *SWR-Nachrichten*, 3. Dezember 2006, http://www.swr.de/nachrichten/bw/-/id=1622/nid=1622/did=1794976/10m35cx/index.html, Zugriff am 24.11.2007; Rasche, Uta: Der Nikolaus spricht Deutsch, in: *Frankfurter Allgemeine Zeitung*, Nr. 299, 24. Dezember 2007, S. 3

dekoration in den Büros, damit sich andersgläubige Mitarbeiter nicht beleidigt fühlen müssen.[41] Die Stadt Oxford entschied 2008, das Wort „Christmas" durch die Bezeichnung „Winterlicht-Festival" (*Winter Light Festival*) zu ersetzen.[42] Die Handelskette Walmart untersagte ihrem Verkaufspersonal, den Kunden „Frohe Weihnachten" zu wünschen;[43] im britischen Privatsender *Channel-4* hielt neben der Queen auch eine völlig verschleierte Muslimin die Weihnachtsansprache für das Jahr 2006.[44] Auf Ungnade stieß im Jahr darauf der mit Weihnachtskugeln und Lametta geschmückte Weihnachtsbaum im Brüsseler Justizpalast. Er stehe, so die damalige Justizministerin Laurette Onckelinx, im Widerspruch zum neutralen Geist des Hauses und störe die religiösen Gefühle der Nichtchristen.[45] Im September 2012 war es die Schweizer Luftfahrtgesellschaft *Swiss*, die den Islam beleidigte. Auf Facebook und Foren wie *Turkworld* ließen Muslime ihrer Empörung freien Lauf. Die Airline hatte eine Werbekampagne gestartet und auf den Plakaten war eine große Schweizer Fahne zu sehen mit dem Slogan: „Kreuz ist

---

41 Dickerscheid, Ute: Briten verbieten Weihnachtsfeiern in Betrieben, in: *netzeitung.de*, 7. Dezember 2006, http://www.netzeitung.de/vermischtes/470507.html, Zugriff am 31.8.2012
42 Keine Weihnachtszeit in Oxford? Erzbischof Ravasi antwortet. Präsident des Päpstlichen Rates für die Kultur: Gleichgültigkeit fördert den Atheismus, in: *Zenit – Die Welt von Rom aus gesehen*, http://www.zenit.org/article-16333?l=german; Oxford: „Winter Light Festival" statt „Weihnachten", in: *kath.net – Katholische Nachrichten*, 5. November 2008, http://www.kath.net/detail.php?id=21259, Zugriff am 31.8.2012
43 Trummer, Paul: Im Namen des Herrn: Wal-Mart wünscht wieder „Frohe Weihnachten". Jahrelang hieß bei Wal-Mart im Dezember „Frohe Festtage". Doch nun erzwingen religiöse Gruppen einen christlicheren Gruß, in: *Süddeutsche.de*, 19. Mai 2010, http://www.sueddeutsche.de/wirtschaft/im-namen-des-herrn-wal-mart-wuenscht-wieder-frohe-weihnachten-1.915493, Zugriff am 8.2.2013
44 Großbritannien: Verschleierte Muslimin hält Weihnachtsansprache, in: *Welt-online*, 13. Dezember 2006, http://www.welt.de/print-Zeitung vom welt/article702142/Grossbritannien-Verschleierte-Muslimin-haelt-Weihnachtsansprache.html, Zugriff am 15.9.2012
45 Belgien: Weihnachten bringt Streit in die Brüsseler Justiz, in: *Welt-online*, 17. Dezember 2007, http://www.welt.de/politik/article1469587/Weihnachten-bringt-Streit-in-die-Bruesseler-Justiz.html, Zugriff am 31.8.2012; Seeger, Sabine: Der Tannenbaum des Anstoßes, in: *Südwest Presse*, 19. Dezember 2007, http://www.suedwest-aktiv.de/landundwelt/politik/3295859/artikel.php?SWAID=f9ff6ebccaabf3c9f2e20d733277cce5, Zugriff am 31.7.2010

Trumpf". Die *Swiss* verteidigte ihre Kampagne damit, dass die Aussage „Kreuz ist Trumpf" ein Wortspiel sei, das sich auf ein in der Schweiz populäres Kartenspiel, das Jassen, bezogen habe, und entschuldigte sich bei den Muslimen, die sich in ihren religiösen Gefühlen verletzt sahen.[46]

Der wachsende Kulturrelativismus schlägt auch auf die rechtliche Sphäre durch – nicht immer und nicht überall, aber immer wieder. Unbedingte Werte, deren rechtlicher Ausdruck die Gesetze sind, weicht der Kulturrelativismus spielend auf. Schon geht in Justiz und Öffentlichkeit das üble Wort vom „Kulturbonus" um, dem „Ehrenmörder" und andere Täter von Taten mit fremdem kulturellen Hintergrund Strafmilderung zu danken haben. Die deutsche Justiz knickt ein. Zwar hat der Bundesgerichtshof klargestellt, dass in Deutschland mitteleuropäische Maßstäbe gelten, wenn es um die Bewertung von Straftaten mit kulturellem Hintergrund geht. Allerdings hat er diesen Grundsatz gleich wieder eingeschränkt: Dem Täter müsse auch subjektiv klar sein, dass die Tat nach einheimischer Anschauung als verachtenswert angesehen wird. Immer wieder erregen Urteile wegen ihrer kulturrelativistischen Tönung öffentliche Aufmerksamkeit. Zu bundesweiter Bekanntheit brachte es 2007 eine Frankfurter Richterin, die sich bei einem Scheidungsantrag auf den Koran berief, als sie einem marokkanischen Mann das Recht auf die körperliche Züchtigung seiner ebenfalls aus Marokko stammenden Ehefrau zuerkannte.[47] Das Landgericht Konstanz hat im Januar 2013 einen jungen Muslim, der aus Eifersucht seinen Nebenbuhler getötet hatte, wegen Totschlags verurteilt. Die vom Staatsanwalt beantragte Verurteilung wegen Mordes wurde abgelehnt. Das Gericht sah es nicht als erwiesen an, dass der Angeklagte aus niederen

---

46 Kraushaar, Beat: Islam: „Kreuz ist Trumpf": Swiss-Werbung provoziert Muslime, in: *Aargauer Zeitung*, 14. Oktober 2012, http://www.aargauerzeitung.ch/schweiz/kreuz-ist-trumpf-swiss-werbung-provoziert-muslime-125390340, Zugriff am 6.2.2013

47 Strecker, Anita: Richterin stützt sich auf Koran. Trotz Prügel keine vorzeitige Scheidung / „Kein Härtefall", http://www.stalkingforum.de/vbforum/showthread.php?t=3869, Zugriff am 31.8.2012; vgl. auch: Peters, Freia / Vowinkel, Heike: Familiengericht: Strafbonus für religiöse Alltags-Täter, in: *Welt-online*, 24. März 2007, http://www.welt.de/politik/article776134/Strafbonus-fuer-religioese-Alltags-Taeter.html, Zugriff am 31.8.2012

Beweggründen gehandelt habe. Der Angeklagte sei mit der Freundin des Opfers nach islamischem Recht für kurze Zeit verheiratet gewesen. Daher habe der Mann zum Tatzeitpunkt zu Recht davon ausgehen dürfen, noch in einer Beziehung zu der Frau zu stehen.[48] Kulturrelativistisch sind auch Urteile, die auf die faktische Anerkennung der Polygamie hinauslaufen. Deutsche Sozialgerichte haben wiederholt aus der Gültigkeit einer in islamischen Ländern geschlossenen Vielehe versorgungs- oder krankenversicherungsrechtliche Ansprüche für mehrere Ehefrauen abgeleitet, obwohl nach deutschem Recht Polygamie den Straftatbestand des § 172 StGB erfüllt.[49] Das Bundesarbeitsgericht hat 2011 entschieden, dass einem muslimischen Mitarbeiter eines Supermarktes nicht schon deshalb gekündigt werden darf, weil er die Anordnung, alkoholische Getränke zu stapeln, aus religiösen Gründen verweigert.[50] Im Jahre 2002 hatten die obersten Arbeitsrichter bereits zugunsten einer muslimischen Verkäuferin entschieden, die aus ihrer Erziehungszeit mit Kopftuch an ihren Arbeitsplatz zurückkehrte und sich weigerte, während ihrer Arbeitszeit darauf zu verzichten.[51] Dagegen hat das Landesarbeitsgericht Hamm 2011 die Kündigung eines sogenannten *Call Center*-Agenten, der seine Telefonate mit dem Satz „Jesus hat Sie lieb" beendete, für rechtmäßig befunden.[52] In den 1990er-Jahren schon entschied das Bundesverwaltungsgericht kurz hintereinander über die Klagen eines christlich-fundamentalistischen und eines muslimischen Elternpaares. Beide wollten ihre Tochter nicht am Sportunterricht teilnehmen lassen. Beide aus religiösen Gründen. Die muslimischen Eltern bekamen Recht, die christlichen Fundamentalisten scheiterten mit ihrer Klage.[53]

Aber es kommt noch schlimmer: Unter den hilflosen Augen von Justiz und Politik haben sich in Deutschland in aller Stille rechtsfreie

---

48 Eine Meldung der Nachrichtenagentur dapd unter dem Kennzeichen: dapd/T2013011601476/mio/tjs/161452Jan13
49 Vgl. auch Bock, Wolfgang: Islamischer Religionsunterricht. Rechtsfragen, Länderberichte, Hintergründe. Tübingen 2006, S. 66 f.
50 Az.: 2 AZR 636/09
51 Az.: 2 AZR 472/01
52 Urteil vom 20.04.2011, 4 Sa 2230/10
53 BVerwGE 94, 82 (87) und BVerwG, DVBl 1994, S. 168 (169)

Räume entwickelt. Dieses Vakuum füllt eine islamische Paralleljustiz. Viele muslimische Einwanderer akzeptieren die Rechtsordnung ihres Aufnahmelandes nicht, sie verachten oder ignorieren sie, sie misstrauen ihr. Stattdessen treten islamische Friedensrichter auf, die jegliche Form von Streit regeln. Diese Streitschlichter sind Richter ohne gesetzliche Grundlage. Ihr Gesetz sind die Scharia und die Traditionen ihrer islamischen Herkunftsgesellschaften. Die islamische Paralleljustiz stützt sich auf drei traditionelle Grundsätze des islamischen Rechts: Schlichtung, Strafverzicht gegen finanzielle Wiedergutmachung und Selbstjustiz. Islamische Streitschlichter werden hinzugezogen bei Ehe- und Familienstreitigkeiten, bei Streitigkeiten um die Erfüllung von zivilrechtlichen Verträgen, bei nicht erfüllten Kaufverträgen, Betrügereien, vor allem aber, um Strafverfahren zu vermeiden oder, wenn die Verfahren schon laufen, sie zu beeinflussen und auszuhebeln. Das deutsche Recht interessiert sie nicht. Ziel ist die Verständigung zwischen Familien oder ganzen Clans. Dafür aber muss die deutsche Justiz hinters Licht geführt werden. Konkret heißt das, Opfer können sich plötzlich nicht mehr erinnern, bagatellisieren erlittene Verletzungen oder verweigern die Aussage in der Hauptverhandlung. Zeugen haben nichts gehört, nichts gesehen und kennen plötzlich niemanden mehr. Täter- und Opferfamilie einigen sich mit Hilfe des Streitschlichters, und am Ende muss das Gericht das Verfahren mangels Beweisen einstellen. So gehen Betrüger, Messerstecher und Mörder straflos aus, beklagt der Kriminologe und Fernsehjournalist Joachim Wagner. Politik und Justiz aber schweigen die islamische Paralleljustiz und die Missachtung der deutschen Rechtsordnung durch Muslime parteiübergreifend tot oder spielen sie herunter.[54]

Aber nicht nur in Deutschland geistert der Kulturrelativismus durch Gerichtssäle und Arbeitszimmer von Staatsanwälten. 2008 erkannte das Berufungsgericht in Cagliari/Sardinien den *talaq* als rechtmäßig an. Der Talaq ist eine Verstoßungsformel, mit der sich ein Muslim einseitig von seiner Frau trennen kann. In dem Fall, der beim Berufungsgericht in Cagliari zu entscheiden war, hatte ein Ägypter die Verstoßungsformel vor einem Mitglied eines ägyptischen Zivilgerichts ausgesprochen.

---

54 Wagner, Joachim: Richter ohne Gesetz. Islamische Paralleljustiz gefährdet unseren Rechtsstaat. Berlin 2011

Im Jahre 2006 leitete die Staatsanwaltschaft Rom ein Ermittlungsverfahren gegen den Parlamentsabgeordneten Roberto Calderoli wegen Verunglimpfung des islamischen Glaubensbekenntnisses ein. Calderoli hatte ein T-Shirt getragen, auf dem eine der dänischen Mohammed-Karikaturen aufgedruckt war. Der Staatsanwalt schritt ein, und zwar mit für italienische Verhältnisse bemerkenswerter Geschwindigkeit. Befremdlich war auch der Vorfall, in den die Parlamentsabgeordnete Daniela Santanchè verwickelt war. Santanchè war Teilnehmerin an einer hitzigen Diskussionsrunde des privaten Fernsehsenders *Sky* über die Frage des islamischen Schleiers. Als sie behauptete, der Schleier sei kein religiöses Symbol, weil er nicht vom Koran vorgeschrieben sei, wurde sie von Ali Abu Shwaima, dem Imam der Moschee des lombardischen Städtchens Segrate, angeherrscht: „Sie haben keine Ahnung. Sie sind eine ignorante Person, Sie sind unaufrichtig, Sie säen Hass, Sie sind eine Ungläubige." Der Vorwurf, eine Ungläubige zu sein, bekommt einen bedrohlichen Unterton, wenn man in Rechnung stellt, dass Ungläubige aus der Sicht derer, die den Koran wörtlich auslegen, den Tod verdient haben. Bemerkenswert an diesem Vorfall ist, mit welch ungezügelter Aggressivität ein Vertreter der islamischen Glaubensgemeinschaft über eine italienische Parlamentsabgeordnete herfallen konnte, ohne dass irgendjemand auf die Idee gekommen war, den Imam in seine Schranken zu verweisen. Allerdings hatte der Imam gewissermaßen Rückendeckung von allerhöchster Stelle. Das oberste italienische Gericht selbst hatte entschieden, dass der Schleier durch islamische Bestimmungen vorgeschrieben sei. Und diverse Politiker haben das Schleierurteil als Ausdruck des „gesunden Menschenverstandes" gutgeheißen. Nebenbei bemerkt hatte das ägyptische Verfassungsgericht entschieden, dass das Tragen eines *Niqab*, also des Gesichtsschleiers, der nur die Augen unbedeckt lässt, vom islamischen Recht her nicht gefordert werden könne, da ihn der Koran nicht vorschreibe. Auf unerwartet viel Verständnis in der Öffentlichkeit stieß das Verhalten eines muslimischen Vaters, der seine Tochter tötete, weil sie sich dazu entschieden hatte, mit einem jungen Nichtmuslim zusammenzuleben. Zu alledem hatte die Mutter die Ansicht geäußert, die Schuld der Tochter sei größer als die des Vaters. Die relativierenden Kommentare in der italienischen Öffentlichkeit legen die Schlussfolgerung nahe, dass die Akzeptanz für zentrale islamische Positionen zunimmt, und zwar auch dann, wenn diese Positionen unvereinbar mit westlichem Denken sind.

All diese Beispiele aus dem multikulturellen Alltag sind Hinweise auf einen in ganz Europa verbreiteten Kultur- und Werterelativismus. Was seine Ursachen sind, dafür gibt es bislang keine überzeugende Erklärung. Wenn gesagt wird, Europa stecke in einer Identitätskrise oder die Europäer neigten zur kulturellen Selbstverleugnung oder sie hätten den Willen zur kulturellen Selbstbehauptung verloren, beschreibt das lediglich Symptome. Was aber beobachtet werden kann, ist, dass die Europäer mehr und mehr die Verbindung zu den geistigen Wurzeln und geistlichen Grundlagen ihrer Zivilisation verlieren. Auffällig ist auch, welche Anstrengungen in der EU unternommen werden, um diese Wurzeln zu kappen. Diese Wurzeln sind das Christentum und die darauf aufbauende Welt der kulturellen Werte Europas. Dass diese Wurzeln für viele nur noch in einer säkularisierten Form gültig sind, ändert nichts an der Tatsache, dass es im dialektischen Spiel von Zustimmung und Ablehnung, von Kritik und Selbstkritik immer so etwas wie einen gemeinsamen Referenzpunkt gab: das Vernunftdenken der griechischen Philosophie, das römische Recht und ein Christentum, das diese unterschiedlichen Bereiche zusammenführte, integrierte und zu einer neuen Zivilisation synthetisierte. Europa scheint seine geistige Dynamik geradezu aus seinen philosophischen und weltanschaulichen *Gegensätzen* gewonnen zu haben. Selbst der Marxismus, der sich in gewisser Weise als Negation des Christentums sah, stand auf seinen Schultern und anerkannte die humanistische und humanitäre Idee des Christentums, seinen Erlösungsgedanken, seinen Befreiungs- und Emanzipationsgedanken. Verweigert hat sich der Marxismus, der sich als materialistische Wissenschaft vom Sozialismus verstand, allerdings dem metaphysischen Charakter des Christentums, dessen Anliegen er deshalb auf eine neue, rein weltlich-materielle Wirklichkeitsstufe heben wollte.[55]

---

[55] In seinen späteren Lebensjahren entdeckte Friedrich Engels durchaus sympathische Parallelen zwischen frühem Christentum und der Arbeiterbewegung: „Die Geschichte des Urchristentums bietet merkwürdige Berührungspunkte mit der modernen Arbeiterbewegung. Wie diese war das Christentum im Ursprung eine Bewegung Unterdrückter: es trat zuerst auf als Religion der Sklaven und Freigelassenen, der Armen und Rechtlosen, der von Rom unterjochten oder zersprengten Völker."

Aber die Bindekraft, die sich in der europäischen Geistesgeschichte selbst noch in der Auseinandersetzung um die Ideen und Werte Europas zeigte, scheint den Europäern abhandengekommen zu sein. Die Ideen und Werte, die spezifischen Lebensformen Europas scheinen ihnen nichts mehr wert, auf jeden Fall nicht *mehr* wert als die jeder anderen Zivilisation. Das Urteil für Richtig und Falsch, das Unbedingte einer als richtig erkannten Überzeugung ist einer Einstellung gewichen, die allem und jedem eine Existenzberechtigung einräumt, und zwar nicht in fernen Ländern und Kontinenten, sondern im eigenen Haus. Das ist gemeint mit der europäischen Identitätskrise, die Folge der kulturellen Selbstverleugnung, der kulturellen Selbstaufgabe, des mangelnden Willens zur kulturellen Selbstbehauptung ist. Und mit der Einwanderung des Islam hat diese Entwicklung existenzielle Bedeutung für Europa bekommen. Denn der Islam repräsentiert ein Wertesystem und eine Lebensform, das sich den Ideen und Werten Europas offensiv entgegenstellt. Im Kampf der Werte hat aber einen entscheidenden Nachteil der, der an seinen eigenen Werten zweifelt oder ihnen gleichgültig gegenübersteht.

Europa am Wendepunkt

Nur wer vorsätzlich Realitätsverweigerung betreibt, kann übersehen, dass es in Europa ein islamisches Hegemoniestreben gibt. Seit der Islam eine gewisse Größe und einen bestimmten Organisationsgrad in den europäischen Einwanderungsländern erreicht hat, beginnt er die kulturelle Hegemonie der Aufnahmegesellschaften infrage zu stellen. Freilich ist er einstweilen nicht in der Lage, die kulturelle Hegemonie über die gesamte Gesellschaft zu übernehmen. Deshalb versucht die islamische Minderheit zunächst im eigenen Milieu die kulturelle Hegemonie herzustellen. Ein probates Mittel dafür ist es, der Mehrheitsgesellschaft einen autonomen Status in möglichst vielen Lebensbereichen abzuringen. Es entstehen Parallelgesellschaften, Zonen, in denen islamische Werte und Normen das gesellschaftliche Leben ihrer Bewohner bestimmen. Über ein

---

(Marx, Karl / Engels, Friedrich: Werke. Herausgegeben vom Institut für Marxismus-Leninismus beim ZK der SED, Bd. 22, Berlin 1956–1990. S. 449)

besonders krasses Beispiel des Kampfes für autonome Zonen haben die Medien im Januar 2013 berichtet. In einigen vorwiegend von Muslimen bewohnten Gegenden Ost-Londons haben sich sogenannte *Muslimische Patrouillen* gebildet, um die Scharia durchzusetzen und ihre Wohngebiete von Ungläubigen zu säubern. Vermummte islamische Jugendliche durchstreifen die Straßen, um Frauen, die durch ihre leichte Kleidung, und Männer, die durch ihren Alkoholkonsum „Allah beleidigen" aus der Umgebung von Moscheen zu vertreiben. Offizielle Vertreter der muslimischen Gemeinden haben sich distanziert, die Vorkommnisse als das Werk von Extremisten verurteilt und das Verhalten der Jugendlichen als nicht mit dem Islam vereinbar erklärt.[56] Wenn es so einfach wäre.

Die islamische Minderheit beschränkt ihren Kampf um die Durchlöcherung der kulturellen Hegemonie nicht auf das eigene Milieu. Sie agiert ebenso in die Gesamtgesellschaft hinein, um auch ihr schrittweise ihre Werte, Regeln und Normen aufzuzwingen. Beschleunigt wird die Erosion der kulturellen Dominanz der Einheimischen dadurch, dass das islamische Hegemoniestreben mit der kulturellen Selbstverleugnung der Europäer Hand in Hand geht: Ein abschließendes Alltagsbeispiel aus dem reichhaltigen Reservoir islamischer Überheblichkeiten soll genügen: In Berlin gibt ein Ehepaar – die Mutter Deutsche, der Vater Libanese – seinem neugeborenen Jungen den Vornamen *Jihad*. Der Name verweist auf den islamischen „Heiligen Krieg". Mag sein, dass hinter dieser eigenwilligen Namensgebung nur eine kulturelle Instinkt-

---

56 Kielinger, Thomas: Sittenpolizei. Muslime in London auf Scharia-Patrouille, in: *Welt-online*, 21. Januar 2013,
http://www.welt.de/vermischtes/weltgeschehen/article112996346/Muslime-in-London-auf-Scharia-Patrouille.html, Zugriff am 25.1.2013; Die ZDF-Nachrichtensendung *Heute* vom 24. Januar 2013 zeigte einen You-Tube-Streifen, in dem folgende Äußerungen der islamischen Tugendwächter zu hören waren: „Dies ist eine muslimische Gegend, hier ist kein Alkohol erlaubt." – „Wir sind eine muslimische Patrouille. Wir sind hier, um das Böse zu verbieten, Alkohol ist böse. Alkohol ist schlecht." Einer Frau im Minirock wird zugerufen: „Lauf nicht so herum in einer muslimischen Gegend." Die junge Frau antwortet: „Das ist Großbritannien." Die jungen Muslime antworten: „Das ist nicht Großbritannien." Einem Mann rufen die Kapuzenmänner zu: „Du läufst durch eine muslimische Gegend und siehst aus wie eine Schwuchtel. Hau ab, und zwar schnell, Du bist dreckig" (Scharia-Patrouille belästigt Londoner, in: *Heute-Nachrichten*, 24. Januar 2013).

losigkeit und keine islamische Feindseligkeit gegen die nichtislamische Mehrheitsgesellschaft steht. Aber das kulturrelativistische Schulterzucken, mit dem die Mehrheitsgesellschaft und ihre Behörden diese seltsame Namensgebung hinnahmen, zeigt an, wie sehr die kulturelle Selbstverleugnung bereits Normalität geworden ist.[57]

Islamisches Hegemoniestreben und die Neigung zur kulturellen Selbstaufgabe sind also die doppelte Herausforderung, vor der Europa steht. Der Medienwissenschaftler Norbert Bolz hat im *ZDF-Nachtstudio* vom 28. August 2011 die Herausforderung so umrissen: „Wenn Sie sagen, wir sind Europäer, wir verstehen uns als Europäer, dann dürften Sie auch keine Angst mehr haben vor einem Begriff wie ‚Leitkultur'. Dann müsste man sagen, o.k., Europa unterscheidet sich als kulturelle Einheit von anderen Kulturen, es gibt andere Werteimplikationen, wir haben einen anderen Lebensstil, andere Selbstverständlichkeiten und die sind bewahrenswert. [...] Entweder Europa ist etwas, es zählt etwas, es ist wert, auch dafür zu kämpfen, dann ist es gebunden an seine Herkunft, gebunden an seine institutionalisierten Werte [...]". Aber in Europa ist die in den Menschen fest verankerte Überzeugung, dass das, was verteidigt werden soll, es auch wert ist, verteidigt zu werden, der kulturrelativistischen Gleichgültigkeit gewichen. Insbesondere die europäischen Eliten zweifeln daran – und die deutschen allemal –, dass die eigene Sache eine gerechte Sache ist, dass die selbst gewählte und historisch gewachsene Lebensform angemessen ist, dass die Werte dieser Lebensform im Grundsatz richtig und human sind, dass die Begründung dieser Werte sich mit der eigenen Überzeugung deckt. Die Folge dieser defätistischen Haltung könnte sein, so jedenfalls der aus Deutschland stammende amerikanische Historiker Walter Laqueur, dass das Europa, das wir kennen, sich am Ende bis zur Unkenntlichkeit verändert haben wird.[58]

Eine historische Rückschau zeigt, dass die entscheidende Stärke Europas im Kampf gegen eine tausendjährige Bedrohung durch die

---

57 Wonneproppen: Frau bringt sechs Kilo schweres Baby zur Welt, in: *Spiegel-online*, 25. November 2011, http://www.spiegel.de/panorama/gesellschaft/0,1518,799999,00.html, Zugriff am 30.11.2011
58 Laqueur, Walter: Die letzten Tage von Europa. Ein Kontinent verändert sein Gesicht. Übersetzung aus dem Englischen von Henning Thies. Berlin ²2010, S. 18

islamische Welt in seinem Willen zur Selbstbehauptung und zur Verteidigung seiner Kultur und Lebensform lag. Dieser Wille war die psychologische Voraussetzung dafür, einen langen und verlustreichen Verteidigungs- und Befreiungskrieg durchhalten zu können. Ohne diesen Willen wären die osmanischen Welteroberungspläne 1683 nicht an den Mauern von Wien zerschellt. Erneut ist der Islam zur existenziellen Herausforderung Europas geworden. Doch dieses Mal hat Europa dem Islam die Tore ganz freiwillig geöffnet. Ob Europa am Ende des 21. Jahrhunderts tatsächlich islamisch sein wird, kann heute niemand wirklich wissen. Aber so viel ist gewiss: Europa kann nur islamisch werden, wenn dem Kultur- und Werterelativismus die Rolle des Türöffners überlassen wird.

Islam – mehr als eine Religion

Islam als Religion

Der Islam ist wie das Judentum und das Christentum eine monotheistische Offenbarungsreligion. Mit dem Judentum teilt der Islam darüber hinaus viele Elemente der religiösen Lehre. Das wird nicht nur augenfällig z. B. am Verbot, Schweinefleisch zu essen, oder an der Knabenbeschneidung. Wie sehr sich orthodoxes Judentum und orthodoxer Islam ähneln, ist auch bei den jüngsten Auseinandersetzungen in Israel zwischen der jüdischen Mehrheitsbevölkerung und der ultraorthodoxen Minderheit, die vehement die Geschlechtertrennung im öffentlichen Leben fordert, augenfällig geworden. Frauen wurden von den religiösen Fanatikern aufgefordert, vor Synagogen auf die andere Straßenseite zu wechseln. Sie sollen außerdem in Bussen und Straßenbahnen hinten sitzen und bei Wahlen getrennte Wahlurnen benutzen.[1] Das heilige Buch des Islam, der Koran, ist die wichtigste, aber nicht die einzige Quelle des Islam. Den Koran sehen rechtgläubige Muslime als unmittelbares Wort Gottes an, das ohne jede menschliche Beteiligung geoffenbart worden ist. Der Koran gilt als absolut unfehlbare und verbindliche Weisung für alle Lebensbereiche, als Zusammenfassung aller religiösen Lehren aller Zeiten und als Vervollkommnung und Abschluss des göttlichen Gesetzes. Der Koran verlangt unbedingten Gehorsam, Kritik an ihm ist ausgeschlossen. Da das Wort Gottes in arabischer Sprache geoffenbart wurde, darf der Koran für den kultischen Gebrauch auch nicht übersetzt wer-

---

[1] Tausende demonstrieren gegen ultraorthodoxe Sekte, in: *Süddeutsche.de*, 28. Dezember 2011, http://www.sueddeutsche.de/politik/religionsstreit-in-israel-tausende-demonstrieren-gegen-ultra-orthodoxe-sekte-1.1244981, Zugriff am 4.2.2013; Rössler, Hans-Christian: Geschlechtertrennung in Jerusalem. Ohne Stimme und Gesicht, in: *Frankfurter Allgemeine Zeitung*, 20. Dezember 2011, http://www.faz.net/aktuell/politik/ausland/geschlechtertrennung-in-jerusalem-ohne-stimme-und-gesicht-11573184.html, Zugriff am 4.2.2013; Israel: Orthodoxe demonstrieren mit Gewalt gegen Frauenrechte, in: *Welt-online*, 27. Dezember 2011, http://www.welt.de/politik/ausland/article13785759/Orthodoxe-protestieren-mit-Gewalt-gegen-Frauenrechte.html, Zugriff am 4.2.2013

den.² Eine weitere Offenbarungsquelle sind die sogenannten Hadithen. Sie sind Berichte und Überlieferungen von Taten, Anweisungen und moralischen Lehren Mohammeds. Die Hadithen ergänzen den Koran. Da aber weder der Koran noch die unzähligen Hadithen alle Fragen des religiösen und praktischen Lebens beantworten können, greifen die islamischen Gelehrten auf eine dritte Quelle zurück: das Prinzip der Übereinstimmung der Gelehrten in Fragen der religiösen Lehre. Die vierte Erkenntnisquelle sind Ableitungen und Schlussfolgerungen aus den drei anderen Quellen. Aus diesen vier Quellen speist sich das islamische Recht, die *Scharia*. Sie ist die Grundlage der religiösen und weltlichen Ordnung des Islam, sie ist das Konzentrat der islamischen Theologie. Zwei Erkenntnisse lassen sich aus dieser Skizze ziehen: Erstens, der entscheidende Unterschied zwischen Christentum und Islam liegt in der Stellung, die ihre heiligen Schriften, der Koran und die Bibel, in ihrer Religion jeweils einnehmen. Im Gegensatz zur christlichen Bibel spricht Gott im Koran *unmittelbar* und *wortwörtlich* zu den Menschen. Von Gott selbst gesprochene Sätze sind aber grundsätzlich unantastbar. Zweitens ist der Islam wie das Judentum, *Gesetzesreligion*. Das religiöse Gesetz im Islam ist die Scharia. Gesetzesreligion bedeutet, dass der Glaubensinhalt der Religion als Gesetz ausgestaltet ist. Die Folge sind bis ins Detail festgelegte Rituale, Lebensregeln, Speise-, Kleidungs-, Verhaltens-, Gebetsvorschriften und Reinheitsvorstellungen. Ein bezeichnendes Beispiel fand sich auf der türkischen Internetseite der DITIB, des Dachverbandes der türkischen Moscheegemeinden in Deutschland:

„Frauen, die ihre Regel haben, dürfen den Koran und seine Übersetzung nicht berühren; dürfen Geld oder sonstige Papiere nicht berühren, die Auszüge aus dem Koran enthalten; dürfen nicht beten; dürfen nicht fasten; und schon gar nicht dürfen sie sexuelle Handlungen vornehmen."³

---

2 Eine Übersetzung des Koran gilt in der traditionellen islamischen Theologie als unmöglich, da jede Übersetzung zugleich Interpretation ist. Daher soll der Koran im arabischen Originaltext studiert werden.
3 Boro, Ismail: Die getürkte Republik. Woran die Integration in Deutschland scheitert. München 2008, S. 36 f.

Eine Eigenart der muslimischen Theologie ist also die Bedeutung, die dem Gesetz eingeräumt wird. Das islamische Gesetz ist aus Sicht der Theologen ein integraler Bestandteil des islamischen Glaubensbekenntnisses. Die umfassende Bedeutung der Scharia bringt der Islamwissenschaftler Tilman Nagel auf den Punkt:

> „Die Scharia ordnet jede Lebensregung des Menschen in eine der fünf Kategorien obligatorisch, empfehlenswert, statthaft, verabscheuenswert, verboten ein."[4]

Muslimische Theologen, die aufgrund des Charakters der Religion gleichzeitig Juristen sind, verwenden viel Zeit darauf, Rechtsgutachten zu erstellen, die das korrekte islamische Verhalten auch in den unbedeutenden Angelegenheiten bis ins kleinste Detail regeln.[5] Ein Beispiel: Die Frage etwa, wie das Kopftuch richtig angelegt und getragen wird, kann muslimische Frauen in Gewissensnöte bringen. Das führte zu einer Anfrage an einen islamischen Rechtsgelehrten, der darüber zu befinden hatte, ob es erlaubt sei, die Enden des Kopftuches unter dem Übermantel zu tragen. Einige Musliminnen waren der Ansicht, dass dies nicht erlaubt sei, weil es in Sure 24,31 heißt: „Und sie sollen ihre Kopftücher über ihre Kleidungsausschnitte schlagen." Der Islam ist Gesetzesreligion. Das hat vermutlich auch Auswirkungen auf die Entwicklung und insbesondere auf die Reformfähigkeit des Islam. Rechtliche Systeme haben ein Grundproblem: Sie sind ihrer Natur nach konservativ und aus sich selbst heraus unfähig zur Innovation, weil ihre Aufgabe gerade darin besteht, die Flüchtigkeit von Ideen in feste, dauerhafte Formen zu gießen. Veränderungen in Rechtssystemen kommen deshalb in aller Regel von außen. Recht, das durch Gott selbst gesetzt wurde, ist „ewig, nicht verhandelbar und unendlich", wie auch der international angesehene und als liberal geltende ehemalige Obermufti von Bosnien-Herzegowina, Mustafa

---

4 Schachtschneider, Karl Albrecht: Grenzen der Religionsfreiheit am Beispiel des Islam. Berlin 2010, S. 75
5 Wick, Lukas: Islam und Verfassungsstaat. Theologische Versöhnung mit der politischen Moderne? Würzburg 2009, S. 86

Cerić, unmissverständlich klargemacht hat.[6] Sakralisiertes Recht ist besonders immun gegenüber Innovation und Reformation. Das alles wäre für sich noch nicht besonders problematisch, wenn die rechtliche Form nur theologische Aussagen fixieren würde. Diese Erscheinung ist etwa auch aus der katholischen Kirche bekannt. Dort sind es die Dogmen, die der Festlegung der Lehre dienen. Aber im Islam betrifft ein Großteil der theologischen Aussagen gesellschaftspolitische Angelegenheiten, die weltliche Ordnung der Gesellschaft. Und damit steht Europa unversehens vor dem Problem unvereinbarer Werteordnungen.

Die Gesetzesreligion beinhaltet aber noch einen weiteren Aspekt, der sich mit dem europäischen Ideal des mündigen Menschen nicht vereinbaren lässt. Sie ist eine angstbesetzte Religion und angstbesetzte Religionen entmündigen Menschen. Auch nur vermeintliche Abweichungen vom Gesetz erzeugen bei rechtgläubigen Muslimen Gewissensnöte. Das kommt zum Ausdruck im ständigen Fragen: Was ist *halal* („erlaubt") und was *haram* („verboten"). Macht beispielsweise der Austausch von Zärtlichkeiten die rituelle Waschung ungültig oder ist auch die unabsichtliche Berührung zwischen einem Mann und einer Frau eine Quelle ritueller Unreinheit wegen Sure 4,43: „Berührt keine Frauen."[7] Im Unterschied dazu steht im Mittelpunkt des Christentums nicht eine heilige Schrift, nicht die Bibel, sondern der Sohn Gottes, der aus Liebe zu den Menschen auf die Erde gekommen ist und das Schicksal der Menschen geteilt hat. Das Neue Testament, die vier Evangelien, sind nach christlicher Auffassung vom Geist Gottes inspirierte, gleichwohl von Menschen verfasste Erzählungen über Jesus und sein Wirken, nicht also Gottes direkte Rede. Nach Jesus, Paulus, Augustinus oder Luther kommt es auf den Glauben und die Liebe im Handeln der Menschen und nicht auf die äußeren Werke oder die buchstabengetreue Beachtung einer religiösen Vorschrift an. In der Vorstellung Jesu ist die Nächstenliebe oberstes Kriterium religiösen Handelns: „Was ihr für einen meiner geringsten Brüder getan habt, das habt ihr mir getan." (Matthäus 25,40). Daraus ergibt sich der Charakter einer Religion, die

---

6 Musharbash, Yassin: Islam in Europa. Als der Obermufti einmal Scharia sagte, in: *Spiegel-online*, 14. Mai 2008, http://www.spiegel.de/politik/deutschland/islam-in-europa-als-der-obermufti-einmal-scharia-sagte-a-553231.html, Zugriff am 3.5.2012

7 Wick 2009, S. 162

sich Gott als personifizierte Liebe vorstellt. Der Unterschied zwischen beiden Formen von Religion, der Gesetzesreligion und der Liebesreligion, wird in der Geschichte von der Steinigung der Ehebrecherin anschaulich. In der christlichen Version dieser Geschichte bringen die Schriftgelehrten und Pharisäer Jesus eine Frau, die beim Ehebruch ertappt worden war. Sie weisen ihn darauf hin, dass die Frau nach mosaischem Gesetz gesteinigt werden müsse. Jesus aber spricht den berühmten Satz: „Wer von euch ohne Sünde ist, werfe als erster einen Stein auf sie." Daraufhin verläuft sich die Menschenmenge (Johannes 8,3–11). In der islamischen Version kommt eine Frau zum Propheten Mohammed und gesteht ihm, Ehebruch begangen zu haben. Sie bittet ihn, sie zu reinigen, damit ihr Allah die Sünde vergebe. Mohammed schickt sie nach Hause, bis sie das Kind zur Welt gebracht hat. Nachdem das Kind geboren war, wendet sich die Frau wieder an den Propheten. Mohammed schickt sie nach Hause und befiehlt ihr, ihr Kind die übliche Zeit zu stillen.[8] Nachdem die Frau abgestillt hatte, kommt sie mit ihrem Kind erneut zu ihm, um ihm zu berichten, dass das Kind jetzt feste Nahrung zu sich nehme. Da übergibt der Prophet das Kind einem der umstehenden Muslime und verkündet die Strafe. Die Frau wird bis zur Brust eingegraben und anschließend von den Menschen gesteinigt.[9] Diese Geschichte gilt in der islamischen Verkündigung als Beispiel für die Barmherzigkeit Mohammeds. Aber Mohammed ist nicht bereit, seine Barmherzigkeit über das religiöse Gesetz zu stellen, wie das Jesus tut.

Die parallele Geschichte legt noch einen weiteren Umstand offen. Islam und Christentum haben unterschiedliche Gottes- und Menschenbilder. Dieser Unterschied ist die eigentliche Ursache für das Wertedilemma, mit dem Europa seit der Einwanderung des Islam konfrontiert ist. Der islamische Gott ist barmherzig, aber er ist kein Gott, der die Menschen *bedingungslos* liebt. Während im Christentum das Hauptthema die Liebe Gottes zu den Menschen ist, geht es im Islam eher um die

---

8 Der Koran empfiehlt in Sure 2,233 eine Stillzeit von zwei Jahren.
9 Hadithensammlung *The Correct Books of Muslim*, Buch 17, Nr. 4206, zit. nach: Gabriel, Mark A.: Jesus und Mohammed – erstaunliche Unterschiede und überraschende Ähnlichkeiten. Gräfelfing 2006, S. 221 f.

Liebe der Menschen zu Gott.[10] Das Christentum sieht den Menschen als Ebenbild Gottes und stützt sich dabei auf die Schöpfungsgeschichte, in der es heißt, Gott habe den Menschen nach seinem Bilde geschaffen (Genesis 1,27). Diese Gottesebenbildlichkeit verleiht dem Menschen einen einmaligen Wert. In säkularisierter Form findet sich diese Vorstellung von der unantastbaren Würde des Menschen in der *Allgemeinen Erklärung der Menschenrechte* der Vereinten Nationen vom 10. Dezember 1948 wieder. Für den orthodoxen Islam ist die Idee, dass der Mensch Ebenbild Gottes sein könnte, völlig unannehmbar. Der Mensch ist zwar ebenfalls ein Geschöpf Gottes, aber er ist ihm als sein Knecht unterworfen. Aus der Sicht rechtgläubiger Muslime sind die totale Unterwerfung unter den Willen Gottes und der absolute Gehorsam gegenüber Gott Kennzeichen der Beziehung von Mensch zu Gott.[11] Tilman Nagel macht die christliche Menschenwürde und die muslimische bedingungslose Unterwerfung ebenfalls an den Schöpfungsberichten fest. In Genesis 2,19 fordert Gott Adam auf, die Tiere auf dem Felde selber zu benennen. In Sure 2,30–33 dagegen hat Allah Adam schon alle Namen gelehrt. Den Auftrag Gottes an Adam, selbst den Tieren Namen zu geben, deutet Nagel symbolhaft als Auftrag, eigenständige Verantwortung für die Welt zu übernehmen. Im Islam dagegen handelt der Mensch nur im engen Rahmen der göttlichen Gesetze.[12] Mit dieser kurzen Skizze der wesentlichen Unterschiede zwischen christlicher und islamischer Kultur wird verständlich, dass sich ein Freiheitsverständnis, wie es sich in der christlich geprägten europäischen Kultur entwickelt hat, im Islam nicht entwickeln konnte.

Eine weitere Besonderheit des islamischen Menschenbildes birgt Konfliktpotenzial. Muslimische Gelehrte betonen, dass die Vernunft den Menschen automatisch zum Islam führe, da die rechte Vernunft islamisch sei. Diese Ansicht leiten sie ab von der Vorstellung, dass alle

---

10 Spuler-Stegemann, Ursula: Die 101 wichtigsten Fragen – Islam. München ²2009, S. 39 f.
11 Spuler-Stegemann ²2009, S. 41
12 Nagel, Tilman: Kann es einen säkularisierten Islam geben?, in: Meier-Walser, Reinhard C. / Glagow, Rainer (Hg.): Die islamische Herausforderung – eine kritische Bestandsaufnahme von Konfliktpotenzialen. (Aktuelle Analysen 26). München 2001, S. 9–20, hier S. 13

Menschen ursprünglich als Muslime auf die Welt kämen, ein Teil von ihnen aber durch nichtmuslimische Eltern auf den Irrweg anderer Religionen geführt werde. Da die eigentliche Bestimmung des Menschen jedoch darin bestehe, ein Muslim zu sein, versetze ihn jede Abweichung von dieser Bestimmung in den Stand der Unmündigkeit und Unvernunft. Die islamische Vorstellung einer muslimischen Urnatur, die jedem Menschen angeboren ist, führt zu einem anderen Ergebnis als das europäische menschenrechtliche Naturrechtsdenken. Nach islamischem Verständnis sind die Menschen also nur in Würde und Rechten gleich, wenn sie Muslime sind. Nach europäischer Auffassung verfügt ein Mensch allein aufgrund seines Menschseins über Würde und Gleichheit vor dem Gesetz. Durch das Christentum geprägte Europäer denken, dass man zuallererst Mensch ist und dann Christ. Im Islam ist das umgekehrt. Da Menschen nach islamischem Verständnis grundsätzlich ihre muslimische Urnatur erkennen können, müssen sie auch die Folgen tragen, wenn sie von dieser Möglichkeit keinen Gebrauch machen. Deshalb lassen sich Ungleichbehandlung und Diskriminierung der Nichtmuslime theologisch rechtfertigen und stehen nach islamischer Auffassung nicht im Widerspruch zur grundlegenden Gleichheit der Menschen, wie im Koran immer wieder betont wird. Nach orthodox muslimischer Auffassung ist im islamischen Gemeinwesen die volle Gleichberechtigung von Muslimen und Nichtmuslimen so absurd wie die Gleichberechtigung von Kindern und Erwachsenen. „Der Mensch wird erst durch den Islam mündig" urteilt der 1998 gestorbene Half Allah, ein prominenter islamischer Gelehrter. Ein Denken aber, das den rechtlichen Status eines Menschen von seiner Religionszugehörigkeit abhängig macht, gilt in Europa seit dem Westfälischen Frieden von 1648 als überwunden. Aus europäischer Sicht verletzt die islamische Auffassung von der Natur des Menschen das europäische Naturrechtsdenken im Kern. Als bloße religiöse Weltanschauung ist der islamische Standpunkt einer auserwählten Gemeinschaft noch nicht problematisch. Auch andere Religionen gehen davon aus, dass man erst durch eine spezielle Erleuchtung oder Erkenntnis zu einem richtigen Menschen werde. Ein Problem entsteht aber, wenn aus dem religiösen Status Rechtsansprüche abgeleitet werden. Das ist der Grund, warum die naturrechtliche Auffassung und die islamische Vorstellung von der muslimischen Urnatur des Menschen sich unvereinbar gegenüberstehen. Um diese Kluft zu überwinden, müsste der Islam aber seine ganze Anthropologie auf den Kopf stellen.[13]

Unfähigkeit zu Kritik und Selbstkritik

Michael Borgolte, ein bekannter Mittelalterhistoriker mit Lehrstuhl an der Humboldt-Universität in Berlin, hielt auf einer Veranstaltung der *Landeszentrale für politische Bildung Baden-Württemberg* in Zusammenarbeit mit der oberschwäbischen Stadt Ravensburg und einer örtlichen katholischen Kirchengemeinde zum „demokratischen Zusammenleben mit Muslimen in Baden-Württemberg" einen Vortrag zum Thema „Warum der Islam seit dem Mittelalter zu Europa gehört". Der Historiker sparte dabei die historischen Verbrechen von Christen und Muslimen nicht aus, wenn auch mit deutlicher Schlagseite zuungunsten der Christen. Trotzdem meldete sich nach dem Vortrag der Vorsitzende der örtlichen Moscheegemeinde zu Wort und griff Borgolte scharf wegen seiner Behauptung an, auch Muslime hätten Unrecht begangen. Außerdem kritisierte er den Referenten wegen seiner Aussage, in der heutigen Türkei würden Christen benachteiligt und es würde ihnen nicht erlaubt, Kirchen zu bauen.[14]

Ein weiteres Beispiel: Nach der Ermordung des niederländischen Filmemachers Theo van Gogh im Jahre 2004 verweilte der Bundesvorsitzende der *Türkischen Gemeinde in Deutschland* (TGD), Kenan Kolat, in einem Interview nur ganz kurz bei der Schilderung seiner Betroffenheit über den Mord, um sich dann um so ausführlicher über Gefühle des Hasses zu ereifern, mit denen sich die Muslime angeblich konfrontiert sähen. Statt sich selbstkritisch mit den Ursachen islamisch motivierter Gewalttaten auseinanderzusetzen, warnte er lieber vor einem „Kreuzzug gegen Muslime"[15]. Zu einer ganz eigenen Form von Selbstkritik fand der damalige Generalsekretär und heutige Vorsitzende des

---

13 Wick 2009, S. 128 f., 156, 175; Schachtschneider 2010, S. 104
14 Vortrag in Ravensburg am 27. September 2011: „Warum der Islam seit dem Mittelalter zu Europa gehört."
15 Vgl. Rauer, Valentin: Die öffentliche Dimension der Integration: Migrationspolitische Diskurse türkischer Dachverbände in Deutschland. Bielefeld 2008, S. 171 f.;

Zentralrates der Muslime in Deutschland (ZMD), Aiman Mazyek, bei einer Podiumsveranstaltung des öffentlich-rechtlichen Fernsehens. Nachdem sich die nichtmuslimischen Podiumsteilnehmer ausführlich in Selbstkritik ergangen hatten, wurde Mazyek vom Moderator gefragt, ob er islamischerseits auch etwas Selbstkritisches beizusteuern habe. Durchaus, so Mazyek, müsse er selbstkritisch anmerken, dass Muslime in Deutschland ihre Wünsche und Forderungen nicht immer nachhaltig genug in der Öffentlichkeit verträten.

In dieses Verhaltensmuster fällt auch die Beobachtung, dass nach Europa eingewanderte Muslime islamistischen Terror oder religiöse Unterdrückung und Diskriminierung Andersgläubiger in islamischen Ländern gerne mit dem Satz abtun, dieses oder jenes Verhalten habe nichts mit dem Islam zu tun.[16] Doch die nichtmuslimische Umwelt empfindet diese Haltung als widersprüchlich. Hat der Regen wirklich nichts mit dem Wetter zu tun?

Sind diese Beispiele einer offenkundigen Unfähigkeit zur Selbstkritik Zufall? Historische und theologisch-philosophische Hinweise legen die Schlussfolgerung nahe, dass die Unfähigkeit zur Selbstkritik im Islam selbst angelegt ist. Zunächst einmal scheint diese Unfähigkeit mit dem islamspezifischen Gottes- und Menschenbild in Zusammenhang zu stehen. Der Islam gründet auf einer autoritären Gotteskonzeption. Das ist die Vorstellung eines Gottes, der keinen Widerspruch duldet. Die von ihm erschaffenen Menschen sind ihm und dem Propheten Mohammed unterworfen und zu absolutem Gehorsam verpflichtet: „Ihr Gläubigen! Gehorcht Gott und dem Gesandten [gemeint ist der Prophet Mohammed] und denen unter euch, die zu befehlen haben." (Sure 4,59). Das Christentum dagegen kennt einen „schwachen" Gott, einen Gott, der Mensch wird und ein menschliches Schicksal erleidet. Die Menschen sind Gott nicht sklavisch unterworfen, sondern sollen sich frei für ihn entscheiden. Preis der Freiheit ist aber der Zweifel, natürlich auch der Zweifel an Gott. Damit gehören Glaubenszweifel zur

---

Türkische Gemeinde in Deutschland (TGD): Pressemitteilung vom 12. Januar 2003; TGD: Pressemitteilung vom 23. November 2006

16 Vgl. Rohe, Mathias: Der Islam – Alltagskonflikte und Lösungen. Rechtliche Perspektiven. Freiburg ²2001, S. 126

christlichen Lebenserfahrung.[17] Die Theodizeefrage ist deshalb typisch für das Christentum. Die Frage, warum ein angeblich guter Gott Leid und Unrecht geschehen lässt, ist Ausdruck dieses Gotteszweifels. Der Unterschied im Gottes- und Menschenbild beider Religionen zeigt sich schon in ihren Glaubensbekenntnissen. Der erste Satz des christlichen Glaubensbekenntnisses nach dem Konzil von Nicäa (325 n. Chr.) lautet: „Ich *glaube* an den einen Gott." Das islamische Bekenntnis dagegen lautet: „Es *gibt* keinen Gott außer Gott." Das christliche Glaubensbekenntnis geht offensichtlich davon aus, dass die Existenz Gottes nicht gewusst, sondern nur geglaubt werden kann und dass es daher auch die Möglichkeit zu Zweifel und Ablehnung geben muss. Die dem Menschen gegebene *Freiheit*, zu glauben oder nicht zu glauben, wird damit zu einem zentralen Element des Menschseins, zur *condicio humana*. Glaubenszweifel sind unter dieser Bedingung ein produktives Element der Gottsuche, andererseits ein Element der Persönlichkeitsentwicklung. Menschen, die die Freiheit haben, sich zu entscheiden, haben die Verantwortung für die Folgen ihres Tuns. Dieser Verantwortung werden sie gerecht im Rahmen autonomer Gewissensentscheidungen. Im Islam hat der Mensch die Existenz Gottes als eine gleichsam naturwissenschaftliche Tatsache zu betrachten. Gott existiert einfach, Zweifel sind ausgeschlossen und eine schwere Sünde. Das „Wissen" um die Existenz Gottes lässt dem Menschen nur noch die Möglichkeit, die von Gott gesetzten Regeln kritiklos hinzunehmen, seine Gebote gehorsam zu erfüllen und seine Verbote peinlich genau zu beachten. Die Folge ist ein Menschenbild, das dem Menschen keine Möglichkeit gibt, auf eigenen Wegen zum Glauben an Gott zu finden. Wenn man von einer religiösen Konditionierung kultureller Haltungen oder Mentalitäten der Menschen ausgehen darf, dann führen eben diese Unterschiede zu unterschiedlichen Haltungen gegenüber der Methode der Kritik, weil sie nichts anderes ist als das Kind des Zweifels. Im Falle des Islam führt die Unterwerfung unter das Wissen von der Existenz Gottes zu einer Haltung kritikloser Hinnahme vermeintlicher Gewissheiten. Eigenständiges Denken ist unter diesen Umständen nicht nur überflüssig,

---

17 Der Hinweis auf diesen bezeichnenden philologischen, vielleicht sogar theologisch und kulturanthropologisch entscheidenden Unterschied in den beiden Religionen stammt von Sylvia Schmid, Ravensburg.

sondern schädlich. Im Falle des Christentums hingegen begünstigte die theologische Akzeptanz des Zweifels ein geistiges Milieu, in dem sich ein positives Verhältnis zur Methode der Kritik entwickeln konnte.[18] Das in unterschiedlichen Gottes- und Menschenbildern angelegte Verhältnis zur Methode der Kritik spiegelt sich auch im unterschiedlichen Umgang mit den Inhalten der Offenbarung in Christentum und Islam. Der Umgang mit der Offenbarung entscheidet aber über die Fähigkeit zu kritischer Reflexion. Der christliche Glaube ist nicht nur auf die heiligen Texte fixiert, sondern er steht immer auch in einer theologisch-philosophischen Tradition. Die Bibel wird zwar als Wort Gottes gesehen, ist aber zugleich das von Gott inspirierte Werk menschlicher Autoren, die in einer bestimmten Zeit unter bestimmten Umständen gelebt haben. Dadurch entsteht ein gewisser interpretatorischer Freiraum, der unterschiedliche kulturelle und philosophische Umsetzungen ermöglicht.[19] Auf dieser Grundlage konnte im Christentum eine historisch-kritische Bibelauslegung entstehen, die den biblischen Text in seinen damaligen historischen Zusammenhang stellt und interpretiert.[20] Interpretatorischer Freiraum war jedoch auch schon Folge des biblischen Pfingstereignisses. Die Apostelgeschichte schildert, dass am Pfingsttag die Jünger Jesu vom Heiligen Geist erfüllt worden seien und begonnen hätten, in allen Sprachen zu predigen. Das Pfingstereignis löste also das aufkeimende Christentum aus dem Kontext der jüdischen Kultur heraus und internationalisierte es. Dadurch wurde offenbar, dass der christliche Gott keine Lieblingssprache kennt, sondern dass Gott sich der Sprache der Menschen in ihrer ganzen Vielfalt und Veränderlichkeit bedient. Der christliche Sprachenpluralismus aber macht Übersetzungen notwendig, Übersetzungen wiederum erfordern eine Arbeit des Verstehens. Und Verstehen ist nur möglich durch Deuten, Interpretieren, Auslegen. Die zwingende Folge dieses Umgangs mit der Bibel ist die kritische Reflexion. Möglicherweise ist die Fähigkeit zur Selbstkritik auch an anderen Stellen biblisch angelegt, wenn man etwa an den

---

18 Phasenweise galt der Zweifel auch in der Geschichte der christlichen Kirche als Sünde, auch wenn er theologisch legitimiert und z.B. durch die Geschichte des ungläubigen Thomas biblisch gedeckt war.
19 Vgl. Wick 2009, S. 90, 175 f.
20 Wick 2009, S. 174

berühmten Satz Jesu denkt, der davor warnt, den Splitter im Auge des Bruders zu sehen, aber den Balken im eigenen Auge nicht zu bemerken (Matthäus 7,1–5). Dagegen scheint die Unfähigkeit zur kritischen Reflexion aus einer dem Islam immanenten Logik herzurühren.[21] Die koranische Offenbarung lässt wenig Spielraum für Theologie und Philosophie. Der religiöse Horizont des Islam ist wesentlich enger, weil der Koran unmittelbar von Gott geoffenbart ist. Das macht den koranischen Text im Grunde unantastbar. Rechtgläubige Muslime sehen deshalb im literarischen Umgang mit dem Koran einen Angriff auf ihr Glaubensverständnis. Die Tatsache, dass Gott sich in arabischer Sprache vernehmen lässt, zementiert und sakralisiert diese Sprache. Die Sprache Gottes ist heilig, ewig, monolithisch. Hermeneutik kann daher leicht die Grenze zur Gotteslästerung überschreiten.

Ein historischer Faktor kam hinzu. Die Fähigkeit zur kritischen Reflexion konnte das Christentum auch dank seiner Nähe zur griechischen und römischen Philosophie entwickeln. Das aus dem Judentum in Palästina hervorgegangene Christentum breitete sich durch friedliche Mission aus. Die erste andere Kultur, auf die es in Kleinasien stieß, war die griechische. Das Christentum war folglich von allem Anfang an mit der griechischen Philosophie konfrontiert. Wenn das Christentum auch die gebildeten Menschen erreichen und nicht nur Randgruppenreligion bleiben wollte, wenn es gar die kulturelle Hegemonie in der hellenistischen Welt erobern wollte, dann kam es um eine Auseinandersetzung mit griechischer Philosophie nicht herum. Es konnte nicht allein auf die Überzeugungskraft seiner Offenbarung setzen, es musste versuchen, die griechische Gedankenwelt mit dem Christentum zu verbinden, um eine philosophische Begründung für den Offenbarungsglauben zu gewinnen. Bereits Paulus hatte darauf hingewiesen, dass das, was die Christen glauben, „für Juden ein empörendes Ärgernis, für Heiden eine Torheit" (1 Kor 1,23) sei. Religion muss sich also rechtfertigen: *logon didonai!* Die Auseinandersetzung des Christentums mit der griechischen Philosophie begünstigte das Eindringen der Methoden

---

21 Vgl. Wick 2009, S. 77

von Kritik und Selbstkritik in die christliche Philosophie und die vom Christentum geprägte Kultur. Kirchenväter wie Augustinus nutzten die philosophischen Konzepte der antiken Welt, um den christlichen Glauben philosophisch zu durchdringen. Die spannungsreiche Synthese zwischen griechisch-antiker Philosophie und Christentum hat ihren Höhepunkt bei Thomas von Aquin gefunden. Er war der Ansicht, die Philosophie könne das Wissen über Gott rational darlegen. Sein Thema war das Spannungsfeld von Vernunft und Glaube, die Herausforderung, den Glauben der Vernunft zugänglich zu machen, die Offenbarung auch philosophisch zu erschließen. In Europa entwickelte sich im Laufe der Jahrhunderte aus der Verbindung von Christentum und antiker Philosophie eine Kultur der Kritik, die zum zivilisatorischen Erfolgsrezept wurde. Letztlich waren es die christliche Theologie und die vom Christentum geprägte Philosophie, die das Instrumentarium der Kritik entwickelt und bereitgestellt haben, auf die die Aufklärung später zurückgreifen konnte. Im Gegensatz zum Christentum, das das Römische Reich gewissermaßen friedlich-subversiv erobert hatte, breitete sich der Islam innerhalb von 100 Jahren in einem militärischen Siegeszug ohnegleichen über ganz Arabien, Palästina, Nordafrika und Teile Kleinasiens bis nach Spanien gewaltsam aus. Er hatte es als Religion notorischer Sieger nicht nötig, sich mit der geistigen Welt der Kulturen, in die er eindrang, grundlegend auseinanderzusetzen. Als Religion der Sieger konnte der Islam kulturell arabisch bleiben, es gab keinen Zwang zur Anpassung, zur Inkulturation. Vielleicht war das ein wichtiger Grund dafür, dass die philosophisch produktive Phase im Islam einen so flüchtigen Charakter hatte. Denn nur in den ersten Jahrhunderten, so der Islamwissenschaftler Ralph Ghadban, gab es unter islamischer Herrschaft einen philosophisch-theologischen Diskurs. Islamische Freidenker wie die sogenannten Mutaziliten rivalisierten mit den orthodoxen muslimischen Theologen. Die Freidenker nahmen die griechische Philosophie in ihr Denken auf, Vernunft und Kritik waren für sie die wichtigsten Mittel der Auseinandersetzung auch mit der islamischen Offenbarung. Die Mutaziliten lehnten sogar den Koran als direktes Wort Gottes ab. Das erlaubte ihnen, ihn kritisch zu betrachten. Aber die vernunftfeindliche Skepsis der Orthodoxen und ihre ablehnende Haltung gegenüber dem philosophischen Denken setzten sich im 12. Jahrhundert durch. Die Gläubigen sollten sich von intellektueller Erkenntnis fernhalten und sich allein mit dem Glauben begnügen. Es galt die Formel „Offenbarung vor Vernunft":

> „Der Verstand soll zur Zügelung der Triebe und Leidenschaften beitragen, nicht aber zur spekulativen Erfassung des Wesens von Gott und Schöpfung missbraucht werden."[22]

Nach orthodoxem Verständnis gehen die Verhaltensnormen direkt auf die Gebote Gottes zurück. Die menschliche Vernunft kann keine eigenen Normen setzen, weil sie Gut und Böse nicht selbst erkennen kann. Sie kann nur versuchen, die von Gott geoffenbarten Normen zu erkennen und anzuwenden. Kritik ist in der islamisch geprägten Kultur also eine heikle Sache. Kritik am Islam selbst gilt als Beleidigung Gottes. Diese apologetische Grundhaltung ist besonders gut erkennbar im Umgang der Muslime mit ihrer Geschichte. Und das gilt sogar für viele sogenannte säkulare Muslime. Die islamische Urzeit wird idealisiert. Die islamische Geschichtsschreibung versucht nicht, die Vergangenheit zu analysieren oder zu verstehen, sondern glorifiziert sie. Das Verhalten der ersten Muslime ist daher von jeglicher Kritik ausgenommen. So hätten die Muslime beispielsweise nie andere zum Glauben gezwungen. Die Juden, die in Medina auf Weisung Mohammeds umgebracht wurden, hätten ihre Hinrichtung selbst verschuldet, da sie sich dem Ruf des Propheten verweigerten.[23] Die Kreuzzüge seien eine Ausgeburt christlichen Hasses gegen einen friedliebenden und friedlichen Islam und die Muslime die beklagenswerten Opfer christlicher Aggressionswut gewesen. Die Unfähigkeit zu einer kritischen Reflexion historischer Ereignisse wird auch deutlich, wenn islamische Gemeinden in Europa Moscheen *Fatih*-Moschee („Eroberermoschee") nennen und offensichtlich nicht erkennen können, dass die Eroberung Konstantinopels zwar für die Muslime die Erfüllung eines jahrhundertealten Traums gewesen sein mag, für die christliche Welt jedoch ein Albtraum.[24] Dieselbe Unfähigkeit zeigt sich in historischen Fragen, die für die islamische Welt verfänglich sind. Ein eindrucksvolles Beispiel hierfür ist die renitente und bis-

---

22 Wick 2009, S. 83, 88 f.
23 Wick 2009, S. 167
24 Rohe 2001, S. 131 f.

weilen aggressive Weigerung türkischer Muslime, zur Kenntnis zu nehmen, dass die Maßnahmen des Osmanischen Reiches 1915 gegen die Armenier Völkermord waren.

An der Unfähigkeit der islamisch geprägten Welt zu kritischer Reflexion und ihrer Abneigung dagegen scheint auch die Modernisierung islamischer Gesellschaften zu scheitern. Ralph Ghadban macht dieses Scheitern der Modernisierung an der orientalischen Despotie fest. Sicherlich trugen die repressiven arabischen Regime, die jede Regung freien Denkens unterdrückten, wesentlich dazu bei. Aber ohne eine Kultur, die autoritäre und antiindividualistische Strukturen stützt, können auch Despotien sich auf Dauer nicht halten. An diesem Punkt scheint doch wieder die religiöse und kulturelle Weltanschauung des Islam ins Spiel zu kommen. Der israelische Historiker Dan Diner z. B. sieht in der Allgegenwart des Sakralen, in dem Koran, Sunna und Scharia dem Individuum keinen Freiraum für eigenständiges Denken und Handeln lassen, einen wichtigen Grund für die zivilisatorische Zurückgebliebenheit der islamischen Welt. Wenn sich diese Allgegenwart des Sakralen zusätzlich noch mit einem despotischen Regime verbündet, kann kritisches, innovatives, selbstständiges Denken kaum zum Zuge kommen. Da die moralische und weltanschauliche Überlegenheit des Islam außer Zweifel steht, können gläubige Muslime einen Widerspruch zwischen dem Islam und z. B. dem naturwissenschaftlichen Denken nicht erkennen. Im Gegenteil sei es gerade ihre Religion, die wissenschaftliches Denken in der glanzvollen islamischen Vergangenheit zur vollen Entfaltung gebracht habe. Eine übliche Sichtweise sieht im Koran sogar den Anfang aller Wissenschaft. Der in der ersten Sure enthaltene Befehl „Lies!" sei der Beweis für die Vereinbarkeit, ja Komplementarität von islamischer Religion und rationalistischer Wissenschaft. Diesen Aufschwung könne es wieder geben, wenn die Wissenschaften nur islamisch verstanden würden. Den pakistanischen Atomphysiker Pervez Hoodbhoy reizt die religiöse Gängelung von Wissen und Wissenschaft im Islam zu beißendem Spott: „Welche bedeutende Erfindung oder Entdeckung haben Muslime in den vergangenen tausend Jahren gemacht? Strom? Elektromagnetische Wellen? Antibiotika? Den Verbrennungsmotor? Computer? Nein, nichts, jedenfalls nichts, was eine moderne Zivilisation ausmacht." Die Muslime müssten ihren falschen, aber weit verbreiteten Glauben ablegen, dass Wissenschaft in irgendeiner Weise Elemente von Religion enthalte. Diese „Inschallah-Mentalität", die Gott für alles verantwortlich macht, sei der Gegensatz zu wissenschaftlichem Denken.[25] Die Denkfigur, eine Islamisierung der Wissenschaft führe zu einer neuerlichen wissenschaftlichen Blüte der islamischen Welt, ist natürlich reine Brachiallogik. Sie ist genauso widersprüchlich wie die Tatsache, dass Muslime zwar gerne das Christentum pauschal mit dem Westen gleichsetzen, andererseits aber nicht wahr haben wollen, dass die technischen, geistigen und politischen Errungenschaften der westlichen Zivilisation in irgendeiner Weise etwas mit dem Christentum zu tun haben könnten.[26]

Für den Politikwissenschaftler Bassam Tibi steckt die Religion hinter der Misere. Er meint, dass Offenbarung (Koran) und Tradition (Sunna) „für Muslime Quellen absoluten und nicht hinterfragbaren Wissens" seien. Das Prinzip des wissenschaftlichen Nachdenkens über sich selbst sei also den islamischen Glaubenssätzen untergeordnet. Von daher werde verständlich, dass „sich im Islam keine textkritische Tradition des Koran" habe etablieren können. Doch

> „... ohne die Annahme des Reflexionsprinzips kann in keiner Kultur eine (...) Wissenschaftstradition gedeihen"[27].

Der ägyptische Islamgelehrte Nasr Hamid Abu Zaid, der zeitweise im niederländischen Exil lebte, weil ihm in seiner Heimat konservative Islamgelehrte nachstellten, kommt zu ganz ähnlichen Schlüssen und erblickt das Kernproblem in der Unfähigkeit, den religiösen Text des Koran als historischen Text zu lesen.[28] Vor dem Hintergrund dieser reflexionsfeindlichen Geisteskultur wird auch verständlich, weshalb sich die Muslime in Europa ständig darüber beklagen, dass sie einem Rechtferti-

---

25 Kazim, Hasnain: Interview mit dem pakistanischen Atomphysiker Pervez Hoodbhoy: „Muslimische Gesellschaften sind kollektiv gescheitert", in: *Spiegel-online*, 28. Januar 2013, http://www.spiegel.de/politik/ausland/interview-mit-dem-pakistanischen-atomphysiker-pervez-hoodbhoy-a-879319.html, Zugriff am 5.2.2013
26 Wick 2009, S. 64
27 Tibi, Bassam: Islamischer Fundamentalismus, moderne Wissenschaft und Technologie. Frankfurt am Main 1992, S. 21 f.
28 Spuler-Stegemann ²2009, S. 128; Zaid, Nasr Hamid Abu / Sezgin, Hilal: Mohammed und die Zeichen Gottes. Der Koran und die Zukunft des Islam. Freiburg 2008

gungsdruck seitens der nichtislamischen Umwelt ausgesetzt seien. Es wird auch erklärbar, warum die Muslime jegliche Kritik am Islam als eine Beleidigung Gottes auffassen. In einer aufgekärten pluralistischen Gesellschaft muss sich allerdings jede Religion rechtfertigen. Nach aufgeklärtem Verständnis ist Religion immer in Gefahr, korrumpiert zu werden oder zum Götzendienst auszuarten. Deshalb bedarf Religion auch immer der (Religions-)Kritik.[29] Orthodoxe Muslime gehen aber davon aus, dass die Mehrheitsgesellschaft die religiösen Wahrheiten des Islam und die daraus folgenden Normen zu akzeptieren und zu beachten habe, weil sie objektiv wahr seien. Diesen Standpunkt kann eine säkulare Gesellschaft natürlich nicht übernehmen. Es stellt kein Problem dar, dass Muslime glauben, der Koran sei das direkte und ultimative Wort Gottes. Problematisch ist die Erwartungshaltung an Nichtmuslime, ebenfalls von dieser Prämisse auszugehen und alle damit verbundenen Konsequenzen zu beachten. Offenkundig wurde dieses totalitäre Missverständnis im dänischen Karikaturenstreit 2006 in der Forderung der Muslime nach einem Karikaturenverbot.

Islam als weltliche Ordnung

Der Islam ist nicht nur Religion, Glaube, Ethik, Anleitung zum Seelenheil und individuelles Sinnstiftungsangebot, sondern auch Kultur, Lebensweise, Weltanschauung, ideale soziale Gesellschaftsordnung und gottgefälliges Rechtssystem.[30] Der wohl prominenteste deutsche Konvertit zum Islam, Murad Wilfried Hofmann, der bis 1994 deutscher Botschafter in Marokko war, betont, dass sich der Islam als „eminent *politische* Religion"[31] verstehe. Die weltlichen Ordnungsvorstellungen des Islam gehen von einer Einheit von Staat und Religion aus. Die Scharia

---

29 Ghaemmaghami, Seyyed Abbas Hosseini: Europäischer Islam oder Islam in Europa? Erfahrungen und Ansichten eines Ayatollahs in Europa. Berlin, Tübingen 2010, S. 122
30 Vgl. auch Islamische Charta des *Zentralrats der Muslime in Deutschland* e. V. (ZMD), Artikel 8, http://www.zentralrat.de/3035.php, Zugriff am 3.9.2012
31 Hofmann, Murad Wilfried: Der Islam im 3. Jahrtausend. Eine Religion im Aufbruch. Kreuzlingen ²2001, S. 108

wiederum gilt als Hauptquelle für Recht und Verfassung in den meisten islamischen Staaten. Sie steht über jedem weltlichen Recht. Religion und Politik bzw. Staat, Geistliches und Weltliches, Diesseits und Jenseits werden nicht getrennt. Fast von Anfang an war der Islam auch eine politische Organisation, der islamische Staat eine Schöpfung Gottes. Typisch ist weiter das manichäische Weltbild des Islam: Nach orthodoxer islamischer Tradition ist die Welt im Prinzip aufgeteilt in ein „Gebiet des Friedens" bzw. in das „Gebiet des Islam" (*dar al-Islam*) und ein „Gebiet des Krieges" (*dar al-harb*), in dem die Ungläubigen und die Feinde des Islam leben.[32] Diese Zweiteilung, so der Islamwissenschaftler Tilman Nagel, bringt es mit sich, dass islamische Minderheiten, die in nichtislamische Länder ausgewandert sind, auf dem „Gebiet des Krieges" leben müssen. Dieser unbefriedigende Zustand wird allerdings nur als Übergangslösung betrachtet, und zwar solange die Muslime im „Gebiet des Krieges" unterlegen sind. Das Ziel, den Islam auch auf dieses Gebiet auszudehnen, aber bleibt. Deshalb befinden sich die Muslime in Europa aus orthodox islamischer Sicht in einem ambivalenten Zwischenstadium. Einerseits haben sie die Rechtsordnung des Landes, in das sie eingewandert sind, einzuhalten. Andererseits dürfen sie, wenn die islamische Solidarität es erfordert, die Gesetze des Gaststaates missachten.[33] Aber allemal schulden sie dem nichtislamischen Aufnahmeland nur eingeschränkte Loyalität, und das auch nur im Sinne einer formell verstandenen Rechtstreue. Ihre wahre Treue gehört der *umma*, der weltweiten Gemeinschaft der Muslime.

Das Wertedilemma, in das Europa dadurch geraten ist, dass sich der Islam auch als weltliche Ordnung versteht, lässt sich besser erfassen, wenn man die islamischen Konzeptionen für Staatsbürgerschaft, Bürgerrechte und Identität analysiert. Aus europäischer Sicht sind Bürgerrechte dazu da, den Menschen ein selbstbestimmtes Leben zu ermöglichen. Diese Autonomie der Individuen entsteht durch Freiheitsrechte, die Leben, Freiheit und Eigentum des Einzelnen grundsätzlich vor staatlichen Eingriffen schützen. Gleichwohl ist diese Autonomie des Einzelnen nicht unbegrenzt, sondern wird eingeschränkt durch staatsbürgerliche Pflichten. In der islamischen Gesellschaft sind die Bürger-

---

32 Spuler-Stegemann ²2009, S. 132
33 Schachtschneider 2010, S. 36

rechte Teil der religiösen Sphäre, da der Islam keine Trennung von Staat und Religion kennt. Die islamische Konzeption von Staatsbürgerschaft und Identität ist nur zu verstehen, wenn zwischen den Ländern, in denen die Muslime die Mehrheit bilden und denen, in denen sie eine Minderheit sind, unterschieden wird. In allen muslimischen Staaten oder in den Staaten, in denen Muslime die Mehrheit bilden, sind Bewegungen aktiv, die einen islamisch-fundamentalistischen Staat anstreben, einen totalitären Staat, der von den Hütern der islamischen Orthodoxie kontrolliert wird und in dem das koranische Gesetz vollständig und wortwörtlich Anwendung findet. Diese Bewegungen haben das Ziel, alle Regierungen zu stürzen, die auch nur einen Hauch von Laizität und Toleranz zeigen. Und um dieses Ziel zu erreichen, schrecken diese Bewegungen auch nicht vor Terror gegen ihre eigenen Glaubensbrüder zurück.

Grundsätzlich ist es für Muslime undenkbar, dauerhaft einem Staat unterworfen zu sein, dessen Oberhaupt kein Muslim ist. Das stellt muslimische Gläubige in Staaten, in denen sie in der Minderheit sind, vor Probleme. Die neuen muslimischen Bürger in Europa bringen also ein bislang unbekanntes Verständnis der Bürgerrechte mit. Ein europäisches Bürgerrechtsverständnis, das auf einer durch Rechte und Pflichten bestimmten Autonomie des Individuums beruht, kennt der Islam nicht. Im Islam sind die Bürgerrechte völlig in die religiöse Sphäre eingegliedert.

Da der Islam keine Trennung von Staat und Religion kennt, lehnen viele Muslime die säkulare Gesellschaft ab. Das islamische Verständnis der Staatsbürgerrechte wird deutlich in der *Charta der Muslime in Europa*,[34] die von der *Föderation der islamischen Organisationen in Europa* verkündet wurde. Diese Erklärung wurde am 10. Januar 2008 zu Beginn des „Europäischen Jahres des interkulturellen Dialoges" von über 200 islamischen Organisationen aus 28 Ländern unterschrieben. In der Charta haben sie sich das Ziel gesteckt, „die Vorurteile und Negativbilder, die sich zwischen den Islam und den Westen geschoben

---

34 Muslims of Europe Charter, http://www.methaq.eu/index_en.html, Zugriff am 4.9.2012

haben"[35], abzubauen. Zu diesem Zweck wendet sich die Charta sowohl an Muslime wie auch an Nichtmuslime. In wohlbekannte Rhetorik gekleidet enthält die Charta Sätze, die die Europäer gerne hören, aber auch solche, auf die der unnachgiebige Teil der Muslime Wert legt. Ein Abschnitt steht unter der Überschrift „Voraussetzungen und Implikationen der Staatsbürgerschaft"[36].

Der erste Punkt behandelt die Beziehungen der Muslime zu den Staaten, in die sie eingewandert sind. Die Charta bekräftigt, dass „die Muslime Europas die Gesetze und die Autoritäten der betreffenden Staaten respektieren", schränkt diese Aussage aber sofort wieder ein. Betont wird nämlich, dass dieser Respekt die Muslime nicht daran hindern könne,

> „… ihre Rechte zu verteidigen und ihre Meinung und Positionen zum Ausdruck zu bringen, sei es individuell oder kollektiv, und zwar in allen Fragen, die die Muslime als religiöse Gemeinschaft oder auch allgemeiner als Bürger betreffen, […]. Soweit es um die Divergenzen geht, die zwischen bestimmten staatlichen Gesetzen und besonderen religiösen Vorschriften und Belangen auftreten können, können sich die Muslime an die zuständigen Autoritäten wenden, um Lösungen zu finden, die den religiösen Belangen Rechnung tragen."[37]

Das Problem dabei ist, dass nicht konkretisiert wird, welches denn die Rechte und Belange sind, die eine besondere Rücksicht und einen besonderen Schutz erfordern. Völlig im Dunkeln bleibt auch, wie bei eventuellen Divergenzen zwischen staatlichen Gesetzen und koranischen Vorschriften vorgegangen werden soll.

---

35 „This requires that we free ourselves from the mutual prejudices and negative impressions that exist between Islam and the West so that bridges of fruitful exchange can be built" (Muslims of Europe Charter, II.23).

36 Muslims of Europe Charter, Section II: On Citizenship

37 „Muslims of Europe respect the laws of the land and the authorities that uphold them. This should not prevent them from individually or collectively defending their rights and expressing their opinions based on their specific concerns as a religious community […]. Whenever there is a conflict with regard to certain laws and matters that are specific to religion, the relevant authorities should be approached in order to arrive at suitable and viable solutions" (Muslims of Europe Charter, II.17).

Der zweite wichtige Punkt betrifft die Religionsneutralität des Staates. Auch in diesem Fall beginnt die Charta zunächst mit einer Beschwichtigung der Nichtmuslime: „Die Muslime Europas respektieren das Prinzip der Laizität, das sich auf die Neutralität des Staates gegenüber den Religionen gründet." Doch sofort folgt ein Zusatz:

> „Das schließt ein, dass der Staat die Religionen gleich behandelt und gleiche Beziehungen mit allen Religionen unterhält. Das schließt auch ein, dass die Gläubigen die Möglichkeit haben, ihre Überzeugungen zum Ausdruck zu bringen und ihren Kult öffentlich und privat zu praktizieren, individuell oder gemeinschaftlich, in Übereinstimmung mit den Erklärungen der Menschenrechte und der internationalen Konventionen. Von dieser Voraussetzung ausgehend haben die Muslime als religiöse Gemeinschaft in Europa das Recht, Moscheen zu bauen und Vereinigungen zu bilden, die religiösen und sozialen Zielen oder Erziehungszwecken dienen; sie haben das Recht, ihren Kult und ihre religiösen Riten zu praktizieren. Sie haben Anspruch auf Bedingungen, die ihnen die Beachtung ihrer religiösen Vorschriften im Alltag z. B. bei Ernährung und Bekleidung möglichen machen."[38]

Die Muslime respektieren scheinbar das Prinzip der Trennung von Religion und Staat. Natürlich haben sie das Recht, nach ihren religiösen Vorschriften zu leben, sofern sie nicht staatlichen Vorschriften widersprechen. Aber unter dem Deckmantel dieser Selbstverständlichkeit geht es der Föderation der islamischen Organisationen in Europa um etwas anderes. Es geht ihr um eine weitgehende Autonomie für ihre Gemeinschaft, um das Leben nach islamischen Prinzipien gestalten zu können, also in Wirklichkeit darum, besondere Räume zu reklamieren, in denen sich Millionen von Muslimen vom Rest der Gesellschaft absondern kön-

---

38 „Muslims of Europe adhere to the principle of neutrality of the state regarding religious affairs. This means dealing fairly with all religions and allows those who hold religious values to express their beliefs and practise the rites of their religion either as individuals or groups, in conformity with European and international human rights charters and treaties. Muslims have, therefore, the right, as religious communities, to establish mosques, religious, educational and welfare institutions, to practise their religion in day-to-day affairs such as diet, clothing and other needs" (Muslims of Europe Charter, II.18).

nen, um dadurch ihre Identität zu wahren. Die Charta macht also alle denkbaren Rechte und Ansprüche für die Muslime geltend, während die Erfüllung ihrer Pflichten gegenüber dem Staat an die Bedingung geknüpft wird, dass der Staat ihre religiösen Vorschriften und Belange respektiert. Im Namen der Menschenrechte, wie sie in den internationalen Konventionen festgeschrieben sind, wird das Recht gefordert, die eigenen religiösen Vorschriften befolgen zu können. Was geschieht aber, wenn Alltagshandeln aus religiösen Vorschriften (etwa die Züchtigung widerspenstiger Ehefrauen) abgeleitet wird und diese Vorschriften mit den universellen Menschenrechten oder den Grundrechten, wie sie in den Verfassungen der Einwanderungsländer festgeschrieben sind, in Konflikt geraten? Es liegt auf der Hand, dass diese Praktiken dann verboten und Verstöße gegen das Verbot sanktioniert werden müssen. Die Charta dagegen leitet aus den universellen Menschenrechten mit ihrer Verabsolutierung des Grundrechtes der Religionsfreiheit das Recht der Muslime ab, notfalls auch die Menschenrechte in den europäischen Ländern verletzen zu dürfen.

Die *Charta der Muslime in Europa* ist ein Schlüsseldokument und legt das Dilemma offen, in das Europa durch die Einwanderung des Islam geraten ist:

„Die Muslime sind dazu aufgerufen, sich in ihre jeweiligen Gesellschaften zu integrieren. Diese Integration gründet sich auf ein harmonisches Gleichgewicht zwischen der Bewahrung ihrer religiösen Identität und ihren Pflichten als Staatsbürger. Jede Integration, die den Muslimen das Recht bestreitet, ihre religiöse Identität zu bewahren, verstößt nicht nur gegen die Interessen der Muslime, sondern auch gegen die der europäischen Gesellschaften, denen die Muslime angehören."[39]

---

39 „Muslims are urged to positively integrate with their respective societies on the basis of a harmonious balance between the preservation of their Muslim identity and the duties of citizenship. Any form of integration that fails to recognize the right of Muslims to preserve their Islamic personality and the right to perform their religious obligations does not serve the interests of Muslims nor the European societies to which they belong" (Muslims of Europe Charter, II.20).

Wie feinsinnig auch immer formuliert, die Botschaft ist nicht zu überhören: Falls der säkulare Staat die Forderung der islamischen Lobby, Bedingungen für ein autonomes Eigenleben und die Aufrechterhaltung der muslimischen Identität der Muslime zu schaffen, nicht erfüllt, kann er keine Loyalität von der islamischen Gemeinde erwarten und er kann auch nicht fordern, dass sich die Muslime um Integration bemühen. Das heißt aber nicht mehr und nicht weniger, als dass sich im Zweifel die nichtmuslimische Mehrheitsgesellschaft den Wünschen und Erwartungen der Muslime anzupassen hat. Damit hat die Scharia *auch* gegenüber dem Recht säkularer nichtislamischer Aufnahmeländer Vorrang.

Die Niederlage vor Wien und vor allem der westliche Kolonialismus des 19. und 20. Jahrhunderts haben die islamische Welt an den Rand der Geschichte geschoben. Viele islamische Führer und die von ihnen mobilisierten Massen glauben, dass die Zeit für einen Wiederaufstieg des Islam gekommen sei – ein Ziel, das mit unterschiedlichen Mitteln erreicht werden kann. Terrorismus ist nur eines dieser Mittel. Auch die friedliche Einwanderung, die in Europa zur Entstehung dauerhafter muslimischer Gemeinschaften geführt hat, kann den Kontinent in eine Krise stürzen, weil die strikte Anwendung seiner bürgerrechtlichen Prinzipien für ihn zur Falle wird.

Das Thema „Staatsbürgerschaft und Bürgerrechte" hat aber noch einen weiteren Aspekt: Der radikale Islam gedeiht nämlich nicht nur an der afghanisch-pakistanischen Grenze oder auf den blutigen Straßen des Irak, des Gaza-Streifens oder Somalias usw. Die Explosionen der Gewalt an der Peripherie von Paris und in anderen europäischen Städten wie auch die Attentatsvorbereitungen in zahlreichen Ländern haben die europäische Öffentlichkeit alarmiert. Erschüttert jedoch hat sie die Tatsache, dass die Urheber dieser Untaten häufig junge Muslime sind, die in Europa geboren wurden und Staatsbürger europäischer Länder sind. In Europa wird das Zusammenleben und die Sicherheit also vor allem von innen bedroht: von Jugendlichen, die in unseren Städten geboren und aufgewachsen sind. Das bedeutet nicht, dass alle Muslime in Europa Extremisten sind. Entstehung und Entwicklung des Terrorismus in Großbritannien zeigen aber, wie der politische Islam Aktivisten auch in einer entwickelten multiethnischen Demokratie finden kann. Im Namen der Religionsfreiheit sind Imame ins Land gekommen, die einen gewalttätigen Islam predigen. Diese Imame sind in den repressiven islamischen Gesellschaften aufgewachsen. Sie verbreiten die Idee eines Dschihad, der als wirklicher Krieg verstanden wird, und nicht als innere „Anstrengung" oder, wie immer wieder suggeriert wird, als „Weg" der geistlichen Vervollkommnung. Gerade diese Imame haben bei der Bildung einer fundamentalistisch gesinnten jungen Generation eine entscheidende Rolle gespielt. Und die Zahl derjenigen jungen Muslime, die ihren spirituellen und politischen Standort in einem radikalen und antiwestlichen Islam finden, scheint ständig zuzunehmen. Nach einer neueren Schätzung werden in Frankreich 150 von über 600 Moscheen und Gebetssälen von extremistischen Führern kontrolliert. In den Niederlanden gibt es mindestens 20 islamisch-extremistische Aktionsgruppen. In Großbritannien gibt es 3.000 im Lande geborene und lebende Veteranen, die Ausbildungslager der *Al-Qaida* durchlaufen haben. Großbritannien ist eines der europäischen Länder, in denen Muslime am meisten der Agitation durch radikale Imame ausgesetzt sind. Das sind Imame, die im Namen des Koran Selbstmordattentate von Kindern rechtfertigen, die sich als lebende Bomben in die Luft sprengen, oder die Ermordung von Christen, Juden und Homosexuellen befürworten oder das Schlagen von Ehefrauen gutheißen.

Um die Gewalt, die von der zweiten Generation der eingewanderten Muslime ausgeht, zu erklären, werden üblicherweise soziologische Erklärungsmuster bemüht, die sich für alle möglichen destruktiven Situationen eignen: Entfremdung, Arbeitslosigkeit, sozioökonomische Deklassierung, schwierige Lebensumstände, Mangel an Perspektiven. Sicherlich helfen alle diese Faktoren mit, die Entwicklung zu verstehen, aber sie reichen für eine überzeugende Erklärung nicht aus. Sie erklären nicht, weshalb andere soziale Gruppen, die unter denselben sozialen Bedingungen und Schwierigkeiten leben, nicht den Weg der Gewalt beschreiten. Wahrscheinlich sind es eben auch religiöse Gründe, die die muslimischen Jugendlichen dazu bringen, sich mit dem religiösen Extremismus einzulassen, Gewalt zu rechtfertigen oder selbst Gewalttaten zu begehen.[40]

---

40 Die empirischen Befunde sind, wie so häufig bei politisch heiklen Fragen, widersprüchlich. Nach einer umstrittenen Studie des Kriminologischen Forschungsinstituts Niedersachsens (KFN) zum Thema „Jugendgewalt" aus dem Jahre 2010 wächst die Gewalttätigkeit junger Muslime mit zunehmender Bindung an den Islam. Der

Viele dieser Jugendlichen fühlen sich weder als Teil des Landes, in dem sie geboren sind, noch als Teil der Kultur ihrer Eltern. Und noch komplizierter wird es, wenn die Eltern zwei verschiedenen Kulturen angehören. Häufig werden diese Jugendlichen im Herkunftsland ihrer Eltern zurückgewiesen, weil ihnen die Traditionen und die örtliche Kultur fremd sind, oder, was noch schlechter ist, sie gelten als Verräter. Viele Jugendliche der zweiten Generation fühlen sich deshalb sowohl in dem Land fremd, in dem sie geboren sind, wie auch in dem Land, aus dem ihre Eltern kommen. Wer aber unter Fremdheit und kultureller Entwurzelung leidet, kann im religiösen Extremismus Halt finden. Weil diese Jugendlichen mit dem Islam nur oberflächlich vertraut sind, sind sie auch nicht in der Lage, die radikalen Koranauslegungen, die ihnen geboten werden, kritisch zu filtern. Gerade diese radikalen Interpretationen aber sind verführerisch, weil sie einfach gestrickt sind und schematisch auf frustrierende Situationen Antworten geben. Die Jugendlichen eignen sich an, was ihnen von den Imamen vorgesetzt wird und was sie aus dem Internet beziehen.

Ein toleranter und friedlicher Islam?

Welches Schicksal wartet auf Europa in einer vielleicht nicht einmal sehr fernen Zukunft? Erfüllt sich die Prognose von einer Islamisierung unseres Kontinents in den kommenden Jahrzehnten? Werden soziale und religiös-kulturell motivierte Konflikte die europäische Wohlstands- und Friedensinsel in den Abgrund reißen? Eine Antwort auf diese Fragen ist nur zu bekommen, wenn die Grundfrage geklärt werden kann: Ist ein Übergang zu einem toleranten und friedlichen Islam möglich oder auch

---

heftig angefeindete Leiter des KFN, Christian Pfeiffer, betonte, dass sich die gläubigen Jugendlichen doppelt so stark mit den Werten der „Macho-Kultur" identifizierten wie die nichtreligiösen. „Macho-Kultur" hänge wiederum mit islamischer Religiosität zusammen. Die Studie habe belegen können, dass zunehmende muslimische Religiosität der Jugendlichen die soziale Integration verhindere und Gewalt begünstige. Vgl. Jakob, Christian: Kritik an Pfeiffer-Studie: Streit über Gewalt bei jungen Muslimen, in: *taz.de*, 11. Januar 2011, http://www.taz.de/!64109/, Zugriff am 1.3.2013

nur vorstellbar? Analysen dazu stoßen auf alle möglichen Hindernisse und die beginnen im Bereich der Begriffe. Gemeinhin wird ein terminologischer Unterschied gemacht zwischen Islam und Islamismus: Der Islam ist gut, eine Religion wie jede andere. Der Islamismus ist böse, weil er politisch missbrauchte Religion ist. Wenn es denn so einfach wäre. Die Frage ist nämlich, ob es wirklich fundamentale Unterschiede zwischen Islam und Islamismus gibt oder nicht vielmehr einen fließenden Übergang zwischen beiden? Würde das bedeuten, dass die Gründe für den Missbrauch der Religion islamimmanent sind? Was unter Islamismus verstanden werden kann, ist noch relativ eindeutig. In Anlehnung an die eingängige Definition von Heiner Bielefeldt kann der politische Islam als Auflösung des Unterschiedes zwischen Religion und Politik beschrieben werden. Die Folge ist die totale Sakralisierung des Politischen und gleichzeitig die totale Politisierung des Religiösen; Religionsvergehen sind Verstöße gegen die staatliche Ordnung, Verstöße gegen die staatlichen Gesetze sind ein Angriff auf die Religion und ihre Vorschriften.[41] Tücken aber birgt die Abgrenzung zwischen Islam und Islamismus, weil der orthodoxe Islam, der Mainstream-Islam, sich nie nur als reine Religion verstanden hat, sondern immer auch als weltlich-diesseitige Ordnung, als Modell einer gerechten Gesellschaft, als die beste aller Gesellschaften. Nur Randgruppen innerhalb des Islam, etwa die *Sufis*, betrachten den Islam als reine Religion. Das bestätigt auch ein dem türkischen Ministerpräsidenten Recep Tayyip Erdogan nachgesagter Satz aus dem Jahre 2008: „Es gibt keinen Islam und Islamismus. Es gibt nur einen Islam. Wer etwas anderes sagt, beleidigt den Islam."[42] Die Unterscheidung zwischen Islam und

---

41 Bielefeldt, Heiner: Zwischen laizistischem Kulturkampf und religiösem Integralismus: Der säkulare Rechtsstaat in der modernen Gesellschaft, in: Bielefeldt, Heiner/Heitmeyer, Wilhelm: Politisierte Religion. Ursprünge und Erscheinungsformen des modernen Fundamentalismus. Frankfurt am Main 1998, S. 485

42 Sarrazin, Thilo: Deutschland schafft sich ab. Wie wir unser Land aufs Spiel setzen. München [10]2010, S. 267; Sarrazin zitiert aus: Das Bild des Ungläubigen (*kafir*) im Koran, der Internetpräsenz *Der Prophet des Islam* in: http://derprophet.info/inhalt/das-bild-unglaeubigen-htm/, Zugriff am 5.9.2012; vgl. auch Schachtschneider, 2010, S. 78, der dieses Zitat aus der Zeitschrift *Schweizerzeit* (Nr. 19/24. September 2010) bezieht, die sich wiederum auf Sarrazin beruft, in: http://www.schweizerzeit.ch/1910/sarrazin.html, Zugriff am 5.9.2012

Islamismus scheint zumindest nicht so eindeutig, wie häufig suggeriert wird. Eine unmissverständliche Abgrenzung zwischen beiden Erscheinungsformen dieser Religion ist unmöglich. An einer Tatsache jedenfalls kommt man nicht vorbei: Der Islamismus legitimiert sich mit dem Islam; er bezieht aus ihm seine politischen Ideen und seine religiöse Rechtfertigung. Islam und Islamismus liegen auf einem Kontinuum, der Islamismus ist eine jederzeit *mögliche* Entwicklungsform des Islam. In seiner islamistischen Form aber ist der Islam eine totalitäre Religion und Ideologie.

Legt man an die islamistische Weltanschauung die Prüfkriterien des Totalitarismus an, ergibt sich eine weitgehende Übereinstimmung: Das beginnt mit der Geringschätzung oder Leugnung der Menschenrechte und endet mit der Verfolgung von Andersgläubigen, Dissidenten, Abtrünnigen oder Konvertiten. Meinungsfreiheit und Kunstfreiheit werden abgelehnt. Wie andere totalitäre Ideologien bedient sich der Islamismus der Zensur, um sein Informationsmonopol zu sichern. Kritik wird als Beleidigung oder Angriff auf den Islam aufgefasst und nach Möglichkeit mit allen Mitteln verhindert oder bestraft. Es gibt keine wirkliche Religionsfreiheit. Andere Religionen werden diskriminiert, ein Religionswechsel gilt als Verrat und damit als todeswürdiges Verbrechen. Genauso wie totalitäre politische Systeme die „Einheit von Parteiideologie und Staat" anstreben, so gibt es im Islamismus keine Trennung von Staat und Religion. Brutalität wird zum gesellschaftlichen Prinzip: Für geringfügige Vergehen werden unverhältnismäßig grausame Strafen verhängt, so etwa die Todesstrafe bei Religionsvergehen, die Steinigung bei Ehebruch, das Handabhacken bei Diebstahl, Auspeitschen für Alkoholgenuss, vorehelichen Geschlechtsverkehr oder Falschbezichtigung. Männer und Frauen haben nicht die gleichen Rechte, Frauen sind benachteiligt. Der allgemeine Gleichheitsgrundsatz gilt nur für die Mitglieder der eigenen Gemeinschaft, Nichtmuslime sind rechtlich schlechter gestellt.

Wie alle totalitären Ideologien hat auch der Islamismus eine große Affinität zur Gewalt. Gewalt gilt nicht nur als legitimes, sondern sogar als ehrenvolles Mittel zur Verwirklichung des religiös-politischen Programms. Das Prinzip der Volkssouveränität wird im Islamismus geleugnet, weil Allah der wirkliche Souverän ist und die Menschen seiner Herrschaft unterworfen sind.

Aufklärung und Reformation im Islam

In Deutschland und Europa wird mit gespaltener Zunge über den Islam gesprochen. In offizieller Sprechweise formuliert sind „Muslime und der Islam eine Bereicherung für unser Land". Zumindest war der damalige Innenminister Wolfgang Schäuble am 8. Februar 2009 in einem Gespräch mit dem Fernsehsender *Phoenix* dieser Meinung. Freilich ließ er gleichzeitig als Minister, dem der deutsche Verfassungsschutz unterstellt ist, islamische Aktivisten und Aktivitäten observieren, nicht anders als seine Vorgänger und Nachfolger im Amt. Hinter vorgehaltener Hand werden die Unverträglichkeiten zwischen islamischen und westlichen Werten aber dann doch thematisiert. Sie zeigen sehr schnell, worin das Wertedilemma besteht. Aber auch hier gibt es einen politisch korrekten Ausweg. Eine beliebte Formulierung lautet: Der Islam müsse halt eine Aufklärung durchmachen. Gemeint ist damit, der Islam müsse seine mit den europäischen Werten unverträglichen Werte abschütteln. Zu diesem Zweck müsse er durch das läuternde Fegefeuer eines Programms hindurchgehen, das seinen Anhängern dabei helfe, sich von ungeprüft akzeptierten Autoritäten zu emanzipieren und sich zu einer vorurteilsfreien, undogmatischen, selbstkritischen Rationalität anleiten zu lassen. Die europäischen Grundwerte Demokratie, Menschenrechte, individuelle Selbstbestimmung, Toleranz, religiöser, politischer und weltanschaulicher Pluralismus, die Trennung von Staat und Religion würden dann ganz automatisch Teil des Islam und ein mentales Bedürfnis der Muslime. Aber kann der Islam wirklich eine solche Entwicklung durchmachen, wenn es stimmt, dass die Aufklärung, wie sie in Europa verstanden wird, nur aus einer christlich geprägten europäischen Geistestradition heraus entstehen konnte? Es war nämlich nicht das Christentum an sich, das durch das reinigende Bad der Aufklärung musste, als vielmehr das institutionalisierte Christentum der Kirchen. Der Philosoph Detlef Horster hat gezeigt, dass die Hauptquellen der Aufklärung im Christentum selbst liegen, oder, genauer gesagt, in der christlichen Auffassung von Freiheit, Gleichheit und individueller Autonomie.[43] Die Forderung nach einer Aufklärung im Islam ist also möglicherweise nur ein eurozentrisches Hirngespinst. Ob ein geistiger Aufbruch, der in Europa „Aufklä-

---

43 Horster, Detlef: Was soll ich tun? Moral im 21. Jahrhundert. Leipzig ²2005, S. 50 ff.

rung" genannt wurde, im Islam überhaupt möglich ist, ist zumindest ungewiss. Aufklärung ist – nach Auffassung des Tübinger Islamwissenschaftlers Lutz Richter-Bernburg – für die meisten Muslime nicht aus der eigenen Geistestradition ableitbar und wird deshalb als ein Versuch westlicher Unterwanderung angesehen. Das erklärt auch, dass selbst in Europa lebende Muslime, die als geistig aufgeschlossen gelten, allergisch reagieren, wenn die Forderung nach einer Aufklärung im Islam erhoben wird. Der in Berlin aufgewachsene Religionssoziologe Hasan Karaca jedenfalls hält die Forderung nach einer aufgeklärten islamischen Theologie und das Insistieren auf den Idealen der westlichen Aufklärung für kurzsichtig, denn der Islam habe ja schon immer den „Anspruch auf Rationalität, Wissensfundiertheit und Aufgeklärtheit" erhoben. Der Koran selbst verstehe sich als ein Text der Aufklärung, der die Zeit des vorislamischen Unwissens endgültig beendet habe. Den empirisch scheinbar beweiskräftigen Beleg für diese Behauptung liefert der Religionssoziologe gleich mit. Schließlich habe mit dem Koran eine Zeit der geistigen Blüte auf der arabischen Halbinsel begonnen. Die Wissenschaften seien aufgeblüht, während in Europa Dunkelheit geherrscht habe.[44] Damit wird eine Kausalität suggeriert, die jedes logischen Zusammenhangs entbehrt. Möglicherweise haben die Wissenschaften in dem vom Islam eroberten Reich nämlich nicht wegen, sondern trotz des Koran ihren Aufschwung genommen. Für diese Annahme spricht, dass die hohe Zeit der Wissenschaft genauso lange anhielt, wie die orthodoxen islamischen Religionsgelehrten noch nicht die Oberhand über die Welt des Geistes gewonnen hatten. Wer wie Karaca argumentiert, macht den europäischen Aufklärungsbegriff zur Karikatur. Die europäische Aufklärung war nämlich davon ausgegangen, dass die Vernunft von der Offenbarung unabhängig sein müsse. Der Ansatz eines Dualismus von Offenbarung und Vernunft, die sich in relativer Unabhängigkeit gegenüberstehen, war im Prinzip bereits im philosophischen Denken des Mittelalters angelegt. Auch insofern reichen die Wurzeln der Aufklärung ins christliche Mittelalter zurück. Die Position Karacas dagegen hält islamische Offenbarung und Vernunft für identisch. Das ist mit europäischem Den-

---

44 Karaca, Hasan: Von oben herab, in: *The European – Das Debattenmagazin*, 6. November 2011, http://theeuropean.de/hasan-karaca/5524-aufgeklaerter-islam, Zugriff am 20.6.2012

ken nicht vereinbar. Denn hier wird altbekannter religiöser Dogmatismus in modischem Gewand präsentiert. De facto bedeutet eine Position, wie sie Karaca und andere einnehmen, die Nichtanerkennung der Werte der europäischen Aufklärung.

Den Weg zu einer islamischen Aufklärung versperren einstweilen immer noch harte Tatsachen. Eine unüberwindliche Barriere ist vor allem das islamische Gottes- und Menschenbild. Denn wenn Aufklärung „der Ausgang des Menschen aus seiner selbstverschuldeten Unmündigkeit" (Immanuel Kant) ist, dann muss sich das auch im Umgang mit heiligen Schriften, religiösen Dogmen und geistlichen Autoritäten zeigen. Und das bedeutet in erster Linie den Abschied vom Koran als wortwörtlicher Gottesrede. Aber auch die anderen Quellen, die als unantastbar heilig gelten und bis jetzt noch einer voraussetzungsfreien historisch-kritischen Forschung entzogen sind, müssten als zeitbedingte geschichtliche Dokumente gelesen werden können. Diesem Weg verschließt sich der orthodoxe Mehrheits-Islam mit aller Macht.

Immer wieder ist auch die Rede von einer Reformation des Islam, ganz nach dem Beispiel der lutherischen Erneuerungsbewegung. An diesem Beispiel wird aber endgültig deutlich, wie viel Unkenntnis und Halbwissen in der Diskussion über die Reformfähigkeit des Islam mitmischen.

Nichts weist daraufhin, dass sich der orthodoxe Mehrheits-Islam groß bei dem Gedanken an Reformen aufhält. Selbst der als liberal und moderat geltende Präsident der türkischen Religionsbehörde Diyanet, Ali Bardakoglu, der das Oberhaupt der türkischen Muslime ist, lässt beim Thema Reform des Islam keine Zweifel aufkommen: „Ich habe niemals für die Modernisierung der Religion gesprochen. Es steht außerhalb jeder Erörterung, dass das, was im Koran steht, gilt. Das ist unsere Botschaft, der Islam erlaubt keine Reform und ist für Reformen nicht offen."[45] Und ein zweiter Gesichtspunkt kommt ins Spiel:

Reformation bedeutet in jeder Religion die Rückkehr zu den Quellen.[46] Im Christentum bedeutet Reformation die Rückkehr zur Lehre

---

45 Demirelli, Fatma, in: Bardakoglu, Ali: Religion and Society. Ankara 2006, S. 127, zitiert nach Kelek 2008, S. 77
46 Die christliche Kirche versteht sich sogar ausdrücklich als *ecclesia semper reformanda*, als unaufhörlich zu erneuernde Kirche.

des Evangeliums, zu Nächstenliebe und Gewaltfreiheit, zum Verzicht auf Reichtum und Macht, mit einem Wort, die Rückkehr zum Urchristentum. Rückkehr zum Ur-Islam aber wäre das genaue Gegenteil dessen, was der Westen von einer „Reformation" des Islam erwarten würde. Die Rückkehr zu den Quellen im Islam ist das, was die Islamisten proklamieren, nämlich das Ideal der islamischen Urgemeinde von Medina. Der Prophet ist danach Herrscher, Kriegsherr und Richter und die Politik Verwirklichung der Offenbarung Gottes. Gott greift danach unmittelbar ins politische Geschehen ein und nimmt Einfluss auf rechtliche Entscheidungen. Gegen Ungläubige und zur Verbreitung des Islam ist Gewalt erlaubt. Die Scharia ist auch weltliches Gesetz. Die islamische Sozialstruktur basiert im Wesentlichen auf der Ungleichheit der Geschlechter, die Unterdrückung der Frauen ist durch Gottes Wort gedeckt. Die Ideale der islamischen Urgemeinde in Medina widersprechen ganz offensichtlich den europäischen Grundwerten.

Die Antwort auf die Frage, ob der Islam irgendwann trotzdem mit den europäischen Grundwerten vereinbar sein kann, liegt zunächst in einem gewissenhaften Studium der wichtigsten islamischen Texte, also des Koran, der Hadithen und der frühen islamischen Geschichtsschreibung. Allgemein formuliert sind die grundlegenden Texte einer Religion für verschiedene Interpretationen offen, unter anderem, weil sie häufig widersprüchliche Sätze enthalten, sodass je nach Argumentationszweck fast immer ein passendes Zitat gefunden werden kann. Diese Gefahr besteht vor allem dann, wenn das interessierende Zitat isoliert betrachtet und nicht in den Sinnzusammenhang der ganzen Lehre gestellt wird. Eine andere Gefahr ist eine Art von Willkürhermeneutik, die sich die Textaussage bedenkenlos nach eigenem Gutdünken oder politisch-taktischen Erwägungen zurechtbiegt. Das Phänomen der Willkürhermeneutik ist vor allem unter europäischen Muslimen verbreitet.[47] Gegenüber Nichtmuslimen sehen sie sich häufig in die Zwangslage versetzt, sich für bestimmte Aussagen ihrer Religion rechtfertigen zu müssen. So etwa für die Sure 4,34, in der Männer aufgefordert werden, ihre

---

47 Der bosnische Koranwissenschaftler Enes Karić spricht euphemistisch lieber von einer „multi-interpretability" des Koran, in: Idriz, Benjamin / Leimgruber, Stephan / Wimmer, Stefan (Hg.): Islam mit europäischem Gesicht. Impulse und Perspektiven. Kevelaer 2010, S. 63

Frauen zu schlagen, wenn sie sich widerspenstig zeigen. Da ein solches religiöses Gebot in der europäischen Kultur auf keinerlei Verständnis stößt, versuchen Muslime häufig das Verb „schlagen" bis zur Unkenntlichkeit zu entschärfen. Das aber ist keine Interpretation, sondern eine Form der Täuschung. Und es ist gleichzeitig symptomatisch für die islamische Unfähigkeit zur Selbstkritik.

Da der Koran nach orthodoxer Auffassung göttliche Rede ist, ist seine Auslegung grundsätzlich nicht erlaubt, es sei denn, um das Verständnis des wörtlichen Gehaltes des Textes zu erleichtern. Komplizierter wird die Koranauslegung dadurch, dass sich seine Verse auf zwei unterschiedliche historische Phasen beziehen. Bekanntlich hat Mohammed anfangs dreizehn Jahre lang in Mekka gebetet und gepredigt. 90 von insgesamt 114 Suren des Koran, die in dieser Periode geoffenbart wurden, werden deshalb *mekkanischer Koran* genannt. In dieser Zeit hatte Mohammed nur wenige Gefolgsleute und musste sich mit einer Umgebung arrangieren, in der die Anhänger anderer Religionen die Oberhand hatten. Aus diesem Grunde ist der mekkanische Koran auf friedliche Koexistenz ausgerichtet, auch wenn er die Ungläubigen nicht als gleichwertig betrachtet. Ein Beispiel aus dem mekkanischen Koran, den Anfangszeiten der Offenbarung, macht das anschaulich: „Ertrage geduldig die, die nicht glauben und lasse sie mit Würde in Ruhe" (Sure 73,10). Nachdem Mohammeds Onkel, sein Beschützer und Förderer, gestorben war, wurde der Prophet von den reichen Händlern, die in seinen Predigten eine Gefahr für ihre Geschäfte sahen, aus Mekka verjagt. Er fand Zuflucht in der nahegelegenen Stadt Medina, wo er seine Anhänger um sich sammelte und damit begann, eine eigene Streitmacht aufzubauen. Die Mittel für diese Aufrüstung verschaffte sich die islamische Urgemeinde u. a. auch mit Überfällen auf Handelskarawanen, die nach Mekka unterwegs waren. So gelang es Mohammed, in nur neun Jahren die arabische Halbinsel zu erobern. Die Koranverse, die in dieser Zeit geoffenbart wurden, sind viel aggressiver; hier spricht man auch vom *medinensischen Koran*. Darin wird der Befehl erteilt, die Ungläubigen zu schlagen und ihnen den Islam aufzuzwingen. Ein Beispiel daraus:

„Wahrlich, ich bin mit Euch: Bestärkt jene, die glauben. Ich werde Angst und Schrecken in die Herzen der Ungläubigen senden: Schlagt Sie zwischen Kopf und Hals, schlagt sie auf alle Glieder" (Sure 7,12).

Oder:

„Bekämpft die, die nicht an Allah und an das Jüngste Gericht glauben, diejenigen, die nicht verbieten, was Allah und sein Bote verboten haben, und bekämpft jene unter den Menschen der Schrift [Juden und Christen], die nicht die Religion der Wahrheit wählen, bis sie demütig Tribut bezahlen und unterworfen sind." (Sure 9,29).

Diese drei zitierten Verse, der erste aus Mekka, die anderen beiden aus Medina, scheinen sich zu widersprechen. Der medinensische Koran erlaubt nämlich gewaltsames Handeln und dringt auf die Unterwerfung der Ungläubigen. Der Widerspruch wird dadurch aufgelöst, dass die später geoffenbarten Koranverse vor den zuerst geoffenbarten Vorrang haben. Trotzdem können die mekkanischen Verse nicht einfach aufgehoben werden, weil auch sie eine direkte Offenbarung Gottes sind und deshalb heilig und wahr. Dadurch entsteht eine Ambivalenz, die den Koran für Nichtmuslime unberechenbar macht, weil alle möglichen Deutungen auch tatsächlich möglich sind. Der Islamwissenschaftler Mathias Rohe feiert diesen Umstand euphemistisch als interpretatorische Offenheit.[48] Aber diese Art von interpretatorischer Offenheit ist kein Vorteil, weil sie der hermeneutischen Beliebigkeit Tür und Tor öffnet. Insofern scheint die These, dass der Missbrauch der Religion im Islam selbst angelegt, also islamimmanent ist, nicht allzu gewagt.

Man kann die Ambivalenz zwischen dem mekkanischen und dem medinensischen Koran besser verstehen, wenn man sich die jeweilige politische, soziale und militärische Lage Mohammeds bewusst macht. Der mekkanische Koran steht für die Schwäche und Verwundbarkeit einer erst im Entstehen begriffenen religiösen Bewegung, während der medinensische Koran die Machtverhältnisse widerspiegelt, die sich in der Zwischenzeit zugunsten des Propheten geändert hatten. Vielleicht tragen diese historisch bedingten Voraussetzungen dazu bei, besser zu begreifen, warum der Islam keine universelle Ethik kennt. Wobei von Ethik möglicherweise noch nicht einmal gesprochen werden kann, so jedenfalls der Islamwissenschaftler Ralph Ghadban. Er sieht das Problem darin, dass der Islam gerade keine Ethik im Sinne eines ethischen

---

48 Rohe 2001, S. 33 ff.

Systems aufweist. Der Islam sei ein rechtliches System von Erlaubtem und Verbotenem, das von Gott und den Rechtsgelehrten festgelegt werde. Das Individuum habe diese Regeln einfach zu befolgen. Die Ethik des Christentums dagegen beruht auf Geboten, die im Rahmen einer persönlichen Gewissensprüfung eine (autonome) Entscheidung für das Gute oder Böse erlauben.

Diese historischen Voraussetzungen und die im Koran angelegte Ambivalenz helfen vielleicht auch zu erklären, warum die Logik im Islam dualer Natur ist. Deshalb ist es auch *logisch* möglich, dass Muslime und Nichtmuslime unterschiedlich behandelt werden. In der Logik, nach der wir uns üblicherweise richten, gilt, dass wenn sich zwei Behauptungen widersprechen, mindestens eine davon falsch ist. Nach der islamischen Logik ist es dagegen möglich, dass sich zwei Behauptungen widersprechen, aber gleichzeitig beide wahr sind. Es sind nämlich die Umstände, die darüber entscheiden, welche Behauptung Vorrang hat. Vor dem Hintergrund dieser Gegebenheiten ist es deshalb schwierig, nur *eine* und eine gleichzeitig überzeugende Antwort auf die Ausgangsfrage zu geben, ob sich ein Islam vorstellen lässt, der mit den europäischen Grundwerten kompatibel ist. Kein duales System hat Platz für nur *eine* Antwort. Das ist der Grund, warum die Diskussionen darüber, was der „wahre" Islam sei, zu keinem Ergebnis führen, also sinnlos sind. Auch der Islamwissenschaftler Ralph Ghadban betont, es gebe keinen „wirklichen" Islam. Es gebe nur Menschen, die die religiösen Texte unterschiedlich interpretieren. Hinzu kommt die Wirkung der sogenannten *Taqiyya*-Regel. Nach dieser Regel ist es Muslimen erlaubt, zu täuschen, um solche Seiten des Islam zu verbergen, die für Nichtmuslime nicht nachvollziehbar oder unannehmbar sind. Das alles macht es objektiv schwer, sich ein vollständiges und authentisches Bild vom Islam zu verschaffen.

Bill Warner, Direktor des *Center for the Study of Political Islam*, ist der Auffassung, dass an duale Systeme nur ein statistischer Maßstab angelegt werden könne und dass es auf Probleme, die mit einem dualen System zusammenhängen, nur statistische Antworten gebe. Von dieser Annahme ausgehend hat Warner die heiligen Texte des Islam *statistisch* analysiert, mit interessanten Ergebnissen. Zum Beispiel nimmt der Koran auf die Hölle insgesamt 146 Mal Bezug. In nur 6 Prozent der Fälle geht es dabei um ein Verhalten, das mit Moral zu tun hat, also mit

Mord, Diebstahl usw. Zu 94 Prozent hingegen liegt der Grund für eine Fahrt zur Hölle in der intellektuellen Sünde, Mohammed zu widersprechen. Zu 61 Prozent spricht der Koran schlecht über die Nichtgläubigen und nur zu 2,6 Prozent findet die Menschlichkeit positiv Erwähnung. Gewalt und Leiden werden zu 100 Prozent jenen in Aussicht gestellt, die nicht an den Propheten glauben.

Zu einem besonders aufschlussreichen Ergebnis kam Warner bei der Frage, was unter dem *Dschihad* zu verstehen sei – eine spirituelle Anstrengung zur Erreichung eines geistlichen Zieles oder ein wirklicher Krieg. Hier stellte er fest, dass die von al-Buchari überlieferten Hadithen in 97 Prozent der Fälle das Wort „Dschihad" im Sinne eines wirklichen Krieges verwenden und nur in 3 Prozent im Sinne einer inneren Anstrengung.

Nur einige islamische Theologen interpretieren den Dschihad als Verpflichtung, „sich auf den Weg Allahs" in einem moralischen und spirituellen Sinne zu begeben. Die meisten jedoch sehen mit Blick auf die entsprechenden Stellen im Koran und die islamische Überlieferung den Dschihad als ein militärisches Unternehmen:

> „Oh ihr, die ihr glaubt, kämpft gegen die Ungläubigen, die um euch herum sind. Die Ungläubigen mögen auf Härte in euch stoßen. Wisst, dass Allah mit den Ehrfürchtigen ist." (Sure 9,123).

Diverse muslimische Gelehrte in Europa behaupten, das Konzept des Dschihad werde im Westen falsch verstanden und sei Ausdruck der Missverständnisse, die zwischen dem Westen und dem Islam herrschen. Was immer sie wirklich denken, sie nehmen jedenfalls nicht zur Kenntnis, dass der Dschihad als „heiliger Krieg" verstanden werden *kann*. Im Koran wird der Dschihad 40 Mal erwähnt, jedes Mal in einer anderen Bedeutung. Trotzdem bringen die Erklärungen, was der Dschihad sei, nicht eindeutig zum Ausdruck, dass er *nur* als eine innere Anstrengung zu verstehen sei. Die dem Koran eigene Ambivalenz kommt hier wieder zum Vorschein: Der Dschihad kann sowohl soziales als auch politisches und militärisches Engagement bedeuten. Je nach den Umständen steht der Begriff also für unterschiedliche Sachverhalte. Verantwortlich für das Missverständnis ist die Quelle selbst: Hier zeigt sich also wieder jener Dualismus, von dem vorher schon die Rede war, ein Dualismus, der auch die Moral betrifft. Es gibt keine universelle Ethik im Islam; es gibt nur die unterschiedliche Behandlung von Gläubigen und Ungläubigen.

Euro-Islam – ein Ausweg aus dem Wertedilemma?

Im multikulturellen Alltag sehen sich die Bürger zumeist mit einem renitenten und integrationsunwilligen Islam konfrontiert. Sie sehen, im Gegensatz zu vielen Politikern, weit und breit keine „Einbürgerung des Islam", denn dazu müsste er sich erst reformieren. Wo der Begriff Reform fällt, ist der Begriff „Euro-Islam" nicht weit. Zu ihm nehmen die Politiker immer dann Zuflucht, wenn sie der real existierende Islam wieder einmal ratlos macht. Aber gerade die Forderung nach einem Euro-Islam ist das unausgesprochene Eingeständnis, dass die islamischen Grundwerte mit den europäischen nicht vereinbar sind.

„Euro-Islam" ist ein schillernder Begriff. Ganz unterschiedliche Phänomene oder Ideen werden so genannt, auch solche, die sich selbst keinesfalls als Euro-Islam verstehen. Allgemein soll dieser Begriff die Möglichkeit andeuten, dass ein an Werteunverträglichkeit leidender orientalischer Islam in Europa eine neue Gestalt annehmen könne, nämlich die einer modernen Religion, die die Säkularität der europäischen Gesellschaftsordnungen akzeptiert. Drei völlig unterschiedliche Sachverhalte werden als Euro-Islam bezeichnet:
1. Der bosnische Islam als angeblicher Prototyp eines europatauglichen Islam, dessen Repräsentanten diesen Begriff im Übrigen weit von sich weisen.
2. Der Islam konservativer Reformer wie etwa der eines Tariq Ramadan. Auch konservative Islamreformer lehnen diesen Begriff vehement ab.
3. Der Islam des Göttinger Politologen und Islamwissenschaftler Bassam Tibi. Der Begriff „Euro-Islam" geht auf ihn zurück.

Der bosnische Islam. Auf der Suche nach einem „guten", demokratietauglichen, moderneverträglichen und mit westlichen Gesellschaften kompatiblen Islam wird immer wieder der bosnische Islam empfohlen. Vor allem in christlich-islamischen Dialogkreisen hat sich der bosnische Islam den Ruf einer „dialogoffenen, toleranten und westlichen Werten verpflichteten Glaubensgemeinschaft" erworben. Er gilt als Vorbild für die Möglichkeit einer Einbürgerung des Islam in die nichtmuslimischen Gesellschaften Europas.⁴⁹ Aufgrund ihrer besonderen Geschichte nämlich lebten die bosnischen Muslime schon lange einen „Islam mit europäischem Gesicht". Natürlich ist das eine Idealisierung. Michael Schmunk, deutscher Botschafter in Bosnien-Herzegowina von 2006 bis 2008, sieht im „Islam keine europafremde Erscheinung. Mit den Arabern wanderte er im 7. Jahrhundert nach Spanien, Portugal, Sizilien und Südfrankreich ein, wo er sich teilweise bis ins 15. Jahrhundert halten konnte."⁵⁰ Der Botschafter bedient sich einer etwas eigentümlichen Wortwahl. Dass das Verb „einwandern" hier als Synonym für „einmarschieren" gebraucht wird, ist eine echte philologische Entdeckung. Der bosnisch-osmanische Islam, so der Botschafter, sei schon seit fünf Jahrhunderten fester Bestandteil der politischen Geschichte Europas und des europäischen Kultur- und Geisteslebens. Muslime hätten Anteil an der Architektur, Kunst, Musik, Philosophie und Wissenschaft Europas.

> „Wir sollten ein Bewusstsein dafür entwickeln, dass die große Moschee (jetzt Kathedrale) von Córdoba nicht weniger ein europäisches Bauwerk ist als der Kölner Dom, dass Sultan Süleyman der Prächtige in erster Linie ein europäischer Herrscher vom Kaliber eines Louis XIV. war, dass sein Architekt Sinan neben Michelangelo zu den größten Baukünstlern des Kontinents zu zählen ist."⁵¹

Der in Bosnien-Herzegowina gelehrte und gelebte Islam sei, nicht zuletzt aufgrund der Vielfalt, des Neben- und Miteinanders der Religionen und Kulturen in Südosteuropa, auf Liberalität und Toleranz, auf Dialog und gemeinsame Bewältigung des Alltagslebens ausgerichtet gewesen.⁵² Das ist doch eine recht charmante Umschreibung der ziemlich grausamen Besatzungsherrschaft der Türken auf dem Balkan. Die Ansicht des Botschafters ist in Serbien zweifellos satirefähig.⁵³ Wie explosiv dieses

---

49 Idriz / Leimgruber / Wimmer 2010, S. 72
50 Zitiert nach ebenda, S. 14
51 Zitiert nach ebenda, S. 33
52 Ebenda, S. 14, 17, 18, 221
53 Der damalige serbische Außenminister Vuk Jeremić hat sich 2009 vor dem Europaparlament darüber beklagt, dass Serbien gemeinsam mit der Türkei auf den EU-

Zusammenleben der Religionen und Kulturen auf dem Balkan geblieben ist, zeigt sich indes wieder seit 1987 bis heute. Dass der bosnische Islam defensiver ist als etwa der türkische oder arabische, darf der Tatsache zugeschrieben werden, dass er nach dem Ende der Türkenherrschaft auf dem Balkan zu einer Minderheitenreligion geworden war und schon aus wohlverstandenem Überlebensinteresse Abstand von allzu gewagten Provokationen der katholischen und serbisch-orthodoxen Umgebung genommen hat. In nicht unbeträchtlichem Maße Religionskonflikte entschärfend und säkularisierend wirkten auch die 40 Jahre Titoismus in Jugoslawien. Ein Goldenes Zeitalter im Zusammenleben von Muslimen und Nichtmuslimen auf dem Balkan zu behaupten, kann man den Anhängern dieser These also noch nicht einmal als historiografische Klischeepflege durchlassen.

Taugt der bosnische Islam als reformatorisches Vorbild? Dem bosnischen Islam jedenfalls scheinen der Fanatismus und die Aggressivität des orientalischen Islam weitgehend zu fehlen. Insofern hat die Geschichte des Balkans einen spezifisch bosnischen Islam geformt. Hat der bosnische Islam die theologischen Hindernisse für eine Vereinbarkeit der islamischen und der europäischen Grundwerte überwunden? Akzeptiert er die Trennung von Staat und Religion? Hat er der Scharia abgeschworen, die de facto ein Katalog der europäisch-islamischen Werteunverträglichkeiten ist?

Großmufti Mustafa Effendi Cerić wird in christlich-islamischen Dialogzirkeln als die Verkörperung eines europatauglichen Islam gefeiert. Cerić war bis November 2012 das Oberhaupt der bosnischen Muslime, u. a. ist er auch Mitglied des *European Council for Fatwa and Re-*

Beitritt warten müsse: „Das wäre eine sehr schlechte Nachricht für die Region, weil wir 500 Jahre unter türkischer Besatzung gewesen sind und jetzt sitzen wir wieder im selben Wartesaal mit ihnen. Das ist keine gute Nachricht für Menschen, die in der Vergangenheit so lange unter türkischer Besatzung waren" (Nastup Jeremića u parlamentu EU: Nećemo u isti voz za Evropu sa Turskom [Auftritt Jeremićs im Europaparlament: Wir sind in Europa nicht mit der Türkei auf einer Stufe], in: *Blic Online*, 7. November 2009, http://www.blic.rs/Vesti/Politika/119477/Necemo-u-isti-voz-za-Evropu-sa-Turskom, Zugriff am 22.2.2013; Übersetzung B. L.).

[„To bi bila vrlo loša poruka regionu, jer smo bili 500 godina pod Turcima i sada ćemo ponovo biti u čekaonici sa njima. To nije dobra poruka za one koji su bili pod Turcima toliko vremena u prošlosti."]

search (ECFR). Aus Deutschland arbeiten in diesem Rat Mitglieder der islamistischen *Islamischen Gemeinschaft Milli Görüs* mit. Diesem Zusammenschluss muslimischer Rechtsgelehrter geht es um die Anwendung islamischen Rechts auf europäische Verhältnisse. Vorsitzender des ECFR ist der Ägypter Yusuf al-Qaradawi, einer der prominentesten islamischen Rechtsgelehrten weltweit und einer der radikalsten islamistischen Scharfmacher. Er war es, der die Stimmung im dänischen Karikaturenstreit anheizte und zu einem „Tag des Zornes" aufrief. Al-Qaradawi billigt u. a. Selbstmordattentate gegen Israel, auch wenn sie Frauen und Kinder in Mitleidenschaft ziehen; Homosexualität möchte er mit 100 Peitschenhieben bestraft sehen; er befürwortet die Todesstrafe bei einer Abkehr vom Islam sowie für außerehelichen Geschlechtsverkehr; er befürwortet das Schlagen ungehorsamer Ehefrauen und die Polygamie usw. Im arabischen Fernsehsender *Al-Dschasira* vertrat er 2002 die Ansicht, dass der Islam Europa dieses Mal nicht mit dem Schwert, sondern mit der Verbreitung der islamischen Ideologie erobern werde. Auf al-Qaradawis Partner im ECFR, Cerić, geht die „Deklaration europäischer Muslime" zurück, deren Veröffentlichung im Jahre 2006 für ein gewisses Aufsehen gesorgt hat und die als ein Schlüsseldokument des Reform-Islam in Europa gilt.

Die Deklaration scheint den Optimisten Recht zu geben. Sie versichert, dass sich die europäischen Muslime den gemeinsamen Werten Demokratie, Menschenrechte, Recht auf Leben, Menschenwürde, Glauben, Freiheit und Eigentum, Rechtsstaatlichkeit und Toleranz umfassend und vorbehaltlos verpflichtet fühlen.[54] Ernüchternd wirkt allerdings die Tatsache, dass Cerić die Frage, wie das Bekenntnis zu den europäischen Grundwerten mit der schariahörigen Kairoer Menschenrechtserklärung von 1990 in Übereinstimmung gebracht werden kann, einfach ausklammert. Dabei ist die Kairoer Erklärung wiederum das Schlüsseldokument des zeitgenössischen weltweiten Mainstream-Islam. Cerić lehnt auch die Begriffe „Euro-Islam" oder „europäischer Islam" ab, weil es nicht darum gehe, einen neuen europäischen Islam zu schaffen, sondern einen Islam *in* Europa. Er spricht lieber von einem „europäischen Erfahrungshorizont des Islam": „Denn die Grundpfeiler, die Grundlehren des Islam sind auch für Muslime in Europa unver-

---

54 Idriz/Leimgruber/Wimmer 2010, S. 91–101

rückbar."[55] Speziell die Scharia, Inbegriff der Rückständigkeit und Inhumanität dieser Weltreligion, und deshalb im europäischen Dialog mit dem Islam ein permanenter Stein des Anstoßes, wird von Cerić im Nebel einer konturenlos wabernden Definition versenkt:

> „So ist der islamische Bund, die Scharia, ewig, nicht verhandelbar und ohne Ende. Er ist ewig, weil er Gottes unendliches Wort in der Vergangenheit ist; er ist nicht verhandelbar, weil er die Kraft hat, Gehorsam zu erzwingen; und er ist ohne Ende, weil er unbegrenzt in der Zukunft ist. Der Fiqh (das angewandte islamische Recht) ist nicht die Scharia. Eher ist er ein spezielles Verständnis der Scharia."[56]

Diese Definition ist ein Meisterstück der Argumentationskunst, weil sie jede Auslegung deckt.

Auch die traditionelle islamische Doktrin, die zwischen einem „Gebiet des Islam" (*dar al-Islam*) und einem „Gebiet des Krieges" (*dar al-harb*) unterscheidet, modernisiert Cerić nur scheinbar. In Wirklichkeit fügt er einer alten Doktrin nur einen neuen Begriff hinzu. Natürlich ist der Idealfall für Muslime der islamische Staat. Ihm gegenüber können die Muslime mühelos loyal sein. Aber nach Cerić ist Europa nicht „Gebiet des Islam", weil die Muslime nicht in der Mehrheit sind. Aber auch nicht „Gebiet des Krieges", weil „einige Aspekte des muslimischen Gesetzes in der europäischen Gesellschaft erfüllt werden". Cerić bringt deshalb einen neuen Begriff ins Spiel: das „Gebiet des Vertrages" (*dar us-sulh*). Damit sind die Länder gemeint, die den Muslimen die Ausübung ihrer Religion ermöglichen und im Gegenzug deren Loyalität erwarten. Die Vorstellung Cerićs, dass die freie Religionsausübung an Bedingungen geknüpft sein könnte, zeigt übrigens, wie fremd dem Großmufti das Grundrechteverständnis der europäischen Welt in Wirklichkeit sein muss. Sonst müsste er wissen, dass Menschen Religionsfreiheit genießen, einfach weil sie Menschen sind. Nach Cerićs Auffassung schließen die muslimischen Staatsbürger eine Art von Gesellschaftsvertrag mit dem nichtislamischen Staat. Aus diesem Vertragsverhältnis resultiert aber eine lediglich formale, begrenzte, jederzeit auflösbare Loyalität. Auch der angebliche Refor-

---

55 Ebenda, S. 19 f.
56 Ebenda, S. 127

mer Cerić ist der orthodoxen Ansicht, dass die Muslime nicht mehr an den Gesellschaftsvertrag gebunden sind, wenn der nichtislamische Staat den Vertrag nicht erfüllt. Cerićs Innovation besteht also lediglich darin, deutlich ausbuchstabiert zu haben, was die *Charta der Muslime in Europa* nur anzudeuten wagte: die Theorie der bedingten Loyalität der Muslime. Die Konkretion seiner Theorie spart sich Cerić. Aber gerade in den Einzelheiten steckt die Explosivität seiner Theorie: Wann genau tritt der Fall der Nichterfüllung ein? Oder: Welche Auswirkungen auf das Gesellschaftsvertragsverhältnis und die Loyalität der Muslime hätte zum Beispiel die Entscheidung eines Landes, die muslimische Knabenbeschneidung per Parlamentsgesetz zu verbieten? Es ist unschwer zu erkennen, dass die Loyalität der Muslime auch bei Cerićs Konstruktion an undurchsichtige Bedingungen gebunden bleibt.

Und ein weiterer Pferdefuß steckt in Cerićs Entwurf für ein islamisches Leben in Europa. Die Muslime in Ländern des „Gebietes des Vertrages" (*dar us-sulh*) seien nicht bloß Individuen, sondern müssten in einer muslimischen Gemeinschaft leben können, das heißt spezifische Gruppenrechte zuerkannt bekommen. Diese Forderung wird verständlich, wenn man in Rechnung stellt, dass bei Muslimen allein schon die Verwendung des Begriffes Euro-Islam die Befürchtung auslöst, ein wie auch immer europäisierter Islam höhle die Religion aus und entfremde die Muslime von ihr.[57] Allerdings widersprechen Gruppenrechte den Prinzipien des liberalen und demokratischen Rechtsstaates, denen sich alle europäischen Länder verpflichtet fühlen. Danach stehen die Grundrechte nur Individuen zu. Die Einrichtung eines islamischen Bildungswesens, die Entsendung einer garantierten Zahl muslimischer Vertreter in die Parlamente, die politische Anerkennung des islamischen Familienrechts usw.[58] sind mit diesen Prinzipien unvereinbar. Gruppenrechte laufen letztlich auf die Anerkennung abweichender Wertvorstellungen und einen Autonomiestatus der islamischen Minderheit hinaus. Und Cerićs Forderung an die europäischen Staaten, einwanderungswilligen Muslimen die Einwanderung zu erleichtern, lässt endlich alle Alarmglocken läuten. Wer denkt dabei nicht an die listige Absicht einer demografischen Islamisierung?

---

57 Ebenda, S.150
58 Ebenda, S.65

Ein Blick auf den bosnischen Islam lässt euro-islamische Seifenblasen schnell zerplatzen. Ein neues Menschen- und Gottesbild ist Voraussetzung für die Vereinbarkeit mit den europäischen Grundwerten. Aber es ist weit und breit nicht in Sicht. Im Einzelfall aufblitzende reformatorische Funken, wie etwa bei Husein Djozo, einem prominenten Vertreter eines bosnischen Reform-Islam, verglühen an ihren eigenen Widersprüchen. Zu willkürlich scheinen die Reformversuche, zu voluntaristisch die Argumentation, die die Vereinbarkeit mit europäischen Grundwerteauffassungen beweisen möchte. Trotzdem ist Djozo eine Ausnahmeerscheinung. Er sucht nämlich die Ursachen für die Krise der islamischen Welt im Islam selbst, in einem angeblich falschen Verständnis dieser Religion. Djozo klagt, das religiöse Leben der Muslime sei entstellt von einem sterilen, eintönigen Formalismus, von einer falschen und leeren Religiosität, von einem Denken, das der Form und nicht dem Inhalt den Vorzug gebe. Starre Rituale und Äußerlichkeiten wie Bekleidungsvorschriften verdrängten die geistlichen Inhalte. Die Analyse ist wohl richtig, aber ist der Formalismus nicht im Islam selbst angelegt? Djozo fordert eine Erneuerung des Islam. Die islamische Reformation soll keine Rückkehr zum verhängnisvollen Islam der ersten Generationen sein, sondern zu den universellen Prinzipien des Islam, die im Koran zu finden seien. So macht Djozo in der Freiheit des Individuums die wichtigste Voraussetzung für seine Würde und Verantwortung aus.[59] Das klingt gut und ganz nach westlichem Wertegeschmack. Das Problem ist nur, es dürfte ziemlich schwerfallen, für diese Sicht Rückendeckung in den koranischen Schriften zu finden. Bei allem guten Willen, den reformwillige Muslime wie Djozo bisweilen zeigen, aber Willkürhermeneutik kann auch nicht richten, was die Quellen selbst nicht hergeben. Vielleicht ist ja das angeblich falsche Verständnis des Islam in Wirklichkeit der echte Islam. Ein Islam mit europäischem Gesicht? Nicht aus Bosnien. Reformfähigkeit? Sie bleibt einstweilen das Wunschbild islamophiler Europäer. Denn wie soll der Islam europäisch werden, wenn er sich nicht inhaltlich wandelt? Vielleicht ist der bosnische Islam einfach nur moderater im Ton und konzilianter in der Sprache als anderswo auf der Welt. Also, aus Bosnien nichts Neues.

---

59 Ebenda, S. 82 ff.

Von Illusionen und Trojanischen Pferden

Tariq Ramadan ist so etwas wie der Shootingstar der islamophilen Szene in Europa. Er erfreut sich großer Beliebtheit bei vielen Linken, Grünalternativen und Multikulturalisten. Er genießt den Ruf eines Hoffnungsträgers, eines konservativen Reformers, der für Reformierbarkeit und Europäisierung des Islam steht. Nur den Schwarzsehern gilt er als Fundamentalist. Aber Ramadan, vom amerikanischen *Time Magazine* unter die 100 wichtigsten Persönlichkeiten der Welt gewählt, ist vor allem eines: ein Chamäleon. Er ist der doppelgesichtige Künder eines europäischen Islam islamistischer Ausprägung, ein islamischer Modernisierer des Rückschritts. Ein Weiteres kommt hinzu: Für Europäer ist der Begriff „Reform" positiv besetzt. Genau das führt in diesem Fall in die Irre. Reform muss nämlich nicht zwangsläufig „fortschrittlich" sein und die Überwindung überholter Werte, Zustände und Traditionen bedeuten. Genauso gut kann sie den Weg zurück zu den Ursprüngen meinen, was im Falle des Islam für Europa nichts Gutes bedeutet. Es sind nämlich die islamischen Quellen, die geradewegs ins Wertedilemma führen.

Ramadan hat einen prominenten familiären Hintergrund. Sein Großvater ist Hassan al-Banna, der Gründer der Muslimbruderschaft. Er bekennt sich zu dem großen Einfluss, den Hassan al-Banna auf seinen Vater Said und der wiederum auf ihn selbst gehabt haben. Tariq Ramadan selbst sieht sich als salafistischen Reformer. Das bedeutet, Gott hat die Welt geschaffen und ihr den Koran geschenkt. Die darin geoffenbarten Wahrheiten seien unbedingt und für alle Zeiten gültig. Weil die Scharia Teil der koranischen Offenbarung sei, müssten Muslime ein menschengemachtes Recht ablehnen. Gott allein entscheide, was gut und was böse sei. Da die wörtliche Übersetzung des Begriffes „Islam" *Unterwerfung* sei, besteht für Ramadan kein Zweifel daran, dass damit die Unterordnung unter die von Gott gegebenen Regeln, Pflichten und Aufgaben gemeint sei. Diese Unterordnung sei eine unverhandelbare Tatsache.[60]

So grotesk es auch scheint, aber Ramadan genießt auch den Ruf eines islamischen Feministen. Zu Unrecht, denn seine Aussagen zur Rolle der

---

60 Gassner Christoph: Euro-Islam? Zur Entwicklung des Islam im säkularen Europa. Diplomarbeit. Wien 2010, S. 60 f., 66

Frauen sind bestenfalls zweideutig. Er behauptet, Männer und Frauen seien vor Gott gleich, den Geschlechtern seien jedoch bestimmte Rollen zugewiesen, die ihren natürlichen Eigenschaften entsprächen. Die islamische Gleichheit von Mann und Frau habe also mit der westlichen Auffassung von der Gleichheit der Geschlechter nichts zu tun. Im Übrigen sei der westliche Feminismus nichts weiter als eine Form von Dekadenz.[61] Ramadan sieht im Tragen des Kopftuches eine islamische Pflicht und gleichzeitig ein Zeichen für die Emanzipation der muslimischen Frau.[62] Freilich dürfe es Frauen nicht aufgezwungen werden. Ramadan scheint davon auszugehen, dass sich die Frauen selbst von der Richtigkeit des Kopftuches überzeugen, wenn sie sich genügend islamische Bildung aneigneten. In seiner Haltung zur Kopftuchfrage kommt ein typisches Argumentationsmuster Ramadans zum Vorschein, eine Art von islamischem Syllogismus. Am Anfang steht eine Grundaussage, die auf den ersten Blick modern klingt: Kopftuchtragen ist freiwillig. Diese Aussage bedient ganz offensichtlich die Erwartungen der nichtmuslimischen Öffentlichkeit in Europa. Dann folgt eine zweideutige Aussage als Zwischenglied: Kopftuchtragen ist freiwillig, aber auch eine Pflicht, wenn auch ohne Zwang. Die Denkfigur einer Pflicht ohne Zwang vernebelt ihren Absolutheitscharakter. Und schließlich wird die Katze aus dem Sack gelassen. Eine freie Wahl gibt es in Wirklichkeit nicht, denn die Pflicht ohne Zwang ist nichts anderes als die Einsicht in die Notwendigkeit des Kopftuchtragens. Ramadans Feminismus ist eine Chimäre. Es bleibt in Wirklichkeit alles beim Alten.

Aufschlussreich sind auch Ramadans Vorstellungen zur Integration der Muslime in die europäischen Gesellschaften. Die dauerhaft in Europa lebenden Muslime sollten Europa als ihre Heimat anerkennen, da sie ihre Religion frei ausüben könnten. Aber gleichzeitig hätten die Muslime auch eine Mission zu erfüllen, nämlich: die nichtmuslimische Bevölkerung in Europa an Gott zu erinnern. Der Niedergang der Religion habe in Europa zu Werteverlust, Nihilismus, Kriminalität, Gewalt und hohen Selbstmordraten geführt. Die Menschen empfänden eine große innere Leere und seien auf der Suche nach dem Sinn des Lebens.

---

61 Ebenda, S. 67 f.
62 Ghadban, Ralph: Tariq Ramadan und die Islamisierung Europas. Berlin, Tübingen 2006, S. 11

Die Botschaft des Koran sei die Antwort auf die in Europa außer Kontrolle geratene Moderne. Das ist natürlich nichts anderes als ein diplomatisch formulierter Aufruf zur Mission, der jedoch durch das Grundrecht auf freie Religionsausübung gedeckt ist. Allerdings sieht der Islamwissenschaftler Ralph Ghadban hinter solchen weichen Formulierungen schlicht und einfach das harte Ziel einer Islamisierung Europas aufblitzen.[63] „Integration" der Muslime und Islamisierung Europas scheinen für Ramadan Synonyme zu sein; sie verlaufen stufenweise: Die erste Stufe, die politisch-soziale Integration, sei bereits im Gange. Immer mehr Muslime ließen sich einbürgern, in Frankreich z. B. habe bereits die Hälfte aller Muslime die französische Staatsbürgerschaft angenommen. In diesem ersten Schritt gehe es darum, dass sich die Muslime auf allen gesellschaftlichen Ebenen beteiligen sollen, um in ihren jeweiligen Ländern eine starke islamische Interessenvertretung aufzubauen. Die zweite Stufe, die religiöse Integration, lässt erahnen, was sich Ramadan unter einem europäischen Islam vorstellt. Die religiöse Integration bestehe darin, die „guten" Anteile der Verfassungen und Gesetze europäischer Länder in die Scharia zu integrieren. Das sei immer dann möglich, wenn sie dem Koran und der Sunna nicht widersprächen. In diesem Fall könnten solche Bestimmungen sogar in die Scharia aufgenommen werden. Diese Umkehrung der Kompatibilitätskriterien ist von atemberaubender Kühnheit. Es geht also fürderhin nicht mehr darum zu prüfen, ob die Scharia mit dem Grundgesetz vereinbar ist, sondern ob das Grundgesetz zur Scharia passt. Auch Ramadans Integrationsvorstellungen werfen die bekannte Frage auf, wie sich Muslime verhalten sollen, wenn es zu einem Konflikt zwischen islamischem und europäischem Recht kommt. Eine weitere Frage ist, welche Teile des europäischen Rechtes es denn sein könnten, die die Ehre hätten, für „gut" befunden und in die Scharia aufgenommen zu werden. Für den gar nicht so unwahrscheinlichen Fall einer Kollision beider Rechtssphären beharrt Ramadan auf dem orthodoxen Standpunkt. Die Formel lautet: Islamisches Recht bricht nichtislamisches Recht. Islamische Identität steht immer über der nationalen Identität, in den Ländern der Ungläubigen allemal. Wirklich ergeben sind Muslime immer nur der *Umma*. Integration, so die sanfte, aber eindeutige Botschaft des islami-

---

63 Ebenda, S. 33

schen „Reformers" Ramadan heißt, dass es die Integration der Muslime nur zu den Bedingungen des Islam geben kann.[64]

Ramadans Haltung zu den Menschenrechten bietet einen weiteren Hinweis darauf, was er sich unter der Europäisierung des Islam vorstellt.[65] Ramadan stößt sich zunächst an der kulturellen Färbung der Menschenrechte, sind sie doch das Gewächs einer europäischen humanistischen Kultur, die wiederum christliche Wurzeln hat. Aus seiner Sicht heraus müssen Religionen und Kulturen ihr eigenes Verständnis von Menschenrechten entwickeln, und sie sich nicht, wie das heute der Fall ist, vom Westen verordnen lassen. Im Falle des Islam bedeutet das, dass Menschenrechte aus Koran und Sunna abgeleitet werden müssen. Die Position Ramadans entspricht damit jener der Kairoer Menschenrechtserklärung der *Organisation für Islamische Zusammenarbeit* (OIC) aus dem Jahre 1990, wonach die Menschenrechte unter dem Vorbehalt der Scharia stehen.[66] Durchtrieben sind bisweilen seine Lösungsvorschläge für unüberwindbare menschenrechtliche Differenzen. So hat er im Jahre 2003 den Vorschlag gemacht, die Steinigung von Frauen, die sich der Unzucht schuldig gemacht haben, in Europa einstweilen auszusetzen, ganz im Sinne eines gemäßigten europäischen Islam. Zu einer Ablehnung dieser unmenschlichen Strafe konnte er sich nicht durchringen. Dagegen stand wohl die unverbrüchliche Treue zu Koran und Sunna.[67] Ramadans Rede von einem „europäischen Islam" zielt offensichtlich auf jenen Teil der europäischen Öffentlichkeit ab, der nur allzu bereitwillig auf den süßen Klang verführerischer Formulierungen hört. In Wirklichkeit ist sein „europäischer Islam" ein Trojanisches Pferd, das wahre Ziel die Islamisierung Europas.

---

64 Gassner 2010, S. 71 f.
65 Ramadan, Tariq: Europeanization of Islam or Islamization of Europe?, in: Hunter, Shireen T. (Hg.): Islam, Europe's Second Religion: the New Social, Cultural, and Political Landscape. Westport 2002, S. 209–212
66 Gassner 2010, S. 73
67 Ramadans Bruder Hani Ramadan ließ dagegen einstweilen noch jedes taktische Geschick vermissen, als er 2002 in einem aufsehenerregenden Kommentar für *Le Monde* die Steinigung von Ehebrecherinnen und Ehebrechern als göttliches Gesetz guthieß. Sein Arbeitgeber, eine öffentliche Schule in Genf, an der er als Lehrer tätig war, entließ ihn daraufhin. Tariq Ramadan ist da wohl schon einen taktischen Schritt weiter als sein Bruder.

Europa rätselt: Ist Ramadan ein konservativer Reformer oder ein Fundamentalist? Schon die Frage verrät, dass die europäischen Maßstäbe für die Beurteilung der Verhältnisse im Islam nicht taugen. Im Islam ist ein konservativer Reformer ein Fundamentalist! Reformation bedeutet in jeder Religion die Rückkehr zu den Quellen. Und genau das ist das Problem beim Islam. Die Werte des ursprünglichen Islam, die Ideale der islamischen Urgemeinde in Medina unter der Führung des Propheten Mohammed widersprechen den europäischen Grundwerten. Und wenn Ramadan sich zur Beruhigung der nichtmuslimischen Öffentlichkeit sogar gegen eine parallele Rechtsordnung für Muslime in Europa ausspricht, dann ist vor allem der zweite Teil dieser Aussage aufschlussreich: keine speziellen Gesetze für Muslime, sondern solche Interpretationen der vorhandenen Gesetze, dass sich auch Muslime dazu bekennen können.[68] Das läuft auf eine islamkonforme Umwertung der europäischen Rechtsbegriffe hinaus. Gerechtigkeit, Gleichheit, Würde, Demokratie, Religionsfreiheit, Meinungsfreiheit, Freiheit der Kunst usw., diese Begriffe gibt es auch im Islam, aber sie haben dort eine andere Bedeutung. Diese Idee ist so unglaublich verwegen wie abgrundtief listig. Wer Ramadan für einen Wolf im Schafspelz hält, tut ihm vermutlich nicht Unrecht.

Euro-Islam: Bassam Tibi

Der Göttinger Politologe Bassam Tibi sieht sich als leidenschaftlichen Verfechter eines Dialoges der Kulturen, insbesondere eines Dialoges zwischen islamischer und westlicher Welt. Die europäischen Muslime stehen nach Bassam Tibi am Scheideweg zwischen einem Ghetto- oder Scharia-Islam und einem „Euro-Islam". Er wird von der Idee umgetrieben, den Islam in das säkulare Europa zu integrieren und ihn mit den Werten der kulturellen Moderne Europas zu versöhnen. Nur wenn die in Europa lebenden Muslime die Werte der europäischen Moderne annähmen, könnten sie eine Religionsgemeinschaft werden, die aus freien Individuen und nicht aus einem freiheitserstickenden Umma-Kollektiv besteht. Diese Idee nennt Tibi „Euro-Islam". Ein solcher Islam anerkennt

---

[68] Gassner 2010, S. 75

die Grundsätze, die in Europa den Religionsfrieden garantieren. Dazu zählt Tibi den Vorrang der Vernunft vor der absoluten Wahrheit religiöser Offenbarung; die individuellen Menschenrechte, also eben keine Gruppenrechte; die säkulare Demokratie, die auf der Trennung von Politik und Religion basiert; den politischen und gesellschaftlichen Pluralismus sowie gegenseitige Toleranz.[69] Tibi legt den Muslimen die politischen Grundwerte Europas ans Herz und empfiehlt den Europäern, ihre eigenen Werte gegenüber den muslimischen Einwanderern offensiv zu vertreten und nicht kulturrelativistisch vor ihnen einzuknicken. Darin sieht Tibi die beiden Voraussetzungen für die Entwicklung eines Euro-Islam. Anders als Tariq Ramadan möchte Tibi Europa nicht islamisieren, sondern den Islam europäisieren.[70] Damit das Konzept eines Euro-Islam gelingen könne, müsse Europa aber eine rein säkulare Grundlage haben. Nur so sei es den Muslimen möglich, ihrer islamischen eine europäische Identität hinzuzufügen.[71] Hier allerdings verrennt sich Tibi, denn die Forderung nach einer rein säkularen Grundlage lässt sich nur verwirklichen, wenn die einheimischen Europäer ihre kulturellen Wurzeln verleugnen und die letzten Spuren ihrer europäisch-christlichen Tradition auslöschen. Das alles, damit sich die Muslime in Europa wohlfühlen können?

Die Muslime wiederum müssten nach Tibi auf die Missionierung, die Scharia, die Vorstellung von einer islamischen Überlegenheit und die Zugehörigkeit zu einer universellen Umma verzichten.[72] Faktisch heißt das aber, dass Tibis Euro-Muslime wesentlichen Teilen von Koran und Sunna abschwören müssten. Das scheint im Augenblick wenigstens etwa so aussichtsreich, wie der Einfall, die Christen müssten die Bergpredigt aus dem Evangelium streichen.

Tibis Euro-Islam ist auf Widersprüche gebaut. Die politischen Grundwerte, auf die die einheimischen Europäer gegenüber den muslimischen Einwanderern unnachgiebig bestehen sollen, gehen aus kulturel-

---

69 Tibi, Bassam: Krieg der Zivilisationen. Politik und Religion zwischen Vernunft und Fundamentalismus. München 1998 (aktualisiert und erweitert), S. 181–183
70 Tibi, Bassam: Euro-Islam: die Lösung eines Zivilisationskonfliktes. Darmstadt 2009, S. 31 f.
71 Gassner 2010, S. 80–83
72 Ebenda, S. 84 f.

len Werten hervor. Es gibt keine kulturneutralen Werte. Deshalb liegt das Problem bei Tibis Konzept in der Reihenfolge. Es geht nämlich nicht darum, der islamischen Identität eine europäische, sondern der europäischen Identität einen Islam hinzuzufügen, der sich die kulturellen Werte Europas angeeignet hat. Das ist ein großer Unterschied. Vielleicht sind es diese Widersprüche, aufgrund derer der Euro-Islam bisher nicht über den Status einer „Ein-Mann-Sekte"[73] hinausgekommen ist.

In einem Punkt allerdings könnte Tibi richtig liegen: Sollte sich der Islam nicht europäisieren und sich in die europäischen Verhältnisse einordnen können, „dann sieht es schwarz für das Europa des 21. Jahrhunderts aus"[74]. Tibis Warnung illustriert also nur noch einmal das Dilemma, in das Europa geraten ist.

Löst islamischer Religionsunterricht das Wertedilemma?

Die Chancen für etwas, was man Euro-Islam nennen könnte, stehen nicht gut. Damit bleibt das Problem unüberbrückbarer Wertedifferenzen bis auf Weiteres bestehen. Diese Tatsache wirft natürlich auch einen Schatten auf das von deutschen Politikern mit viel Enthusiasmus betriebene Projekt eines islamischen Religionsunterrichtes. In Hamburg z. B. wurde 2012 ein Staatsvertrag mit drei islamischen Organisationen geschlossen,[75] die bisher nicht durch reformatorische Bestrebungen auf-

---

73 Vgl. Tibi, Bassam: Der Euro-Islam als Brücke zwischen Islam und Europa, in: *perlentaucher.de – Das Kulturmagazin*, 20. März 2007, Essay, in: http://www.perlentaucher.de/essay/der-euro-islam-als-bruecke-zwischen-islam-und-europa.html, Zugriff am 2.7.2012
74 Tibi, Bassam: Die islamische Herausforderung: Religion und Politik im Europa des 21. Jahrhunderts. Darmstadt 2007, S. 94
75 Pergande, Frank: Islam für alle. Der Staatsvertrag mit den Muslimen wird den Religionsunterricht verändern, in: *Frankfurter Allgemeine Zeitung*, Nr. 158, 10. Juli 2012, S. 8 und: Hamburg schließt Vertrag mit islamischen Verbänden, in: *Frankfurter Allgemeine Zeitung*, Nr. 189, 15. August 2012, S. 1–2; vgl. auch Riehle, Dennis: Staatsvertrag öffnet Parallelgesellschaft Türen – Hamburg ebnet den Weg für Verfassungsbruch, in: *Paperblog*, Ressort Meinung, 15. August 2012, http://de.paper-

gefallen sind: Schura (*Rat der islamischen Gemeinschaften*), DITIB (*Türkisch-Islamische Union der Anstalt für Religion*) und VIKZ (*Verband der Islamischen Kulturzentren*) gelten als konservative Verbände, die sich überdies äußerst ungern in die Karten schauen lassen und in jeder Beziehung sehr intransparent agieren. Sie vertreten einen orthodoxen, traditionellen Islam. Trotzdem soll mit ihnen zusammen ein islamischer Religionsunterricht gestaltet werden. Aber wie geht der Unterricht in der *Praxis* mit der Tatsache um, dass die islamische Seite für traditionelle Werte steht, die mit den Grundwerten und den kulturellen Werten Europas überwiegend unvereinbar sind? Kann ein Unterricht *glaubwürdig* sein, wenn von vorneherein klar ist, dass vermutlich nur eine Art von Islam *light* vermittelt werden kann und die entscheidenden Fragen aus dem Lehrplan ausgeklammert werden, während der „wirkliche" Islam in den Moscheen gelehrt wird? Wie verhalten sich islamische Religionslehrer, wenn die Wertedifferenzen von muslimischen Schülern selbst im Unterricht thematisiert werden? Beruht das Modell – uneingestandenermaßen – vielleicht darauf, dass es einen offiziellen grundgesetzkonformen Lehrplan für die Außendarstellung gibt, während Politik und Schulbehörden vor dem eigentlichen geheimen Lehrplan pragmatisch die Augen verschließen? Das wäre der eigenwillige Versuch, in Deutschland die kollektive Selbsttäuschung als Mittel der politischen Lösung unlösbarer Konflikte einzuführen.

Üblicherweise begründen Politiker und islamische Interessenvertreter die Einführung des Religionsunterrichtes mit der Behauptung, davon profitierten nicht nur die muslimischen Kinder und Jugendlichen, sondern auch die nichtislamische Mehrheitsgesellschaft. Der Unterricht könne „Orientierung und Halt vermitteln und das Interesse an einem Leben mit Tiefgang wecken" und bei jungen Menschen ein islamisches Selbstbewusstsein fördern. Islamischer Religionsunterricht

---

blog.com/staatsvertrag-offnet-parallelgesellschaft-die-turen-hamburg-ebnet-den-weg-fur-verfassungsbruch-411528/, Zugriff am 6.9.2012; Meyer, Peter Ulrich: Eine Frage der Gleichberechtigung, in: *Hamburger Abendblatt*, 15. August 2012; Hamburg: Staatsvertrag mit Muslimen und Aleviten, in: *Welt-online*, 13. November 2012; http://www.welt.de/newsticker/news1/article111003764/Hamburg-Staatsvertrag-mit-Muslimen-und-Aleviten.html, Zugriff am 23.2.2013

zeige den muslimischen Kindern, dass ihre Religion gleichbehandelt werde wie die Religion der christlichen Kinder. Gelegentlich werden geradezu apokalyptische Prophezeiungen für den Fall ins Feld geführt, dass die Einführung scheitert: „Wird dieser Unterricht weiterhin nicht eingeführt, droht die junge Generation in einem kulturellen, weltanschaulichen und religiösen Niemandsland aufzuwachsen und anfällig für ein Abgleiten in Fundamentalismus oder ortlosen Atheismus zu werden."[76] Von welchem Land ist da die Rede?

Der islamische Religionsunterricht kann nur unter der Bedingung begrüßt werden, dass die Inhalte dieses Unterrichts nicht integrationshemmend und abgrenzend wirken, sondern ein Gefühl der Zusammengehörigkeit erzeugen. Und genau das ist das Problem: Der real existierende Islam integriert nur die eigene Glaubensgemeinschaft. Nichtmuslime sind Ungläubige, zu denen Distanz zu halten ist, um sich nicht mit deren Unmoral und falschem Glauben zu infizieren. Nicht wenige gläubige Muslime verachten die nichtislamische Gesellschaft. Die Verachtung wird in den Moscheen von Imamen geschürt, manchmal offen, meistens unterschwellig. Das islamische Überlegenheitsgefühl, das sich aus der koranischen Aussage speist, der „besten der Gemeinschaften" zuzugehören, trennt, sondert ab, spaltet. Insofern ist das immer wieder und gern wiederholte Argument, der islamische Religionsunterricht solle verhindern, dass junge Muslime ihre islamischen Wurzeln verlieren, eine zwiespältige Sache. Solange der real existierende Islam die westlichen Grundwerte nicht verinnerlicht hat und nichts zur Integration beiträgt, kann sich die Mehrheitsgesellschaft eigentlich nur wünschen, dass die jungen Muslime ihre religiösen Wurzeln und ihren Glauben verlieren. Kulturelles, weltanschauliches und religiöses Niemandsland, ortloser Atheismus? Von wegen! Auf diese Menschen wartet eine reiche europäische Kultur mit einem überaus vielfältigen Sinnangebot, das von den verschiedenen Formen des Christentums bis hin zu Agnostizismus und Atheismus reicht. Das immer wieder aufgekochte Argument, aus Muslimen, die ihre Wurzeln verlieren, würden haltlose Existenzen, ist ziemlich skurril. Diese Behauptung unterstellt implizit, die pluralistische nichtmuslimische deutsche Gesellschaft

---

[76] Idriz / Leimgruber / Wimmer 2010, S. 171, 182, 186

sei eine psychopathologische Veranstaltung und hätte neuen Mitgliedern nichts zu bieten außer innerer Leere, Nihilismus und Materialismus.

Solange sich der real existierende Islam die westlichen Grundwerte nicht zu seiner ureigenen Sache macht, ist es auch wenig wahrscheinlich, dass Religionslehrer, die in der Dogmatik des traditionellen Islam ausgebildet wurden, später mit Überzeugung einen Islam vermitteln, der mit europäischen Grundwerten kompatibel ist. Es ist eher wahrscheinlich, dass innere Vorbehalte – wenn nicht sogar eine latent feindselige Haltung – bestehen bleiben und das Bekenntnis zu den europäischen Werten und zu den Verfassungsgrundsätzen nicht mehr als ein Lippenbekenntnis ist. Gestützt wird diese Vermutung durch eine Umfrage, die der Islamwissenschaftler Mouhanad Khorchide 2007 in Österreich durchgeführt hat und deren Ergebnisse 2009 bei ihrer Veröffentlichung verständlicherweise Aufsehen erregt haben. Für diese Untersuchung befragte er 210 von insgesamt etwa 400 islamischen Religionslehrern in Österreich. Das ist eine für sozialwissenschaftliche Verhältnisse außergewöhnlich aussagefähige Stichprobe. Die Ergebnisse sind schockierend. Immerhin fast 9 Prozent befürworten Gewaltanwendung zur Ausbreitung des Islam. 18 Prozent halten die Todesstrafe für den Abfall vom Islam (Apostasie) für gerechtfertigt. 13 Prozent halten die Teilnahme an Wahlen für unvereinbar mit dem Islam; 15 Prozent lehnen die österreichische Verfassung ab, weil sie im Widerspruch zum Islam stehe; 22 Prozent der Lehrer sind gegen die Demokratie, weil sie sich nicht mit dem Islam vertrage; 27 Prozent lehnen die Allgemeine Menschenrechtserklärung ab, weil sie sich nicht mit dem Islam vereinbaren lasse; 28 Prozent sehen einen Widerspruch darin, gleichzeitig Muslim und Europäer zu sein; 33 Prozent lehnen den Rechtsstaat ab. Bei diesen Ergebnissen ist die in der empirischen Sozialforschung gefürchtete Wirkung der „sozial erwünschten Antwort" noch gar nicht berücksichtigt. Damit ist die Neigung der befragten Personen gemeint, bei heiklen Fragen unauffällig zu antworten und mit der wirklichen Meinung hinterm Berg zu halten. Berücksichtigt man diesen Faktor, muss man mit noch deutlich höheren Negativergebnissen rechnen. Überdies werden Personen, die als Lehrer auf die österreichische Verfassung verpflichtet sind, eher noch vorsichtiger antworten, zumal die Interviewpartner der üblichen Anonymitätszusage bei Befragungen nur begrenzt vertrauen. Wie explosiv diese Erkenntnisse sind, davon bekommt man einen Begriff, wenn man sich einmal vorstellt, 22 Prozent der deutschen Lehrer würden die Demokratie oder 33 Prozent den Rechtsstaat ablehnen.[77]

---

77 Apfl, Stefan: Die Islamlehrer. Eine neue Studie enthüllt das autoritäre und undemokratische Weltbild muslimischer Religionslehrer, in: Falter, Nr. 5/2009, http://www.falter.at/falter/2009/01/27/die-islamlehrer/, Zugriff am 6.9.2012 und Khorchide, Mouhanad: Der islamische Religionsunterricht zwischen Integration und Parallelgesellschaft: Einstellungen der islamischen ReligionslehrerInnen an öffentlichen Schulen. Wiesbaden 2009

Wertedilemma und politische Wertekonflikte

Wertekonflikte sind in einer Gesellschaft natürlich nur dann ein Problem, wenn man von der Annahme ausgeht, dass eine Gesellschaft auf gemeinsame Werte angewiesen ist. Wird diese Annahme bejaht, dann folgt daraus logischerweise, dass Wertekonflikte, die sich zu einem Wertedilemma zuspitzen können, ein Gemeinwesen existenziell gefährden können. Im äußersten Fall führt ein Wertedilemma, in dem größere Teile einer Bevölkerung gefangen sind, zur vollständigen gesellschaftlichen Desintegration. Insbesondere die großen Bürgerkriege der Geschichte können als die politisch-militärische Fortsetzung eines Wertedilemmas gedeutet werden. Im Umkehrschluss ist der kulturelle Grundwertekonsens die Grundlage gesellschaftlicher Integration und damit Voraussetzung für die Funktionsfähigkeit und politische Stabilität eines Staates.

Wenn die Rede von einem Wertedilemma ist, dann sind nicht nur offensichtlich unvereinbare Werte gemeint, die sich in Gegensatzbegriffen erfassen lassen: Demokratie oder Diktatur, göttliches oder menschliches Recht, Trennung oder Einheit von Staat und Religion. Tückischerweise können auch gleichlautende Begriffe andere oder sogar gegensätzliche Bedeutungen haben. Ein „Märtyrer" im Islam ist ein Gotteskrieger, der für seine Religion mit der Waffe kämpft und fällt und dem der direkte Einlass ins Paradies winkt. Ein Märtyrer im Christentum ist ein Mensch, der um seines Glaubens willen verfolgt und getötet wird. „Gleichheit vor dem Gesetz" im Islam bedeutet nicht die Gleichheit aller Menschen vor dem Gesetz, sondern nur die Gleichheit der Muslime innerhalb der Umma. Mit „Freiheit" ist im Islam die Freiheit des Kollektivs, der Familie, der Sippe, des Stammes, der Umma gemeint, nicht die individuelle Freiheit im Sinne einer persönlichen Autonomie.

Wertedilemma aus europäischer Perspektive

Aus europäischer Perspektive lassen sich die wichtigsten Wertedifferenzen mit dem Islam in folgenden Punkten zusammenfassen:

1. Unvereinbarkeit der Scharia mit den Menschenrechten und den Verfassungsprinzipien der europäischen Länder, also etwa dem deutschen Grundgesetz;
2. fehlende oder nur eine mangelnde Trennung von Politik und Religion, von Staat und Religion im traditionellen Islam;
3. europäischer Individualismus versus islamischer Kollektivismus;
4. Ungleichheitsvorstellungen; fehlende Gleichberechtigung von Mann und Frau;
5. dualistisches Verständnis von Religionsfreiheit, volle Religionsfreiheit für Muslime in nichtislamischen Ländern, keine oder nur eingeschränkte Religionsfreiheit für nichtislamische Religionen in islamisch dominierten Ländern;
6. „Meinungsfreiheit" als Freiheit, den Islam zu propagieren, aber keine Freiheit, gegen ihn zu agitieren;
7. ungeklärtes Verhältnis des Islam zur Gewalt.

Die Scharia verstößt gegen die Menschenrechte und das Grundgesetz

Der Islam ist Offenbarungs- und Gesetzesreligion. Er beansprucht, alle Lebensbereiche bis in die kleinste Einzelheit des Alltags zu regeln, nicht nur die religiösen Belange im engeren Sinn. Da das islamische Gottesrecht und das Recht des säkularen Staates Anspruch auf die Regelung derselben Lebensbereiche erheben, stellt sich die Frage nach der Vereinbarkeit von beiden. Diese Frage ist denkbar heikel. Deshalb weichen ihr die muslimischen Interessenvertreter auch konsequent aus mit der argumentativen Volte, das Grundgesetz sei so etwas wie die Wunschverfassung der Muslime und ohnedies seien Grundgesetz und Scharia ganz und gar miteinander vereinbar. Diese inhaltsleere und nichtssagende Versicherung der muslimischen Interessenvertreter wiederum hört das politisch-gesellschaftliche Establishment in Deutschland nur allzu gerne. Die Grundgesetzbegeisterung und das Interesse der Islamlobby an der deutschen Verfassung sind freilich rein instrumenteller Natur. Am Grundgesetz interessiert sie in Wirklichkeit nur eines: ein exzessiv verstandenes Grundrecht auf Religionsfreiheit. So süß die Klänge des Liedes von der Vereinbarkeit von Grundgesetz und Scharia auch sein mögen, so unbekümmert die politische Öffentlichkeit Behauptungen dieser Art für Tatsachen nimmt, das Schlüsselproblem für die nichtislamischen Gesellschaften ist das islamische Recht mit seinem Totalitätsanspruch. Die Scharia steht nach orthodox-islamischer Auffassung über jedem weltlichen Recht, weil sie sich unmittelbar aus dem Koran und der Sunna herleitet und durch den Konsens der Rechtsgelehrten der verschiedenen Rechtsschulen bestätigt wird. Diesen Anspruch hat die islamische Welt in einem eigenen Grundsatzdokument, der *Kairoer Menschenrechtserklärung* (KEMR), bekräftigt. Dieses Grundsatzdokument ist zentral für das Rechts- und Religionsverständnis der gesamten islamischen Welt. An der Haltung der Muslime zur Kairoer Erklärung kann die Frage nach dem Verhältnis zwischen islamischem Gottesrecht und dem Recht des säkularen Staates verbindlich gemessen werden. 57 in der *Organisation der Islamischen Zusammenarbeit* (OIC) zusammengeschlossene Staaten verabschiedeten 1990 die mittlerweile berüchtigte Kairoer Erklärung. Das Dokument muss gewissermaßen als auf die islamische Welt bezogene Gebrauchsanweisung der *Allgemeinen Erklärung der Menschenrechte* (AEMR) gelesen werden. Danach werden die wahren Menschenrechte durch den Islam verwirklicht. Die Kairoer Erklärung macht unmissverständlich klar, dass Koran und Scharia Vorrang vor jedem anderen Recht auf der Welt haben. „Gehorcht Gott und gehorcht dem Propheten und denen unter euch, die zu befehlen haben." (Sure 4,59–60). So formuliert Artikel 24 der Kairoer Erklärung: „Alle Rechte und Freiheiten, die in dieser Erklärung genannt wurden, unterstehen der islamischen Scharia." Artikel 25 der KEMR ergänzt: „Die islamische Scharia ist die einzige zuständige Quelle für die Auslegung oder Erklärung jedes einzelnen Artikels dieser Erklärung." Das bedeutet allgemein, dass es ein säkular begründetes Recht, das von der Offenbarung des Islam unabhängig ist oder ihr gar widerspricht, im Grunde nicht geben kann. In diesem Umstand steckt die Erklärung dafür, weshalb die islamischen Verbände in Deutschland die Kairoer Erklärung einfach ganz ungeniert übergehen, geschweige denn, dass sie sich ausdrücklich von dem in ihr enthaltenen Scharia-vorbehalt distanzieren. Stattdessen behaupten sie bauernschlau, es gäbe keine Unvereinbarkeiten zwischen Scharia und Grundgesetz. Die im Jahre 2002 vom *Zentralrat der Muslime in Deutschland* (ZMD) verabschiedete *Islamische Charta*, die von der politischen Öffentlichkeit anfänglich als Dokument islamischer Weltoffenheit und Grundgesetzkonformität gefeiert wurde, stellt in Artikel 13 ganz und gar unbefangen fest: „Zwischen den im Koran verankerten, von Gott gewährten Individualrechten und dem Kernbestand der westlichen Menschenrechtserklärung besteht kein Widerspruch." Dabei beginnt das Stirnrunzeln bereits bei dem bedenklich relativierenden Begriff des „Kernbestandes der westlichen Menschenrechtserklärung". Da sich die Islamische Charta aber nicht ausdrücklich von der Kairoer Erklärung distanziert, gilt im Zweifel das Rechtsverständnis der Kairoer Erklärung, und die hält dann doch einige Überraschungen bereit. Zwar formuliert die Kairoer Erklärung in Artikel 2 ein Recht auf Leben und körperliche Unversehrtheit, stellt es aber unter den Vorbehalt der Scharia. Artikel 5 (KEMR) ist ein besonders anschauliches Beispiel für das listige Unterlaufen der entsprechenden Bestimmungen der Allgemeinen Erklärung der Menschenrechte (AEMR). Artikel 16 AEMR erklärt, dass heiratsfähige Frauen und Männer unabhängig von Rasse, Staatsangehörigkeit oder Religion das Recht haben, zu heiraten. Artikel 5 der Kairoer Erklärung klingt ganz ähnlich, unterscheidet sich aber in einem gravierenden Detail: Muslime haben das Recht, zu heiraten, und zwar unabhängig von „Rasse, Hautfarbe oder Nationalität". Das Tatbestandsmerkmal „Religion" fehlt in der Kairoer Erklärung. Damit trägt die islamische Menschenrechtserklärung dem Umstand Rechnung, dass die Scharia einem Muslim zwar die Heirat mit einer nichtmuslimischen Frau erlaubt, einer muslimischen Frau aber nicht die Heirat mit einem nichtmuslimischen Mann (Sure 2,221). Wie die Allgemeine Erklärung der Menschenrechte räumt auch die islamische Menschenrechtserklärung in Artikel 6 den Frauen die gleiche Würde ein wie den Männern, aber nicht die gleichen Rechte. Artikel 7 KEMR bestimmt, dass die Erziehung mit den ethischen Werten und Grundsätzen der Scharia übereinstimmen muss. Aufgabe der Erziehung in den Familien, Schulen, Universitäten, Medien und anderen Einrichtungen ist es, den Glauben an Gott zu stärken (Artikel 9 KEMR). Muslime dürfen nicht missioniert werden (Artikel 10 KEMR). Nur im Rahmen der Scharia hat der Mensch das Recht auf Freizügigkeit und die freie Wahl des Wohnortes (Artikel 12 KEMR). Diese Bestimmung dient vor allem dazu, den physischen Bewegungsspielraum für Frauen einzuschränken. Asylrecht besteht nicht, wenn der Asylgrund nach der Scharia ein Verbrechen ist (Artikel 12 KEMR). Urheberrechte oder Rechte des gewerblichen Rechtsschutzes bestehen nur für Werke, die den Grundsätzen der

Scharia nicht widersprechen (Artikel 16 KEMR). „Jeder Mensch hat das Recht, in einer sauberen Umwelt zu leben, fern von Laster und moralischer Korruption, in einer Umgebung, die seiner Entwicklung förderlich ist" (Artikel 17 KEMR). „Über Verbrechen und Strafen wird ausschließlich nach den Bestimmungen der Scharia entschieden." (Artikel 19 KE MR). „Jeder Mensch hat das Recht auf freie Meinungsäußerung, soweit er damit nicht die Grundsätze der Scharia verletzt" (Artikel 22 KEMR). Meinungsfreiheit ist also begrenzt auf die Wahrheit, d. h. auf die Erkenntnis des Wortes Gottes. Pluralismus ist nur im engen Rahmen der Scharia zulässig. „Jeder Mensch hat das Recht, im Einklang mit den Normen der Scharia für das Recht einzutreten, das Gute zu verfechten und vor dem Unrecht und dem Bösen zu warnen." (Artikel 22 KEMR). „Information ist lebensnotwendig für die Gesellschaft. Sie darf jedoch nicht dafür eingesetzt und missbraucht werden, die Heiligkeit und Würde des Propheten zu verletzen, die moralischen und ethischen Werte auszuhöhlen und die Gesellschaft zu entzweien, sie zu korrumpieren, ihr zu schaden und ihren Glauben zu schwächen." (Artikel 22 KEMR). Jeder Mensch hat das Recht, im Einklang mit den Bestimmungen der Scharia ein öffentliches Amt zu bekleiden (Artikel 23 KEMR). Diese Bestimmung läuft darauf hinaus, dass „jeder Mensch" de facto Muslim sein muss.

Die Scharia ist also das Maß aller Menschenrechte. Nach der Präambel und Artikel 1 der KEMR richtet sich die Erklärung an die ganze Menschheit. Danach bilden alle Menschen eine Familie, deren Mitglieder sich Gott unterwerfen („Diener Gottes", Sure 3,51; 6,102; 10,3). Die Menschenrechte sind

> „Gottesgabe und Gottesgnade, die ihre Empfänger zum Gehorsam gegenüber dem Schöpfer verpflichten".

Nur wer die Pflichten gegenüber Gott erfüllt, kann sich auf die Rechte berufen, d. h. also im Grunde genommen auch wieder nur die gläubigen Muslime. Die Präambel der Erklärung betont

> „... die kulturelle und historische Rolle der islamischen Umma, die von Gott als die beste Nation geschaffen wurde und die der Menschheit eine universelle und wohlausgewogene Zivilisation gebracht hat, in der zwischen dem

Leben hier auf Erden und dem Jenseits Harmonie besteht und in der Wissen mit Glauben einhergeht".[1]

Man braucht kein Jurist zu sein, um das Offensichtliche zu erkennen: Die Bestimmungen der islamischen Menschenrechtserklärung, die sich strikt an den Bestimmungen der Scharia orientieren, widersprechen in weiten Teilen der Allgemeinen Erklärung der Menschenrechte. Gemessen an Grundgesetz und einfachen Gesetzen sind sie weitgehend rechtswidrig.

Ungeklärtes Verhältnis des Islam zur Gewalt

Eine populäre Parole der islamischen Verbände in Deutschland lautet: „Islam ist Frieden" (*Islamische Gemeinschaft Milli Görüs* e. V., IGMG), oder: „Islam bedeutet gleichzeitig Friede und Hingabe" (*Islamische Charta* des *Zentralrates der Muslime in Deutschland*, ZMD). Philologisch betrachtet gibt das Wort „Islam" die Bedeutung „Frieden" nicht her. Dem Wortsinn nach bedeutet Islam „Hingabe" und „Unterwerfung". Die Übersetzung mit „Frieden" ist allenfalls eine äußerst freie Deutung. Aber die Formel „Islam ist Frieden" erfüllt zwei wichtige politische Funktionen: Sie dient erstens der Imagepflege gegenüber einer Umwelt, die von islamisch motiviertem Terrorismus und der offensichtlich fehlenden Integrationsbereitschaft des Islam verunsichert ist. Sie soll die Zweifel der nichtmuslimischen Umgebung zerstreuen helfen, die ein wesentlich weniger friedfertiges Bild vom Islam hat als die Muslime selbst. Die Formel ist auf den Wunsch der Muslime nach einem gefälligen Selbstbild zugeschnitten. Zweitens dient die Formel der Abwehr der Kritik von außen. Sie soll jeden Anflug einer selbstkritischen Reflexion im Keim ersticken helfen. Diese Reflexion müsste sich nämlich sonst mit der Frage beschäftigen, ob Gewalt im Namen des Islam wirklich nur durch einen Missbrauch der Religion erklärt werden kann oder ob die Neigung zur gewaltsamen Lösung von Konflikten nicht vielmehr im Islam selbst angelegt ist oder zumindest mittels Koran und Sunna gerechtfertigt werden kann. Der ägyptische Islamgelehrte Nasr Hamid Abu Zaid sieht die Ursache für

---

1 Vgl. auch Schachtschneider 2010, S. 85–87

die Gewaltaffinität muslimischer Aktivisten darin, dass die koranischen Aussagen absolut gesetzt und nicht zeitbezogen interpretiert werden. Unter dieser Voraussetzung finden sich im Koran reichlich Aussagen, die Gewalt gegen „Ungläubige" religiös rechtfertigen.[2]

Die Sichtweise von Abu Zaid ist problematisch, weil die Anhänger einer Religion nicht dazu gezwungen werden können, die Offenbarungen ihrer Religion nicht wörtlich zu nehmen. Aus europäischer Sicht jedoch verliert eine Religion immer dann ihre Legitimation, wenn sie als Gebrauchsanweisung und Freischein für den Einsatz von Gewalt verstanden werden kann, unabhängig ob ihre heiligen Schriften zeitbezogen interpretiert oder wörtlich verstanden werden. Die von Abu Zaid beabsichtigte Entlastung des Koran gelingt so nicht.

Auch der Islam will Frieden und der Koran gebietet ihn auch. Aber zunächst einmal gilt das islamische Friedensgebot nur der Umma und fordert den friedfertigen Umgang miteinander in der muslimischen Gemeinde. Dennoch ist der Islam ambivalent, auch in der Gewaltfrage. Nicht nur in seiner islamistischen Variante, sondern auch schon im traditionellen Islam ist Gewalt ein grundsätzlich akzeptables und akzeptiertes Mittel, islamische Ziele zu erreichen. Der Islam *muss* keine Gewalt anwenden, um seine Ziele zu erreichen. Die Gewalt steht ihm aber als Handlungsmöglichkeit, als Option, zur Verfügung. In der islamischen Tradition ist Gewalt ein häufig angewandtes und eben *legitimes* Mittel der Konfliktlösung, innerhalb der Gemeinschaft und außerhalb ohnehin. Individuelle und kollektive Gewalt begleiten die Geschichte des Islam von Anfang an: zur Selbstverteidigung, als Strafe, als Vergeltung und Rache, als Mittel zur Lösung politischer Probleme, zur Beseitigung einzelner Feinde, aber auch zur Verbreitung des Islam und als letzte Möglichkeit, Ungläubige, Andersgläubige und Abtrünnige unschädlich zu machen: „Bekämpft sie, bis alle Versuchung aufhört und die Religion Allahs allgemein verbreitet ist." (Sure 8,40). „Tötet sie, wo ihr sie trefft." (Sure 2,192) oder „Wenn die heiligen Monate jedoch vergangen sind, dann tötet die Polytheisten, wo immer ihr sie findet! Packt sie, treibt sie in die Enge, legt ihnen jeden erdenklichen Hinterhalt!" (Sure 9,5). Muslimische Apologeten, selbst solche, auf die sich die westlichen Reformhoffnungen richten, versuchen diese Tatsa-

---

2 Spuler-Stegemann [2]2009, S. 128

che zu verschleiern, zu bagatellisieren, zu rechtfertigen. Abdelwahab Meddeb, einer der reformislamischen Hoffnungsträger in Frankreich, spricht beschönigend von der gewalttätigen Atmosphäre eines Bürgerkrieges in den Anfangszeiten des Islam.[3]

Selbst ein von der Gelehrtenwelt des traditionellen Islam verfemter Islamgelehrter wie Nasr Hamid Abu Zaid gibt sich alle Mühe, die Gewalttätigkeiten in der islamischen Frühgeschichte und die Gewaltaffinität des Koran zu entschärfen. Er bedauert es, dass aus dem Koran vor allem die Verse herausstächen und die nichtmuslimischen Leser irritierten, die zum Kämpfen aufforderten. Aber es sei ungerecht, Mohammed mit Jesus zu vergleichen. Mohammed habe im Gegensatz zu Jesus in einer praktisch gesetzlosen Gesellschaft gelebt, Jesus dagegen unter den geordneten Verhältnissen einer Besatzungsmacht.[4] Aber selbst wenn Mohammed in einer gesetzlosen Gesellschaft gelebt hätte, wäre er doch keineswegs selbst zur Anwendung von Gewalt verpflichtet gewesen. Er hätte, ähnlich wie Jesus, der eine politische Rolle ausdrücklich ablehnte, zum Propheten einer Religion werden können, die sich von Gewalt distanziert. Der springende Punkt ist, dass insbesondere die Bergpredigt und das Verhalten Jesu das Christentum zu einer radikal anderen Religion machen, als es der Islam ist. Im Gegensatz zu Jesus scheint Mohammed keinen besonderen Ehrgeiz darin entwickelt zu haben, gewaltsamen Konflikten aus dem Wege zu gehen. Über 70 kriegerische Auseinandersetzungen etwa zählt einer der wichtigsten deutschen Islamwissenschaftler, Rudi Paret, sodass diese Tatsache schon als ein Hinweis darauf verstanden werden kann, dass Mohammed ein entspanntes Verhältnis zu Gewaltanwendung und Krieg hatte und den Krieg als Mittel zum Zweck betrachtete.[5] Eine ganz prekäre apologetische Spur verfolgt der international angesehene Islamwissenschaftler Mohammed Arkoun, der in Frankreich gelebt hat und 2010 verstorben ist. Da er die Gewaltaffinität und die Gewaltgeschichte des Islam nicht

---

3 Meddeb, Abdelwahab: Die Krankheit des Islam. Übersetzung von Beate und Hans Thill. Frankfurt am Main 2002, S. 59

4 Zaid, Nasr Hamid Abu / Sezgin, Hilal: Mohammed und die Zeichen Gottes. Der Koran und die Zukunft des Islam. Freiburg 2008, S. 129–148

5 Paret, Rudi: Mohammed und der Koran. Geschichte und Verkündigung des arabischen Propheten. Stuttgart ^{10}2008, S. 143

einfach übergehen kann, deutet er sie kurzerhand zu einer historischen Notwendigkeit um: „Die kämpferische Position des Propheten gegenüber seinen Widersachern, die danach trachteten, ihn zu beseitigen, war ebenso unvermeidlich, wie der größte Teil der von den französischen Revolutionären ausgesprochenen Todesurteile: Historisch gesehen handelt es sich hier um den menschlichen Preis, der für das Überleben einer fortschrittlichen Vision des menschlichen Zustands gezahlt wird."[6] Diese Position klingt wie der Versuch, so etwas wie einen religiösen Stalinismus salonfähig zu machen.

Gerade die Versuche einer Rechtfertigung belegen, dass die Anwendung von Gewalt ein integraler Bestandteil von religiöser Lehre und Praxis des Islam ist. Tilman Nagel betont, dass die kriegerischen Handlungen Mohammeds keineswegs nur der Verteidigung seiner muslimischen Gemeinde gegen ihre mekkanischen Feinde gedient hätten. Die von Mohammed geführten Muslime seien von Anfang offensiv gewesen und hätten das Ziel gehabt, die arabische Halbinsel für den Islam militärisch zu erobern. Dabei ist es auch zu Gewaltexzessen gekommen. Der berüchtigtste Exzess war jenes Massaker an den Juden Medinas, weil sie in Mohammed nicht den von Gott erwählten Propheten erkennen wollten. Mit Billigung des Propheten wurden von seinen Anhängern 600 bis 900 jüdische Männer ermordet und ihre Frauen und Kinder versklavt.[7] Dieser empirische Befund bestätigt den kriegerischen Charakter von Mohammeds Prophetentum. Mohammed war der Auffassung, man dürfe den Einsatz von Waffen nicht scheuen, um Allahs Herrschaft auszubreiten.

Das ist das eine. Das andere aber ist, dass der kriegerische Charakter des Islam in der göttlichen Offenbarung selbst verankert ist. In zahlreichen Koranversen wird der Kampf gegen die Ungläubigen und für die Ausbreitung des Islam propagiert. Glaubenskrieger zu sein gilt als besonders herausragende Form der Religionsausübung. Der *Dschihad*, der islamische Heilige Krieg, ist folglich selbst ein Bestandteil der religiösen Lehre des Koran. Der Koran sagt in Sure 8,39 unmissverständlich, dass

---

6 Arkoun, Mohammed: Der Islam. Annäherung an eine Religion. Vorwort von Gernot Rotter. Heidelberg 1999, S. 114 f.
7 Nagel, Tilman: Mohammed. Zwanzig Kapitel über den Propheten der Muslime. München 2010, S. 130, 144, 172; Paret [10]2008, S. 140–143, 155 f.

der Kampf gegen die Andersgläubigen Daseinszweck der „besten Gemeinschaft" sei. Muslime, die gegen Ungläubige kämpfen, handeln also ganz und gar nicht gegen den Koran, sondern gerade in seinem Sinne, das belegen über 40 Textstellen im Koran.[8] Die Gewaltaffinität unterscheidet den Islam vom Christentum. Gewalt ist zwar auch im Namen des Christentums verübt worden, aber es dürfte schwerfallen, eine biblische Rechtfertigung für Gewaltanwendung zu finden. Auch an der fehlenden Auseinandersetzung der Muslime mit der schwer zu leugnenden Offenheit ihrer Religion für Gewalt wird die islamische Krankheit wieder sichtbar: der Mangel an Selbstkritik, selbst bei Muslimen, die als reformorientiert und liberal gelten.

Europa erwartet mehr als nur stereotype Floskeln von der Art „Islam bedeutet Frieden" oder „Islam hat mit Terrorismus nichts zu tun". Solange sich terroristische Verbrecher auf den Islam berufen, ihre Taten mit Koran und Sunna begründen und solange noch fast jeder Terrorist irgendwo in einer Moscheegemeinde ein rühriges Mitglied war, müssen sich Muslime mit der Frage auseinandersetzen, ob die Ursachen für Gewalt und Terror nicht doch mit ihrer Religion oder wenigstens mit dem traditionellen Verständnis des Islam zu tun haben.

Europäischer Individualismus, islamischer Kollektivismus und die Zugehörigkeit zu Umma

Individualität hat einen nur geringen Stellenwert im Islam. Nicht individuelle Autonomie und Selbstentfaltung sind die obersten Ziele der Persönlichkeitsentwicklung, sondern die Einordnung in Kollektive: in die Familie, die Sippe, den Stamm, die Umma. Dieses Verständnis der Rolle des Individuums und seines Verhältnisses zur Gemeinschaft spiegelt sich natürlich auch in den islamischen Erziehungszielen wider. Sie weichen von den deutschen und europäischen gravierend ab. Als oberstes Prinzip gilt der Gehorsam gegen Gott und seine Stellvertreter. Das sind die Älteren, die Männer oder auch die älteren Brüder. Muslimische Jungen und Mädchen sollen lernen, sich den hierarchischen Verhältnissen in der Familie unterzuordnen. Sie sollen den Älteren gegenüber loyal

---

[8] Nagel 2010, S. 153–177

und gehorsam sein und ihnen mit Respekt begegnen, wobei „Respekt" im islamischen Werteverständnis nicht die gegenseitige Achtung meint, sondern eher die demütige Unterwerfung. Und die Erziehungsziele für Jungen und Mädchen unterscheiden sich auch noch einmal: Die Jungen werden dazu erzogen, die Ehre der Frauen und der Familie zu schützen. Sie sollen lernen, wehrhaft und beherrscht aggressiv zu sein. Die Mädchen dagegen sollen vor allem Zurückhaltung üben und sich den Männern unterordnen. Ziel des islamischen Kollektivismus ist es, einen hohen Zusammenhalt auf den verschiedenen Stufen der Vergemeinschaftung, also Familie, Stamm und Umma zu erzeugen. Die Heranwachsenden sollen lernen, sich der rigiden sozialen und religiösen Kontrolle zu unterwerfen, aber andererseits auch zur (bedingungslosen) gegenseitigen Unterstützung bereit sein. Bei der Verwirklichung eines solchen Gemeinschaftsideals sind Erziehungsziele wie Individualität, Selbstständigkeit, Selbstverantwortung, Autonomie, Eigeninitiative und Neugierde nicht gefragt. Sie fördern den Individualismus und dieser gilt als Egoismus, der den Zusammenhalt der Gemeinschaft untergräbt.[9]

Im Mittelpunkt der islamischen Gesellschaftslehre steht die Umma. Sie ist die weltweite religiöse *und* weltliche Gemeinschaft der Muslime. Islam ist also mehr als nur eine Religion; er ist die *Nation*, der jeder Muslim angehört. Aus islamischer Sicht ist die Umma folglich das Kollektiv, dem die Muslime unbedingte Ergebenheit schulden. Zu den zentralen Positionen der islamischen Umma-Ideologie zählt die Behauptung, dass die Gemeinschaft dem Individuum überlegen sei und dass sich das Individuum ihr im Zweifel unterzuordnen habe. Das ist auch der tiefere Grund dafür, dass der Islam Probleme damit hat, die individuellen Grundrechte uneingeschränkt zu akzeptieren. Als Zweites kennzeichnet die Umma-Ideologie die Vorstellung, dass die islamische Gemeinschaft allen anderen Gemeinschaften der Welt überlegen sei. Diese Haltung macht sich an der bekannten koranischen Aussage fest: „Ihr seid die beste Gemeinschaft, die je unter Menschen entstanden ist. Ihr gebietet nur das Rechte und verbietet das Unrecht und glaubt an Allah. Und wenn die

---

9 Vgl. auch Spuler-Stegemann 2002, 84 f., 87; Kelek, Necla: Integration: Freiheit, die ich meine, in: *Frankfurter Allgemeine Zeitung*, 15. Dezember 2007, auch *FAZ.net*, 14. Dezember 2007, http://www.faz.net/aktuell/feuilleton/2.1782/integration-freiheit-die-ich-meine-1494158.html, Zugriff am 13.9.2012

Leute der Schrift (Juden und Christen) geglaubt hätten, wahrlich, es wäre gut für sie gewesen! Unter ihnen sind Gläubige, aber die Mehrzahl von ihnen sind Frevler." (Sure 3,110 oder 111). Die Überzeugung, die „beste aller Gemeinschaften" zu sein, diente nicht nur in der Vergangenheit als ideologische Begründung für den Herrschaftsanspruch des Islam und als ideologische Rechtfertigung für die islamischen Eroberungskriege wie für den Kampf gegen die sogenannten Ungläubigen. Die Formel von der „besten aller Gemeinschaften" ist auch heute noch gültig und dient der Kultivierung eines islamischen Überlegenheitsgefühls gegenüber der nichtislamischen Welt. Andererseits ist in Europa das Prinzip des gesellschaftlichen und religiösen Pluralismus elementarer Bestandteil der demokratischen und rechtsstaatlichen Gesellschaftsordnung. Wie sich der islamische Überlegenheitskult mit diesem Pluralismus vertragen soll, in den sich die Muslime angeblich einfügen wollen, bleibt schleierhaft.

Kern des Problems, das die nichtislamischen Gesellschaften mit dem Umma-Gedanken haben, ist sein Ausschließlichkeitsanspruch. Dadurch gerät die Umma in ein unvereinbares Konkurrenzverhältnis zur nationalen Identität, die Voraussetzung für den modernen Staat ist und ohne die eine auf der Grundlage der Volkssouveränität beruhende Demokratie nicht denkbar ist. Im Gegenzug führt der identitäre Totalitätsanspruch des Islam zu einem Loyalitätsdilemma, das immer und ausschließlich zugunsten der Umma aufgelöst wird. Andererseits kann die demokratische Staatsform nicht darauf verzichten, dass sich ihre Bürger mit ihr identifizieren und ihr unbedingte Loyalität entgegenbringen. Unterstützung für diesen Zusammenhang kommt von einem, der es zunächst nicht erwarten lässt: Charles Taylor, der die philosophische Grundlage des Multikulturalismus gelegt hat, besteht gleichwohl darauf, dass die demokratische Gemeinschaft nur unter der Bedingung funktionieren kann, dass „die Bürger einen starken Sinn für die Zugehörigkeit zu ihrem Gemeinwesen haben, ja, dass sie im äußersten Fall dazu bereit sind, für es zu sterben."[10] Für dieses aus dem identitären Totalitätsanspruch des Islam resultierende Zugehörigkeits- und Loyalitätsdilemma liefert möglicherweise ausgerechnet einer den Anschauungsunterricht, der in Deutschland als Beispiel für gelungene Integration gefeiert wird:

---

10 Taylor, Charles: Wieviel Gemeinschaft braucht die Demokratie? Aufsätze zur politischen Philosophie. Frankfurt am Main 2002, S. 15 f.

der Stürmerstar der deutschen Fußballnationalmannschaft Mesut Özil. Der Wochenzeitung *Die Zeit* gestand er in einem Interview, dass er während des Singens der deutschen Nationalhymne Koranverse bete.[11] Darüber kann man natürlich milde lächeln, andererseits ist die Nationalhymne kein Liedchen, mit dem man sich eben mal auf einen sportlichen Wettkampf einstimmt. Sie ist ein symbolisches und öffentliches Bekenntnis der Zugehörigkeit zu einer bestimmten nationalen Gemeinschaft und zu einem bestimmten Land. Und die Mitglieder der Fußballnationalmannschaft sind die sportlichen Repräsentanten dieses Landes. Damit wird das Singen der Nationalhymne zu einem offiziellen Bekenntnisakt, dem man sich entzieht, wenn man stumm bleibt. Da möglicherweise fehlendes musikalisches Talent keine Rolle spielt, drängen sich andere Interpretationen auf. Empfindet Özil vielleicht eine höhere Loyalität gegenüber der muslimischen Gemeinschaft als gegenüber dem Land, für das er Fußball spielt? Das läge zumindest ganz auf der Linie der auch vom ehemaligen bosnischen Großmufti Mustafa Cerić vertretenen Theorie der bedingten Loyalität gegenüber nichtislamischen Staaten und Gesellschaften. Auch der als liberal geltende Cerić lässt keinen Zweifel daran, dass islamische Loyalität über alles geht:

„Die Universalität des Islam steht an erster Stelle. Wir sehen das an muslimischen Studenten, die in Großbritannien geboren sind, die britische Staatsbürgerschaft besitzen und deren Eltern Pakistani oder Bangladeschi sind. Man stellt sich nun die Frage, ob diese Jugendlichen Briten oder Pakistani oder Bangladeschi sind oder einfach nur muslimische Europäer."[12]

Europäischem Verständnis nach sind in Großbritannien geborene Menschen mit britischer Staatsangehörigkeit einfach nur Briten. Sie sind muslimische Briten, so wie andere anglikanische, katholische, atheistische oder agnostische Briten sind. Islamisches und europäisches Verständnis von Staatsbürgerschaft klaffen sichtlich auseinander. Dieser

---

11 „Vor dem Spiel spreche ich Koranverse" – Lieblingsposition Spielmacher. Mesut Özil spricht über Jugendfußball im Affenkäfig, türkisches Ballgefühl und seine Vorbereitung aufs Spiel, in: *zeit-online*, 14. Oktober 2009, http://www.zeit.de/sport/2009-10/oezil-finnland-nationalmannschaft-koran, Zugriff am 4.3.2012
12 Idriz / Leimgruber / Wimmer 2010, S. 154

Gesichtspunkt könnte für die europäischen Verhältnisse noch eine wichtige Rolle spielen. Es ist zwar zu erwarten, dass sich die emotionale Bindung der Immigrantenkinder an das Herkunftsland der Eltern von Generation zu Generation langsam abschwächt. Das muss aber nicht bedeuten, dass an ihre Stelle ein Zugehörigkeitsgefühl zum Aufnahmeland tritt. Im Fall der gläubigen muslimischen Einwanderer wächst vielmehr die emotionale Bindung an die Umma. Das Gemeinschaftsgefühl der Umma erfahren die Gläubigen in der lokalen Moscheegemeinde, die ihr Lebensmittelpunkt ist. So wird die Umma zur neuen Heimat, zum Ort der emotionalen Verbundenheit mit anderen Muslimen, zur islamischen Nation, der Loyalität und Liebe der Muslime gehören. Die Einstellung gegenüber dem Aufnahmeland bleibt bestenfalls instrumentell und emotional distanziert.

**Keine Gleichberechtigung,
nicht nur von Mann und Frau**

Der Islamwissenschaftler Rainer Brunner macht auf den häufig übersehenen Umstand aufmerksam, dass das Problem der Ungleichheit im Islam nicht nur an der Frage der mangelnden Gleichberechtigung der Frauen festgemacht werden kann. Der Islam kultiviert nämlich einen dreifachen Sinn für Ungleichheit: Die Ungleichheit zwischen den Freien und den Sklaven, zwischen Gläubigen und Nichtgläubigen und die zwischen Männern und Frauen. Trotzdem wird vor allem die Stellung der Frauen in der islamischen Gesellschaft in der westlichen Welt als Provokation und als Skandal empfunden.[13] Sie widerspricht den europäischen Vorstellungen von der Gleichberechtigung der Geschlechter völlig und belastet daher die Beziehungen zum Islam vielleicht sogar am allermeis-

---

13 Brunner, Rainer: Mohammed. Wissen, was stimmt. Freiburg 2011, S. 92 f. Die Ungleichheit zwischen Gläubigen und Nichtgläubigen wurde bereits auf Seite 104 f. thematisiert: Wirkliche Gleichheit ist nur zwischen Muslimen möglich, nicht aber zwischen Muslimen und Nichtmuslimen. Durch die Brille einer dualen Logik (vgl. S. 132) betrachtet, steht das aber nicht im Widerspruch zur grundsätzlichen Gleichheit der Menschen, die im Koran immer wieder betont wird: Gleichheit ist eine Frage der Umstände.

ten. Der traditionelle Islam lehnt die Rechtsgleichheit von Frauen und Männern ab. Frauen haben im Islam zwar die gleiche Würde, sind aber nicht gleichberechtigt. Wie dieses Ungleichheitsverhältnis dogmatisch geschickt in Szene gesetzt wird, war im Sommer 2012 in Tunesien, dem ersten Land der im Westen so euphorisch begrüßten „Arabellion", zu beobachten. Dort wurde ein Verfassungsentwurf vorgelegt, demzufolge Frauen nicht mehr wie bisher als „gleich", sondern als „komplementär" zum Mann gelten sollen: „Der Staat sichert den Schutz der Rechte der Frau nach dem Grundsatz der Komplementarität in der Familie als Partnerin des Mannes."[14] Diese Formulierung deckt sich lückenlos mit dem koranischen Verständnis des Verhältnisses von Männern und Frauen:

> „Die Männer stehen über den Frauen, weil Gott sie (von Natur vor diesen) ausgezeichnet hat und wegen der Ausgaben, die sie von ihrem Vermögen gemacht haben. Und die rechtschaffenen Frauen sind (Gott) demütig ergeben und achten auf das, was (den Außenstehenden) verborgen ist, weil Gott (darauf) Acht gibt" (Sure 4,34).

Bei einer *ganzheitlichen* Sichtung aller Aussagen über Frauen im Koran und in den Hadithen entsteht ein Frauenbild, in dem ihre untergeordnete Stellung sichtbar wird. Daran ändern auch einzelne Textstellen nichts, die von diesem Grundton abweichen und frauenfreundlich klingen. Frauen gelten üblicherweise als vergesslich, mental schwach, intellektuell unterbelichtet, unfromm, leicht beeinflussbar, ja sogar als böse. In einem bekannten Hadith berichtet der Prophet Mohammed:

---

14 Im August 2012 haben Tausende in Tunis gegen die islamistische Ennahda demonstriert. Anlass war ein Artikel im Entwurf der neuen tunesischen Verfassung, der in den Augen von Frauen- und Menschenrechtsaktivisten die Gleichheit der Geschlechter infrage stellt. In dem Verfassungstext war nicht von Gleichheit, sondern von „Komplementarität" der Geschlechter die Rede.
Tausende Demonstranten fordern mehr Frauenrechte, in: *Augsburger Allgemeine*, 14. August 2012, http://www.augsburger-allgemeine.de/politik/Tausende-Demonstranten-fordern-mehr-Frauenrechte-id21481256.html, Zugriff am 27.1.2013; Tausende demonstrieren in Tunis für Frauenrechte. Verfassungsentwurf: Frauen und Männer sind nicht „gleich", sondern „komplementär", in: *faz.net*, 14. August 2012, http://www.faz.net/frankfurter-allgemeine-zeitung/tausende-demonstrieren-in-tunis-fuer-frauenrechte-11855954.html, Zugriff am 29.9.2012

„Ich schaute ins Paradies und sah, dass die Mehrzahl [seiner] Bewohner [...] arme [...] Leute waren, und ich schaute in das (Höllen-)Feuer und sah, dass die Mehrzahl seiner Bewohner Frauen waren."[15]

Mohammed soll auch der Auffassung gewesen sein, dass das Gebet eines Mannes durch einen vorübergehenden Hund, einen Esel und eine Frau zunichtegemacht würde.[16] Ebenso gelten Frauen während ihrer Menstruation als unrein; nach Mohammed dürfen sie deshalb an diesen Tagen weder beten noch fasten.

Aus der Tatsache, dass der Koran Frauen den Männern unterordnet, leiten sich die zahlreichen Rechtsnormen ab, die den Alltag muslimischer Frauen bestimmen. Frauen haben im Personenstands-, Ehe-, Familien- und Erbrecht mindere Rechte als Männer. Die erbrechtlichen Bestimmungen im Koran (Sure 4,7–12) sehen vor, dass Frauen im Vergleich zu Männern nur auf die Hälfte des Erbes Anspruch haben. Ebenso ist die Zeugenaussage einer Frau vor Gericht nur die Hälfte wert wie die eines Mannes: „Und nehmt von euren Leuten zwei zu Zeugen. Sind nicht zwei Männer da, dann seien es ein Mann und zwei Frauen, die euch als Zeugen passend erscheinen, sodass, wenn eine der beiden irrt, die andere sich erinnern kann." (Sure 2,282). Ein gravierendes Beispiel ist auch das Scheidungsrecht. Männer können sich ohne Angaben von Gründen trennen. Im traditionellen Islam geschieht das dadurch, dass sie eine Verstoßungsformel aussprechen, den sogenannten *Talaq*. Frauen können sich zwar scheiden lassen, allerdings nur unter engen Voraussetzungen, etwa wenn der Ehemann debil ist. Muslimische Frauen dürfen nur Muslime heiraten, Männer dagegen auch Nichtmusliminnen. Auch wenn die Polygamie in der islamischen Welt auf dem Rückzug zu sein scheint, sind doch nach dem Koran bis zu vier Ehefrauen erlaubt. Das führt in nichtislamischen Ländern zu der paradoxen Situation, dass die polygamen Verhältnisse von Muslimen de facto rechtlich anerkannt werden. Die Folge ist, dass in diesen Ländern bis zu vier Ehefrauen von Muslimen

---

15 Hadithensammlung *The Correct Books of Bukhari*, Band 8, Buch 76, Nr. 456, erzählt von Imran bin Husain, zit. nach Gabriel 2006, S. 200
16 Vgl. z. B. islamische Rechtsgutachten zur Frage, ab welcher Entfernung das Gebet ungültig wird, wenn ein Esel, eine Frau oder ein schwarzer Hund vorübergeht. http://www.islaminstitut.de/Anzeigen-von-Fatawa.43+M582536b46ef.0.html

daraus alle Arten sozialrechtlicher Ansprüche ableiten können. Für Nichtmuslime ist dagegen Polygamie strafbar. Die Rolle der Frau in der islamischen Ehe beschreibt Sure 2,223 auf anschauliche Art: „Eure Frauen sind für Euch wie ein Saatfeld. Darum kommt zu eurem Feld, wann und wie ihr wollt." Sure 4,35 fordert die Männer auf, Frauen, die sich auflehnen, erst zu mahnen, dann im Ehebett zu meiden und schließlich notfalls zu züchtigen bzw. zu schlagen.[17] Ein wichtiger Aspekt der Auseinandersetzung um das islamische Frauenbild ist die Frage der Kleidung der muslimischen Frau. Da sich der Koran in diesem Punkt nur ungenau äußert, ist buchstäblich jeder Interpretation Tür und Tor geöffnet. Natürlich ist die Kleiderfrage zunächst eine innere Angelegenheit des Islam. In dem Augenblick aber, in dem höchst symbolträchtige Kleidungsstücke wie Burka, Niqab und Kopftuch[18] im öffentlichen Raum der europäischen Gesellschaften auftauchen, hat die Kleiderfrage keinen rein privaten Charakter mehr. Der damalige baden-württembergische Ministerpräsident Erwin Teufel lag deshalb mit seiner Bemerkung, was jemand im Kopf habe, sei wichtiger, als was er auf dem Kopf trage, gleich aus zwei Gründen ziemlich daneben. Erstens gehören Form und Inhalt zusammen. Aus dem, was jemand *auf* dem Kopf hat, führt meist ein direkter Weg zu dem, was er *im* Kopf hat. Gäbe es diesen offensichtlichen Zusammenhang nicht, diskutierte man auch nicht über die bei Neonazis typischen Bomberjacken und Springerstiefel. Nicht recht hat deshalb auch der Jurist und Islamwissenschaftler Matthias Rohe, wenn er meint, Kleidungsstücke könnten nicht als „religiöse Kampfsymbole" gewertet werden.[19] Zweitens kommt es nicht darauf an, welche Bedeutung die Betroffenen selbst mit dem infrage stehenden Symbol verbinden. Da die Bedeutung von Symbolen gesellschaftlich festgelegt wird, gibt es keine indivi-

---

17 Dazu ausführlich und sehr sachkundig Schirrmacher, Christine / Spuler-Stegemann, Ursula: Frauen und die Scharia. Die Menschenrechte im Islam. Kreuzlingen, München 2004, insbesondere S. 73–175
18 Die *Burka* ist ein Ganzkörperschleier, der auch das Gesicht bedeckt und nur ein Sichtfenster in Form eines Stoffgitters oder eines Schlitzes für die Augen offen lässt. Der *Niqab* ist ein Gesichtsschleier, der das Gesicht bis einschließlich der Nase bedeckt und nur die Augen freilässt; er wird in Verbindung mit einem *Tschador* (halbkreisförmiger Umhang) oder einem anderen, meist schwarzen Gewand getragen. Das islamische *Kopftuch* dagegen bedeckt die Haare vollständig.
19 Rohe 2001, S. 142, 145

duelle Deutungshoheit über sie. Trägt jemand ein Hakenkreuz an seiner Kleidung, muss er es sich gefallen lassen, für einen Neonazi gehalten zu werden, auch wenn er selbst das Hakenkreuz lediglich als dekoratives Accessoire ansähe. Im nichtislamischen Europa symbolisieren Burka, Niqab und Kopftuch die untergeordnete Stellung und die Unterdrückung der Frauen im Islam. Sie sind Zeichen der Abgrenzung von der nichtmuslimischen Mehrheitsgesellschaft: Wir sind Gläubige, ihr seid Ungläubige. Sie symbolisieren den Gedanken der „besten Gemeinschaft" und aktualisieren damit öffentlich in jedem Augenblick das islamische Überlegenheitsgefühl und die islamische Verachtung der Welt der Ungläubigen. Und zwar völlig unabhängig davon, ob die einzelnen Trägerinnen sich dessen bewusst sind.

Christentum und Islam haben einen unterschiedlichen Zugang zu Frauen. Jesus hat die antiken Geschlechterbeziehungen revolutioniert. Mohammed dagegen ist allenfalls ein – allerdings nicht immer – wohlwollender Patriarch. Dass die Frauenemanzipation von Europa ausging, ist wohl kaum einfach nur Zufall. Es liegt auf der Hand, dass das jeweils herrschende Frauenbild in einer Gesellschaft mit der kulturell dominanten Religion und ihren Quellen zu tun hat. Auch wenn die volle Gleichberechtigung der Geschlechter in Europa lange auf sich warten ließ, scheint sie – im Gegensatz zum Islam – im Christentum selbst angelegt. Jesus hat sich über Unterschiede zwischen Frauen und Männern nicht geäußert. Sein Verhalten gegenüber Frauen lässt allerdings Rückschlüsse auf seine Einstellung zu. Beispielhaft dafür ist seine Begegnung mit einer Frau aus Samaria. Er brach dabei in zweifacher Hinsicht mit den Tabus der antiken jüdischen Gesellschaft. Er sprach mit ihr, obwohl sie eine Frau war und obwohl sie zum Volk der Samariter gehörte, das in den Augen der Juden als unrein galt. Überhaupt spielen Frauen in den Evangelien eine heilsgeschichtliche Schlüsselrolle. Es sind Frauen unter seinen Anhängern, und nicht Männer, denen sich der auferstandene Jesus zuerst zeigte. Einer Frau namens Marta teilte Jesus den Kern seiner Botschaft mit (Johannes 11,25–26). Dass zu seinen Anhängern auch Frauen gehörten, dass er mit ihnen Umgang pflegte, auch mit solchen, die einen schlechten Ruf in der Gesellschaft hatten, war ein Tabubruch ohnegleichen (Markus 1,30 f.; Lukas 8,2 f.). Auch Paulus, dem immer wieder unterstellt wird, ein Frauenfeind gewesen zu sein, schätzte in Wirklichkeit Frauen als Mitarbeiterinnen, durchaus auch in Leitungsfunktionen urchristlicher Gemeinden. In seinem berühmten Brief an die Gemeinden im kleinasiatischen Galatien (Galater 3,28) betont Paulus, dass Christus keinen Unterschied zwischen Männern und Frauen mache. Trotzdem kam es in den ersten Jahrhunderten unter dem Einfluss der griechischen Philosophie und der römischen Kultur auf die christliche Theologie zu Rückschritten in der Entwicklung des Geschlechterverhältnisses, sodass im Zuge der Ausbildung einer hierarchisch aufgebauten Kirchenstruktur Frauen nach und nach an den Rand gedrängt wurden. Allerdings blieb ein emanzipatorischer Kern erhalten und die Lage der Frauen war in den vergangenen zwei Jahrtausenden in keinem Kulturkreis besser als in dem vom Christentum geprägten. Davon zeugen nicht nur die großen kirchlichen Frauengestalten des Mittelalters wie Hildegard von Bingen oder Katharina von Siena, sondern auch die große Zahl weiblicher Regentinnen in allen europäischen Staaten und Territorien wie überhaupt die vielen bedeutenden Frauen in Gesellschaft, Kultur und Wissenschaft im Mittelalter genauso wie in der Renaissance oder im Barock.[20] Selbst im Negativen noch lässt sich der schlummernde emanzipatorische Kern entdecken. In seiner Untersuchung über „Die Lage der arbeitenden Klasse in England" aus dem Jahre 1845 berichtet Friedrich Engels davon, dass Proletarierfrauen in der Fabrik arbeiten, während ihre arbeitslosen Männer zu Hause die Kinder hüten, Socken stopfen und den Haushalt machen.[21] Diese Situation beschreibt natürlich noch keine Gleichberechtigung zwischen Männern und Frauen, wohl aber eine Vorstufe. Denn auch der aus der Not geborene Rollentausch ist nur möglich, wenn das Verhältnis zwischen Männern und Frauen in einem nur eingeschränkten Maß patriarchalischen Mustern folgt. Genau dieses eingeschränkte Patriarchat in der christli-

---

20 Vgl. auch Heine, Peter: Kulturknigge für Nichtmuslime. Ein Ratgeber für den Alltag. Freiburg ³2009, S. 147–152; Spuler-Stegemann ²2009, S. 64–66, 71 f.; Gabriel 2006, S. 199–219; Schmidt, Alvin J.: Wie das Christentum die Welt veränderte. Menschen, Gesellschaft, Politik, Kunst. Übersetzung aus dem Englischen von Friedemann Lux. Gräfelfing 2009, S. 111–145

21 Engels, Friedrich: Die Lage der arbeitenden Klasse in England. Nach eigener Anschauung und authentischen Quellen. Leipzig 1945, zitiert nach Marx-Engels Werke, Berlin 1976, Bd. 2, S. 225–506, hier: http://internationalesozialisten.de/Buecher/Klassiker/Friedrich%20Engels,%20Die%20Lage%20der%20arbeitenden%20Klasse%20in%20England.pdf, S. 100 f.

chen Gesellschaft hat das Verhältnis zwischen Männern und Frauen vom totalen Patriarchat in anderen Kulturen historisch unterschieden.

Keine Trennung von Politik und Religion, von Staat und Religion

Der traditionelle Islam kennt keine Trennung von Staat und Religion und keine Unterscheidung zwischen Politik und Religion. Diese Tatsache dürfte den meisten Europäern bekannt sein, eher weniger dagegen die Tragweite der sich daraus ergebenden Konsequenzen. Der innere Frieden der konfessionell gemischten Länder Europas beruht seit fast fünfhundert Jahren auf eben diesem Prinzip der Trennung von Staat und Religion. Ein Bruch mit diesem Konsens käme einer Katastrophe gleich und würde die Errungenschaften von Aufklärung und europäischer Moderne mit einem Schlag zunichtemachen. Die Aufgabe dieses Prinzips wäre ein Spiel mit dem Feuer, ein selbstmörderisches Spiel mit dem gesellschaftlichen Frieden und allen Errungenschaften, die sich Europa in den vergangenen Jahrhunderten erkämpft hat: Demokratie und Volkssouveränität, Freiheit des Individuums, Meinungsfreiheit, Religionsfreiheit, Gleichheit, Pluralismus, Gewaltenteilung, Rechtsstaatlichkeit.

Im frühen Mittelalter stützte sich das Verhältnis von christlicher Kirche und Staat auf die sogenannte Zwei-Schwerter-Theorie. Nach dieser Theorie war der Kirche sowohl das weltliche Schwert des Kaisers als auch das geistliche des Papstes zugeeignet. Das bedeutete nichts anderes, als dass sich die weltliche Macht der geistlichen unterzuordnen hatte. Daraus entwickelte sich aber allmählich eine Abgrenzung der Zuständigkeiten von Kirche und Staat. Man stützte sich dabei auf das Christuswort: „Gebt dem Kaiser, was dem Kaiser gehört und Gott, was Gott gehört." (Markus 12,17).

Bereits Augustinus unterschied in seinem Buch *De civitate Dei* zwischen dem weltlichen Staat (*civitas terrena*), der *res publica*, einem politischen Zweckverband, der Frieden, Gerechtigkeit und materielles Wohlergehen auf Erden gewährleisten solle und dem Gottesstaat, der als das anbrechende Reich Gottes von den Gläubigen schon auf Erden erwartet werden solle. Für Thomas von Aquin war die Eigenständigkeit der Welt Ausdruck der vernünftigen Weltordnung Gottes. Die Autonomie der von Gott geschaffenen Welt und die Freiheit der Menschen waren für ihn der schönste Ausdruck göttlicher Schöpfungskraft. Als „Zwei-Reiche-Lehre" fasste die protestantische Theologie im 20. Jahrhundert verschiedene situationsbezogene Aussagen Martin Luthers über das Verhältnis von Reich Gottes und Welt, Evangelium und Gesetz bzw. Kirche und Staat zusammen. Der katholische Theologe Johann Baptist Metz leitet aus dem oben erwähnten Christuswort gar die Schlussfolgerung ab, dass die Säkularisierung im Christentum verwurzelt und Ausdruck der christlichen Weltauffassung sei, auch wenn sie gegen die Kirchen erst habe durchgesetzt werden müssen.[22]

Was bedeutet die Trennung von Staat und Religion im gesellschaftlichen Alltag? Seit der Aufklärung hat der Staat nur noch säkulare Funktionen. Der Staat ist für die Fragen der Religion nicht zuständig und die Religion nicht für die Regelung der weltlichen Ordnung, auch wenn sich die Religionsgemeinschaften natürlich zu politischen Fragen äußern dürfen wie alle anderen gesellschaftlichen Kräfte auch. In einem Verfassungsstaat steht es jedem Bürger frei, religiöse Normen und Gebote zu befolgen oder nicht. Selbstverständlich ist auch die Abkehr von der Religion jedermann freigestellt und bleibt ohne rechtliche Konsequenzen. Im Gegenzug mischt sich der Staat nicht in religiöse Belange, solange der öffentliche Friede aufrechterhalten bleibt. Niemand darf dazu gezwungen werden, religiöse Vorschriften zu befolgen. Das bedeutet jedoch nicht, dass das Religiöse im öffentlichen Raum gar keinen Platz mehr hat.[23]

Dem widerspricht die traditionelle islamische Auffassung über das Verhältnis von Religion und Staat. Der Idealfall ist nach orthodoxem Verständnis die weitgehende Deckung der Religionsgesetze mit den allgemeinen Gesetzen des Staates.[24] Den Säkularismus westlicher Gesellschaftsordnungen setzt der Mainstream-Islam mit Gottlosigkeit, Irrglauben und Dekadenz gleich. Die individuellen Freiheiten, besonders die Gewissens- und Religionsfreiheit sind für die islamischen Verbände subversive Mittel, mit denen der Westen versuche, die wahre

---

22 Wick 2009, S. 29, 33 f., 93
23 Ebenda, S. 52 f.
24 Vgl. Schachtschneider 2010, S. 76 f.

Religion zu zersetzen.[25] Bezeichnend ist deshalb, dass sich selbst der *Zentralrat der Muslime in Deutschland* (ZMD) in seiner *Islamischen Charta* aus dem Jahre 2002 nicht ausdrücklich zur Trennung von Staat und Religion bekennt. Aber selbst wenn er das getan hätte, wäre ihm immer noch eine Hintertür offengeblieben: die *Kairoer Menschenrechtserklärung*, die das islamische Recht über das weltliche Recht stellt und von der sich der ZMD in seiner *Islamischen Charta* nicht distanziert hat. In Gemeinwesen, in denen Muslime die Mehrheit der Bevölkerung bilden, soll der Staat islamisch sein. Das hat auch der ehemalige Vorsitzende des ZMD, Nadeem Elyas, immer wieder zum Ausdruck gebracht. Dass die Muslime irgendwann eine Mehrheit bilden werden, ist zwar eine langfristige, aber immerhin mögliche Entwicklung in Deutschland und anderen Ländern Europas. Elyas deutet dies mit einem ungewollt verräterischen Satz an, der eigentlich dazu bestimmt war, die nichtislamische Umwelt zu beruhigen:

> „Nur in einer islamischen Mehrheitsgesellschaft kann ein islamischer Staat als Form gewählt werden. Für islamische Minderheiten ist ein säkularer Staat aber eine akzeptierte Staatsform, solange die Religionsfreiheit gewährleistet ist."[26]

Im islamischen Staat müssen Muslime die Regierungsgewalt ausüben. Keinesfalls dürfen Nichtmuslime über Muslime regieren. Nichtmuslime haben nicht die gleichen Rechte wie Muslime. In einem solchen Staat dürfen Nichtmuslime, wenn überhaupt, nur beschränkt staatliche Ämter bekleiden.[27] Da im Islam Staat und Religion untrennbar miteinander verbunden sind, hat das auch Konsequenzen für das Zusammenleben von Muslimen und Nichtmuslimen. Grundrechte und individuelle Freiheitsrechte, die im Westen verfassungsrechtlich verankert sind, sind nur so lange garantiert, wie die Muslime in der Minderheit sind und der Islam daran gehindert wird, seine politischen Ansprüche zu verwirklichen. Solange die Muslime den säkularen Verfassungsstaat und die mit ihm verbundenen individuellen Freiheiten nur unter Bedingungen und

---

25 Vgl. Wick 2009, S. 134 f.
26 Schachtschneider 2010, S. 80
27 Ebenda, S. 81 f.

Einschränkungen akzeptieren, wird man die Loyalität von Muslimen zu eben diesem Staat in Zweifel ziehen müssen. Es ist eine gesicherte Erkenntnis der politischen Kulturforschung, dass eine Verfassungsordnung nicht deshalb schon funktioniert, weil sie über klug ausgearbeitete Verfahrensregeln und einen Grundrechtekatalog verfügt. Der Verfassungsstaat muss auch *kulturell* verwurzelt sein. Eine Rechts- und Verfassungsordnung ohne kulturelle Tradition bleibt abstrakt und inhaltsleer.[28] Das ist der tiefere Grund dafür, warum das amerikanische Demokratiemodell, mit welchem Aufwand es auch immer im Irak oder in Afghanistan installiert werden mag, scheitern muss.

Islam und Demokratie

Tariq Ramadan ist ein gutes Beispiel für die grundsätzliche Befangenheit des real existierenden Islam gegenüber der *westlichen* Form der Demokratie. Er sieht einen wesentlichen Unterschied zwischen dem säkularen Europa und dem Islam in der unterschiedlichen Beziehung der Menschen zu Gott. Das moderne säkulare Europa sei aus der Auflehnung gegen Gott, Religion und Kirchen hervorgegangen. Die Demokratie wiederum sei das Ergebnis des Kampfes der Europäer gegen die Kirchen, die sie unterdrückt hätten. Diese Unterdrückung der Menschen durch die Religion habe es im Islam nie gegeben. Die Muslime müssten daher auch ein Problem mit der *westlichen* Form der Demokratie haben.[29] Die westliche Demokratie sei das Ergebnis der Aufklärung. Eine Aufklärung aber habe der Islam nie nötig gehabt. Im Gegenteil, da der Islam die absolute und abschließende Wahrheit *sei, sei* er *selbst* immer schon die höchste Form der Aufklärung, die glanzvollste Verkörperung des Vernunftsprinzips. Insofern lägen die westlichen Kritiker in eurozentrischer Verkennung der Lage völlig daneben, wenn sie meinten, der Islam müsse, um den Anschluss an die moderne säkulare Welt zu finden, seine Aufklärung nachholen. Letztlich liegt in dieser Auffassung auch die Ursache dafür, so der islamfreundliche Wissenschaftler Udo Steinbach, dass

---

28 Vgl. Wick 2009, S. 75, 180 f.
29 Gassner 2010, S. 61–65

„… die Demokratie, wie sie sich im Rahmen der europäischen geistigen und politischen Geschichte herausgebildet hat, außerhalb der geistigen und politischen Welt islamistischer Muslime …"[30]

liegt.

Da es nach orthodoxer Auffassung im Islam nie zum Bruch zwischen Religion und Gesellschaft gekommen ist, besteht im Prinzip auch die Einheit zwischen Staat und Religion fort. Aus diesem Grund kann Saltut Mahmut, einer der großen islamischen Gelehrten und islamischen Reformer des 20. Jahrhunderts und ehemaliger Rektor der berühmten Al-Azhar-Universität in Kairo, den Koran auch als „Verfassung" bezeichnen und Demokratie und Verfassungsstaat mit den islamischen Vorstellungen von der gesellschaftlichen Ordnung gleichsetzen:

„Der Koran ist eine allgemeine, ewige und unveränderliche Verfassung, er ist die vollkommenste Richtlinie von Gott zum Wohle der Menschen in dieser Welt und im Jenseits."[31]

Die *Schura*, das ist der *Rat der islamischen Gemeinschaften in Hamburg* e. V., sieht nach ihrem Grundsatzpapier aus dem Jahre 2004 in der vom Propheten Mohammed geführten muslimischen Gemeinde in Medina gar eine Art von Vorbild für den modernen Verfassungsstaat. Mohammed habe seiner Gemeinde nämlich eine Rechtsordnung gegeben, die für damalige Zeiten durchaus rechtsstaatlich gewesen sei. Der Islam sei heute bereits Teil der deutschen Gesellschaft. Er könne sich ohne Probleme in die Ordnung des Grundgesetzes einfügen, da deren Leitwerte Menschenrechte, Demokratie, Rechtsstaatlichkeit, Säkularismus von Gott so gewollt seien.[32] Natürlich ist es unwahrscheinlich, dass den muslimischen Autoren die Widersprüchlichkeit ihrer Argumentation nicht bewusst wäre. Aber durch die Brille der dualen Logik betrachtet kommt es eben auf die Umstände an. Aus europäischer Sicht allerdings schließen

---

30 Steinbach, Udo: Vom islamisch-westlichen Kompromiß zum Islamismus, in: Ende, Werner / Steinbach, Udo (Hg.): Der Islam in der Gegenwart. Entwicklung und Ausbreitung, Kultur und Religion, Staat, Politik und Recht. München ⁴1996, S. 229
31 Wick 2009, S. 143, 165 f., 172
32 Idriz / Leimgruber / Wimmer 2010, S. 113 f.

sich die Prinzipien des säkularen Staates und das islamische Prinzip der Einheit von Religion und Staat gegenseitig aus. Solange sich die tonangebenden Muslime mit der orthodoxen Auffassung nicht kritisch auseinandersetzen und mit ihr brechen, sondern nur unverbindliche Erklärungen abgeben für eine Öffentlichkeit, die genau das hören will, ist die Bejahung des Säkularismus eben nur ein unglaubwürdiges Bekenntnis. Diese dualistische Doppeldeutigkeit strahlt denn auch das Grundsatzpapier aus. Die Autoren schreiben: Heute hätten die Muslime an der Gestaltung einer freiheitlichen pluralistischen Gesellschaft mitzuwirken. Jeder Gedanke an Gewalt verbiete sich von selbst, da es nach islamischem Recht nur im Falle der Unterdrückung ein Widerstandsrecht für Muslime gebe. Genau diese nahezu beliebig ausdeutbare Formulierung von einem Widerstandsrecht im Falle der Unterdrückung weckt Misstrauen und lässt Zweifel an der lauteren Absicht der *Schura* aufkommen. Da in den säkularen Staaten Europas die Religionsfreiheit außerhalb jeder Diskussion steht, Muslime also ihren religiösen Glauben ausüben können, solange er nicht gegen staatliche Gesetze verstößt, die für alle Religionen gleich gelten, stellt sich die Frage, wann und ab welchem Punkt sich Muslime in Europa unterdrückt sehen könnten?

Islam und Meinungsfreiheit

Bislang bekennt sich der traditionelle Islam zwar formell zur Meinungsfreiheit, aber im Zweifelsfall wird sie relativiert. Wird die Meinungsfreiheit dazu benützt, den Islam zu verleumden, dann muss der Staat diese Verunglimpfung unterbinden. Das Problem dabei ist, dass aus traditioneller Sicht jede Kritik am Islam auf Verleumdung hinausläuft. Und mit „Staat" ist gemeint, dass selbstverständlich auch der nichtislamische Staat gegen Islamkritik einzuschreiten hat.[33] Der real existierende Islam kennt kein Grundrecht auf Meinungsfreiheit. Für ihn ist Meinungsfreiheit nur im eng begrenzten Rahmen der Scharia möglich, so wie es die *Kairoer Menschenrechtserklärung* zum Ausdruck bringt, die auch von den islamischen Interessenverbänden in den nichtislamischen Ländern anerkannt wird. Überflüssig anzumerken, dass ein solches Verständnis

---

33 Wick 2009, S. 166

von Meinungsfreiheit mit der europäischen Auffassung von Freiheit und Demokratie völlig unvereinbar ist.[34]

Einen Vorgeschmack darauf, wie sich muslimische Aktivisten die islamische Version von Meinungsfreiheit vorstellen, bekommen die europäischen Gesellschaften immer wieder, nicht nur beim Karikaturenstreit 2006 in Dänemark. Auch Versuche, die Aufführung von Theaterstücken zu verhindern, gehören zum Repertoire. Einen erfolgreichen Testlauf hat Tariq Ramadan bereits 1993 in Genf absolviert. Dort war es ihm gelungen, das Stück „Mahomet" von Voltaire zu verhindern mit dem Argument, der Inhalt des Stückes beleidige den Propheten und verletze die religiösen Gefühle der Muslime. Gelegentlich ist es schon die bloße Angst vor gewalttätigen Protesten islamischer Aktivisten, die Behörden demokratischer Länder vergessen lassen, welch kostbare Errungenschaften die Meinungsfreiheit und die Freiheit der Kunst sind. In Deutschland wurde die Freiheit der Kunst im Jahre 2006 publikumswirksam auf die Probe gestellt: Die Mozart-Oper „Idomeneo" in der Inszenierung von Regisseur Hans Neuenfels, in der die abgeschlagenen Köpfe von Buddha, Christus und Mohammed zu sehen sind, sollte in Berlin zur Aufführung kommen, wurde aber vom Spielplan genommen, weil der Berliner Innensenator und das Berliner Landeskriminalamt davon ausgingen, dass sich die Muslime durch die Inszenierung beleidigt fühlen könnten.

Seinen vorläufigen Höhepunkt erreichte der Kampf um die Meinungsfreiheit im Karikaturenstreit 2006 in Dänemark. Die Forderung der muslimischen Interessenvertreter, die Veröffentlichung von Mohammed-Karikaturen zu verbieten, war nichts weniger als der unverhohlene Versuch, die Zensur in Europa wiederzubeleben. Die Frontmänner des europäischen Islam rechtfertigten diesen Anschlag auf so fundamentale demokratische Grundrechte wie die Freiheit der Kunst und die Meinungsfreiheit mit dem Argument, dass die Karikaturen die religiösen Gefühle der Muslime verletzt hätten. Insoweit nichts Neues. Bemerkenswert war aber, dass sich die Muslime in ihrem Kampf gegen die Veröffentlichung der Mohammed-Karikaturen auf das islamische Bilderverbot beriefen. Damit betraten sie eine neue Ebene der Auseinanderset-

---

34 Vgl. Schachtschneider 2010, S. 103

zung. Zum ersten Mal nahmen sie europaweit Anlauf, der Mehrheitsgesellschaft ihre religiösen Verhaltensregeln aufzuerlegen. Diese Tendenz scheint immer mehr zum Markenzeichen eines sich anbahnenden europäisch-islamischen Kultur- und Religionskampfes zu werden.

Religionsfreiheit: Konfliktfelder und Unvereinbarkeiten

Gegenstand der Religionsfreiheit ist die transzendente Welt, also Gott, das ewige Leben, die Unsterblichkeit der Seele. Grundrechtlich geschützt ist die Religionsausübung also nur im Hinblick darauf. Diese Bedingung ist für Christen im Prinzip kein Problem, denn sie leben nach der Zwei-Reiche-Lehre in zwei Welten, in der diesseitigen irdischen und in der Erwartung der jenseitigen himmlischen Welt. Selbstverständlich genießt der Islam wie alle Religionen Religionsfreiheit, allerdings unter der Bedingung, dass er sich ausschließlich auf die transzendente Welt bezieht. Aber der Islam zieht keinen klaren Trennungsstrich zwischen dem Diesseits und dem Jenseits. Er hat eben nicht nur eine spirituelle Dimension, sondern er hat einen Totalitätsanspruch: Er ist gleichzeitig auch Lebensordnung und erhebt Anspruch auf die unbeschränkte Ausübung der Religion, das heißt, auch das weltliche Leben der Muslime muss den religiösen Verboten und Geboten gerecht werden.[35]

Religionsfreiheit ist Menschenrecht. Es umfasst die Freiheit, eine Religion zu haben, zu bekennen und zu wechseln (sogenannte positive Religionsfreiheit) oder keine zu haben (sogenannte negative Religionsfreiheit). Religion kann man alleine oder in Gemeinschaft mit anderen, in der Öffentlichkeit oder privat, durch Lehre, Gottesdienst oder Riten und Bräuche ausüben. Aber nach Artikel 9 der *Europäischen Menschenrechtskonvention* (EMRK) ist das Menschenrecht der Religionsfreiheit auf das religiöse Bekenntnis und die Lehre beschränkt. Es bedeutet nicht, dass die Gläubigen Anspruch darauf hätten, ihr gesamtes Leben und Handeln nach den Vorschriften ihrer Religion ausrichten zu können. Zugegeben, das ist ein kritischer Punkt, weil jede Religion ganzheitlich gelebt werden will. Im Islam ist dieser Zusammenhang aber besonders

---

35 Schachtschneider 2010, S. 27, 67 f.

heikel, da er sich als „politische Religion"[36] versteht, die auch das gesamte weltlich-diesseitige Leben regelt. Weltlich-diesseitige Lebensordnung kann der Islam aber nur sein, wenn er über eine *unbegrenzte* religiöse Handlungsfreiheit verfügt. Diese würde aber die politische Freiheit und den religiösen Pluralismus einschränken, und genau das geschieht ja auch in den islamischen Staaten. Nicht einmal christliche Konfessionen in einer christlich geprägten Kultur können Religionsfreiheit so auslegen, dass ihre Anhänger uneingeschränkt ihrem Glauben gemäß leben können. Freilich wird im Falle der christlichen Konfessionen in Europa dieser potenzielle Konflikt schon durch die Tatsache entschärft, dass sich die Werte der religiösen und der säkularen Kultur weitgehend decken. Ein grundlegender Unterschied zwischen Islam und Christentum liegt also darin, dass sich das Christentum im Rahmen des kulturellen Wertekonsenses Europas bewegt, während der Islam mit diesen Werten gerade im Konflikt ist. Nach westlich-europäischem Verständnis muss sich die Religionsfreiheit auf die spirituelle Dimension von Religion beschränken, damit Religionsfrieden herrschen kann. Bindend für alle Bürger und Einwohner sind allein die Gesetze des Staates. Gesetz geht vor Religionsgebot. Was immer die staatlichen Gesetze verbieten, wird nicht dadurch erlaubt, dass jemand aufgrund seiner religiösen Überzeugung handelt. Aus diesen Gegebenheiten zieht der Staatsrechtler Karl Albrecht Schachtschneider eine weitreichende Schlussfolgerung: Eine Religion, die auch *politische* Verbindlichkeit beansprucht, ist unvereinbar mit den Prinzipien der demokratischen Republik und des Rechtsstaates. Ohne Säkularisierung ist der Islam folglich keine Religion, die den Schutz des Grundgesetzes verdient. Säkularisierung bedeutet aber, dass die Muslime die politische und weltliche Verbindlichkeit ihrer Religion aufgeben, ihr Verständnis von der Umma ändern und der Scharia, die Grundlage ihrer Lebensordnung ist, entsagen müssten. Erst dann haben sie uneingeschränkten Anspruch auf den Grundrechtsschutz der freien Religionsausübung nach Artikel 4 Abs. 2 Grundgesetz. Dazu müssten sie aber den Koran revidieren, und das ist kaum vorstellbar. Die Muslime bleiben in einer Zwangslage, die der Islamwissenschaftler Tilman Nagel so beschreibt:

---

36 Hofmann 2001, S. 108

„Wer meint, er verfüge mit Gewissheit über eine von Allah selber stammende Lösung für die Probleme der Welt, wird in dem geistigen Kosmos, den wir Europa nennen, niemals heimisch werden."[37]

Aber es könnte auch umgekehrt kommen: Vielleicht werden sich eines Tages die Europäer in einem Europa nicht mehr heimisch fühlen, in dem die Parole gilt: „Der Islam ist die Lösung."[38]

Ein zweites Problem ist die Tatsache, dass der Islam anderen Religionen grundsätzlich nur eine beschränkte Religionsfreiheit zugesteht. Soweit die islamischen Interessenverbände in Deutschland einen möglichst großen Freiraum für alle Religionen fordern, tun sie das aus taktischen Gründen. Es geht ihnen nämlich nicht um die Religionsfreiheit der anderen, sondern um die möglichst uferlose Ausdehnung ihres eigenen religiösen Bewegungsspielraumes.

In einem traditionellen Sinn meint Religionsfreiheit die Freiheit, den Islam zu bekennen und auszuüben, zu ihm zu konvertieren und für ihn zu werben.[39] Die Freiheit, sich vom Islam ab- und einer anderen Religion zuzuwenden oder Atheist zu werden, wird abgelehnt. Die Nichtannahme des Islam ist aus Sicht der Muslime ein Skandal, weil er aus einer ungläubigen Halsstarrigkeit und Ignoranz heraus geschieht. Eine Handlung wider besseres Wissen! Der 2010 gestorbene libanesische Islamgelehrte Mohammed Husain Fadlallah hat diese Verstocktheit der Ungläubigen anschaulich beschrieben. Wer angesichts der klaren Beweise immer noch nicht dem Islam folge, handle wie jemand, der die Augen schließe und die Existenz der Sonne leugne. Das sei sozusagen eine Form von schuldhaftem Selbstbetrug.[40] Im Koran finden sich Textstellen, die voller Erbitterung sind gegen die, die den Islam verlassen. Zum Beispiel: „Fitna[41] ist schlimmer als Mord." (Sure 2,191 und 217);

---

37 Nagel, Tilman: Die Legitimität der Neuzeit, in: Deutsche Islamkonferenz. Drei Jahre Deutsche Islamkonferenz (DIK) 2006–2009. Muslime in Deutschland – deutsche Muslime, S. 175, zitiert nach Schachtschneider 2010, S. 89
38 Vgl. Schachtschneider 2010, S. 12, 23, 33 f., 90
39 Brunner 2011, S. 93
40 Ebenda, S. 93, 100; vgl. auch Nagel 2010, S. 274 f.
41 Finta bedeutet in etwa Glaubensspaltung, Glaubensabfall, Aufruhr gegen die göttliche Ordnung.

„Bekämpft sie, bis es keine Fitna mehr gibt." (Sure 8,39); „Wer eine andere Religion als den Islam will, dessen Kult wird nicht akzeptiert und im jenseitigen Leben gehört er zu den Verlierern." (Sure 3,85). Der Kommentar zur vollständigen Ausgabe des Koran, der unter der Kontrolle der „Union der islamischen Gemeinschaften und Organisationen in Italien" (*Ucoii*) herausgegeben wurde, sagt: „Der letzte Vers erklärt unmissverständlich, dass nach der Offenbarung des Koran und der Predigt Mohammeds – Friede und Segen sei mit Ihm – Allah keinen anderen Kult akzeptiert als den islamischen." Im Koran finden sich aber auch andere Verse, zum Beispiel: „Die Wahrheit kommt von Eurem Herrn: Glaube, wer glauben will, und wer nicht glauben will, der glaube nicht." (Sure 18,29). Solche Widersprüche werden im Koran durch eine Auslegungsregel überwunden, die besagt, dass ein späterer (medinensischer) Vers ältere (mekkanische) Verse aufheben kann, wenn der neue „besser oder gleich" ist. Aber welche Verse aufgehoben sind, muss entweder klar aus dem Koran hervorgehen oder es muss darüber Einmütigkeit in der islamischen Ursprungsgemeinde herrschen. Der Koran selbst sieht keine Todesstrafe für Glaubensabtrünnige vor. Dagegen findet man die Todesstrafe in einem Ausspruch (*Hadith*) des Propheten, der von Ibn Abbas überliefert worden ist und auf den sich das klassische islamische Recht beruft: „Wer seine Religion wechselt, den tötet." Außerdem hat Mohammed die Todesstrafe immer wieder angewendet, etwa gegen Abdallah Ibn al-Ahzal, der, um nicht getötet zu werden, Zuflucht im Heiligtum der Kaaba gesucht hatte. Mohammed befahl daraufhin seinen Gefährten, ihn trotzdem zu töten. Auch heute noch sehen nicht wenige Muslime im Abfall vom wahren Glauben (Apostasie) ein todeswürdiges Verbrechen.[42] Und weil Staat und Religion im Islam grundsätzlich als eine Einheit gesehen werden, ist Glaubensabfall nicht ein individueller Gewissensakt, sondern vor allem Treuebruch gegenüber der islamischen Gemeinschaft und dem islamischen Staat – mit allen Konsequenzen, die das Verbrechen des Hochverrats üblicherweise nach sich zieht.[43] Diese Sichtweise hat eine weitere Konsequenz. Der Islam hält sich für die wahre Religion. Das tut jede Religion. Der entscheidende Unterschied ist aber, dass der traditionelle

---

42 Vgl. auch Brunner 2011, S. 100
43 Wick 2009, S. 130, 133

Islam zwar die beiden sogenannten Buchreligionen Judentum und Christentum toleriert, Christen und Juden aber als Menschen zweiter Klasse behandelt, weil sie sich der offensichtlichen, zutage liegenden Wahrheit des Islam verweigern. Deshalb haben Juden und Christen in islamischen Staaten nicht die gleichen Rechte. Die Haltung des Islam den anderen Weltreligionen gegenüber ist noch problematischer. Buddhisten und Hindus z. B. gelten als Polytheisten und stehen deshalb auf derselben Stufe wie Atheisten. Der radikale Islam zählt aufgrund der Trinitätslehre auch die Christen zu den Polytheisten mit der Folge, dass sie als vogelfrei betrachtet werden. Mit einer islamisch verstandenen Religionsfreiheit ist es also durchaus vereinbar, religiös Andersdenkende zu diskriminieren und sie in ihrem beruflichen und wirtschaftlichen Fortkommen zu benachteiligen.[44]

Konfliktfelder aus der Perspektive der islamischen Interessenverbände

Nicht nur die Europäer sehen im Islam eine problematische Religion, der sie in kaum lösbare Dilemmata bringt. Auch die Muslime haben ein schwerwiegendes Problem mit den Europäern. Sie stehen nämlich vor der Herausforderung, ihr religiöses Leben in einem nichtislamischen Land einrichten zu müssen. Das wäre nicht erwähnenswert, gäbe es nicht den Totalitätsanspruch im traditionellen Islam, also die Vorstellung, der Islam habe das ganze öffentliche und private Leben der muslimischen Gläubigen zu bestimmen. Aber dieser Totalitätsanspruch ist in den europäischen Ländern einstweilen nicht zu verwirklichen. Die islamischen Interessenverbände versuchen deshalb, den nichtislamischen Mehrheitsgesellschaften solche Bedingungen abzutrotzen, die ein Leben möglichst nahe am islamischen Ideal ermöglichen. Deshalb kämpfen die Islamlobbyisten unter dem Banner des Grundrechtes auf Religionsfreiheit nach Artikel 4 Grundgesetz darum, Räume für ein autonomes islamisches Leben in Deutschland zu schaffen. Die Realisierung autonomer Bereiche könnte dann ein wichtiger Zwischenschritt auf dem langfristigen Weg zu einer durchgängigen Islamisierung des öffentlichen Lebens

---
44 Vgl. auch Schachtschneider 2010, S. 98

der europäischen Gesellschaften sein. Um dieses Ziel zu erreichen, bringen die im *Koordinierungsrat der Muslime in Deutschland* (KRM) zusammengeschlossenen islamischen Verbände einen umfangreichen Forderungskatalog in die öffentliche Interessenauseinandersetzung ein. Ihre Hauptforderungen sind:
a) Die Gleichbehandlung aller Religionen. Die Gleichbehandlung gibt es nur, wenn der Islam vollständig in das politisch-gesellschaftliche System Deutschlands einbezogen wird. Das bedeutet *die Anerkennung des Islam als Religionsgemeinschaft* mit dem Status einer Körperschaft des öffentlichen Rechts. Damit wäre der Islam den großen Kirchen gleichgestellt. Diese Anerkennung führt dann von selbst zu einem flächendeckenden islamischen Religionsunterricht. Zur Frage, in welcher Sprache der Religionsunterricht abgehalten soll, gibt es in den Verbänden und ihren Untergliederungen unterschiedliche Auffassungen. Besonders die DITIB hat lange auf einem türkischsprachigen Unterricht bestanden, ist aber in letzter Zeit von diesem Ansinnen abgerückt.[45] Die Einführung eines flächendeckenden islamischen Religionsunterrichts wiederum ist kaum denkbar ohne die Einrichtung von Lehrstühlen für islamische Theologie. Die ersten islamisch-theologischen Fakultäten haben ihre Arbeit bereits aufgenommen. Sie verschaffen dem organisierten Islam in Deutschland, in Anlehnung an die Regelungen für die christlichen Konfessionen, die Möglichkeit, Imame und Religionslehrer an deutschen Universitäten auszubilden. Falls sich Deutschland nicht zu einer vollständigen öffentlich-rechtlichen Gleichstellung des Islam im politisch-gesellschaftlichen System Deutschlands durchringen könnte, haben die Islamverbände eine einigermaßen vermessene Forderungsalternative parat: die völlige religionspolitische Neutralität des Staates. Der deutsche Staat hält gleichen Abstand zu allen Religionen (Äquidistanz), die großen Kirchen verlieren ihren privilegierten Status.
b) Zu der geforderten Gleichbehandlung des religiös islamischen Lebens gehört eine Reihe von Sonderregelungen, die es den Muslimen möglich machen soll, in Deutschland ein lupenrein islamisches Alltagsleben zu führen. Dazu zählt z. B. die Zulassung islamischer Beerdi-

---

45 Wunn, Ina: Muslimische Gruppierungen in Deutschland. Ein Handbuch. Stuttgart 2007, S. 33

gungen, Friedhöfe und Grabfelder. In diesem Fall würden zahlreiche Änderungen bei Friedhofsordnungen und Bestattungsvorschriften notwendig. Muslime sterben nämlich durchaus anders als Nichtmuslime, und das beginnt damit, dass sie noch am Todestag beerdigt werden müssen. Der Friedhof benötigt einen Raum für die rituelle Waschung; die Gräber müssen exakt nach Mekka ausgerichtet werden können; der Tote soll in einem Leinentuch und in „jungfräulicher" Erde begraben werden; aufgelassene Gräber wieder zu benützen, soll vermieden werden.

c) Die Verbände erwarten von der Mehrheitsgesellschaft, dass sie repräsentative Moscheen mit Kuppeldächern und Minaretten in den Innenstädten akzeptiert und von den Behörden fordern sie, ihre Moscheebauprojekte großzügig zu genehmigen. Da die islamische Gemeinschaft in Deutschland bisher nicht als Körperschaft des öffentlichen Rechts anerkannt ist, haben die Moscheegemeinden auch keinen aus dem Grundrecht der Religionsfreiheit herrührenden Rechtsanspruch auf den Bau islamischer Gebetsstätten.

d) Zum Forderungskatalog gehört auch die Genehmigung des lautsprecherverstärkten öffentlichen Gebetsrufs des Muezzin, der fünfmal am Tage wiederholt wird. Gerade der öffentliche Ruf des Muezzin sei ein wichtiges Zeichen für die allseits gewünschte Integration der Muslime in Deutschland. Im Übrigen entspreche sie auch dem Grundsatz auf Gleichbehandlung mit dem christlichen Glockenläuten.

e) Die Verbände fordern die vollständige Anerkennung des islamischen Schächtens. Dabei betonen sie, dass sich das Schächtgebot unmittelbar und zwingend aus dem Koran ergebe. Sie fordern eine strikte Gleichbehandlung mit der jüdischen Religion und unterstreichen, dass Berücksichtigung und Beachtung der islamischen Speisevorschriften durch die Mehrheitsgesellschaft zu einer besseren Integration der Muslime in Deutschland beitragen können.

f) Dass islamische Bekleidungsvorschriften in Schulen und Behörden strikt respektiert werden, ist ebenfalls ein Daueranliegen der Verbände. Vor allem geht es natürlich um die Anerkennung des Kopftuches (im Prinzip natürlich auch des Gesichtsschleiers oder der Burka) als Ausdruck einer islamisch-religiösen Grundhaltung. Die Verbände beklagen, dass Kopftuch tragende Frauen am Arbeitsplatz häufig benachteiligt würden und Aggressionen ausgesetzt seien. Muslimische

Arbeitssuchende, die an Kopftuch oder Bart zu erkennen sind, würden durch die Arbeitgeber diskriminiert. Das Kopftuchverbot für Lehrerinnen und andere Bedienstete im öffentlichen Dienst sei ein schwerer Eingriff in die Glaubenspraxis und Glaubensfreiheit muslimischer Frauen.

g) Die islamischen Interessenverbände verlangen die Befreiung muslimischer Kinder, insbesondere muslimischer Mädchen, von Sport-, Schwimm- und Sexualkundeunterricht sowie von der Teilnahme an Klassenfahrten und Schullandheimaufenthalten. In öffentlichen Bädern sollten spezielle Badezeiten für muslimische Mädchen und Frauen eingerichtet werden.

h) Die Verbände klagen, dass die islamischen Feiertage normale Arbeitstage sind. Gläubige Muslime bekommen von ihren Arbeitgebern keine Möglichkeit zum Freitagsgebet. Auf Fastende im Fastenmonat Ramadan wird keine Rücksicht genommen. Zur Verbesserung der Lage der Muslime ist die generelle Freistellung muslimischer Schüler an islamischen Feiertagen erforderlich. Die beiden höchsten islamischen Feiertage sollen unter staatlichen Schutz gestellt werden. Über kurz oder lang müssen deshalb auch islamische Feiertage in den öffentlichen Kalender Deutschlands aufgenommen werden.[46]

i) Die Muslime verlangen eigene Gebetsräume in allen öffentlichen Einrichtungen, wie Schulen und Hochschulen, Bahnhöfen, Krankenhäusern usw.[47]

j) Die islamischen Verbände wollen an den Aufsichtsgremien der Medien wie etwa des Rundfunkrates der öffentlich-rechtlichen Rundfunkanstalten in Deutschland beteiligt werden.

---

46 So hat der Vorsitzende des Zentralrats der Muslime, Aiman Mazyek, rechtzeitig zu Ostern 2013 die Einführung islamischer Feiertage in Deutschland gefordert. Da die Muslime in Deutschland eine signifikante Größe seien, spreche auch nichts gegen einen interreligiösen Kalender. (Zentralrat will muslimische Feiertage, in: *Frankfurter Allgemeine Zeitung*, 30. März 2013, S. 4)

47 Urteil am Bundesverwaltungsgericht – Richter verbieten Berliner Muslim Beten in der Schule, in: *Süddeutsche Zeitung*, 30. November 2011, http://www.sueddeutsche.de/karriere/urteil-am-bundesverwaltungsgericht-richter-verbieten-berliner-muslim-das-beten-in-der-schule-1.1222804, Zugriff am 8.12.2011; vgl. auch: Neureither, Georg: Schulgebet-Urteil in Berlin: Ein Staatsbankrott ganz eigener Art, in: *Islam.de*, 4. März 2012, http://islam.de/19853.php, Zugriff am 14.9.2012

k) Auf der Wunschliste steht auch die Berufung islamischer Militär- und Polizeiseelsorger; außerdem eine flächendeckende islamische Seelsorge und Betreuung in Krankenhäusern, Justizvollzugsanstalten und sozialen Einrichtungen wie Altenheimen usw.

l) Die Anerkennung des islamischen Familienrechts steht in Deutschland im Augenblick noch nicht im Forderungskatalog der großen islamischen Interessenverbände. Aber das könnte sich ändern. Die *Federación Española de Entidades Religiosas Islámicas*, einer der beiden großen Verbände der Muslime in Spanien, fordert schon seit Jahren die Anerkennung des islamischen Familienrechts einschließlich der Polygamie. Es sei nicht einzusehen, so die Islamlobbyisten, warum diese Familienform rechtlich nicht anerkannt werde, während man gleichgeschlechtliche Verbindungen mit der traditionellen Ehe gleichgestellt habe.[48]

---

48 Delgado, Mariano: Religiöser Pluralismus und Laizismus-Debatte in Spanien, in: Stimmen der Zeit. Die Zeitschrift für christliche Kultur, Nr. 3/2009, S. 197–209. Die entsprechende Stelle findet sich im Internet auf S. 10. http://www.stimmen-der-zeit.de/zeitschrift/archiv/beitrag_details?k_beitrag=1916331&query_start=10&k_produkt=2624310, Zugriff am 14.2.2013

Die Diskriminierung von Christen und die Gleichgültigkeit der westlichen Welt

Ein empfindliches politisches Problem ist die Forderung nach Wechselseitigkeit in der Behandlung von Minderheiten. Verbreitet ist die Auffassung, die Menschenrechte geböten, nicht auf dem Prinzip der Gegenseitigkeit zu bestehen, weil die Aufnahme von Einwanderern an keine Bedingungen geknüpft werden dürfe. Aber die schwierigen Lebensbedingungen religiöser Minderheiten in islamischen Ländern schreien geradezu danach, Wechselseitigkeit zu fordern. Dabei meint die Forderung nach Wechselseitigkeit keineswegs, dass die Rechte der Muslime in Europa beschnitten werden sollten. Den muslimischen Immigranten aber überhaupt keine Gegenleistung abzuverlangen, mag zwar dem Geist des Christentums entsprechen; politisch gesehen ist es allerdings ein Fehler, weil dadurch die Forderung nach Respekt für die kulturellen Grundwerte und die Symbole der europäischen Zivilisation abgeschwächt wird. Während in westlichen Städten Moscheen aus dem Boden schießen, sind in vielen islamischen Ländern religiöse Aktivitäten von Nichtmuslimen streng verboten oder harten Beschränkungen unterworfen. In einigen Ländern können sich die Christen nicht einmal zu ihrer Religion bekennen. Tragisch ist die Lage Hunderttausender von Christen von den Philippinen und aus Afrika, die auf der Suche nach einem höheren Lebensstandard in islamische Länder kommen. Sie verrichten Arbeiten, die die Einheimischen nicht tun können oder wollen. Sie helfen mit, Skipisten in der Wüste, Golfplätze auf Dächern, künstliche Inseln im Meer oder Mega-Einkaufszentren zu bauen. Aber einen Arbeitsplatz bekommt nur, wer auf die Ausübung seiner nichtislamischen Religion verzichtet. Mehr noch, Nichtmuslime werden häufig sogar dazu gezwungen, zum Islam zu konvertieren.

Selbst in den gemäßigten islamischen Ländern sind Christen, obwohl offiziell geduldet, starker Diskriminierung im öffentlichen Leben und am Arbeitsplatz ausgesetzt. Und manchmal geht die Diskriminierung sogar in physische und psychische Gewalt über. Ein Nichtmuslim hat also in einem islamischen Land kein leichtes Leben. Auch die Türkei, die bekanntlich Mitglied der Europäischen Union werden will, macht

Christen die Ausübung ihres Glaubens schwer: Der Bau neuer Kirchen wird nicht genehmigt, kirchliche Immobilien enteignet, Priester, die aus dem Ausland kommen, bekommen nur ein kurzfristiges Touristenvisum.

Berüchtigt sind die Antiblasphemiegesetze in einigen islamischen Ländern. Ein solches Gesetz ist z. B. in Pakistan in Kraft und sieht für alle die Todesstrafe vor, die den Koran und den Propheten Mohammed beleidigen. Dieses Gesetz hat ganz offensichtlich den Zweck, Gewalt gegen Christen, Gläubige anderer Religionen und – wie in Indonesien – gegen Atheisten zu legalisieren. In Pakistan ist das Antiblasphemiegesetz ein Instrument geworden, mit dem Christen drangsaliert und zum Schweigen gebracht werden. Gerade die pakistanische Gesetzgebung und ihre Anwendung sind Ausdruck einer in der islamischen Welt weitverbreiteten Doppelzüngigkeit. Das Strafgesetzbuch verbietet Blasphemie, ganz gleich, gegen welche anerkannte Religion sie sich richtet. Damit möchte man der Welt beweisen, dass alle Religionen den gleichen Respekt und die gleiche Achtung genießen. Aber angewandt wird das Gesetz nur zugunsten des Islam. Um eine Anklage wegen Blasphemie zu erheben, reicht ein einziger Zeuge. Und bereits die Anklageerhebung genügt, den Beschuldigten einzusperren oder den Drohungen, Schikanen und Gewaltakten eines aufgehetzten Mobs auszusetzen. Es gibt in der islamischen Welt natürlich auch Menschen, die der Meinung sind, solche Gesetze diskreditierten den Islam und seien eine Schande für die Länder, die solche Vorschriften anwendeten. Aber das sind nur vereinzelte, isolierte Stimmen ohne Einfluss. Pakistan ist ein Hort des religiösen Fanatismus und der antiwestlichen Brandstiftung. Dort sind die Christen, die gerade mal 3 Prozent der Gesamtbevölkerung ausmachen, die am meisten diskriminierte religiöse Gemeinschaft. Erinnert sei an Shahbaz Batti. Er war der erste Christ, der in die Regierung eintreten sollte als Minister für religiöse Minderheiten. 2011 wurde er deshalb von Islamisten aus dem Punjab ermordet. Im Jahre 2011 sind 161 Personen wegen Blasphemie angeklagt worden.

In Nigeria hat die islamische Sekte Boko Haram traurige Berühmtheit erlangt. Wörtlich übersetzt bedeutet ihr Name: „Die westliche Erziehung ist eine Sünde". Die Sekte hat reichlich Geld zur Verfügung und hat wie alle extremistischen Gruppen der islamischen Welt den Heiligen Krieg ausgerufen, um ganz Nigeria zu islamisieren und im ganzen Land die Scharia einzuführen. Sie ist verantwortlich für zahlreiche Attentate, die Tausende von Toten gekostet haben. Dazu gehört auch das Attentat auf die Kirche der heiligen Theresa in der Stadt Madalla während des Weihnachtsgottesdienstes. Die Attentate sind keine Racheakte oder Reaktionen auf Provokationen, wie immer wieder behauptet wird. Die gängige Interpretation in den europäischen Massenmedien lautet, dass es sich um Stammeskämpfe handle, bei denen es schwierig sei, zu beurteilen, wer recht habe und wer nicht. Aber die Wirklichkeit sieht anders aus. Die Attentate gehören zu einer Strategie der Islamisierung Nigerias. Es geht darum, „den Kindern unseren Glauben beizubringen"[1].

Freilich werden Christen auch in anderen Teilen der Welt verfolgt. In China etwa werden katholische Bischöfe und Priester isoliert oder in Haft gehalten oder in ihren Aktivitäten eingeschränkt. Dort gibt es eine „patriotische" Kirche, die von der Regierung ins Leben gerufen wurde, um die Gläubigen im Sinne des Regimes unter Kontrolle zu halten. Diejenigen Gläubigen aber, die sich weigern, dieser staatlich lizenzierten Kirche beizutreten, müssen mit Repressionen rechnen.

In Vietnam dient die katholische Kirche als Sündenbock im Machtkampf zwischen den verschiedenen Fraktionen der kommunistischen Partei. Die kirchlichen Aktivitäten sind schweren Beschränkungen unterworfen. Laien und Priester werden häufig rechtswidrig festgenommen, Bischöfe, die der Papst ernennt, erkennt der Staat nicht an. Aber Christen haben es auch in anderen asiatischen Ländern nicht leicht. Übrigens auch dort, wo der Buddhismus Mehrheits- oder Staatsreligion ist. Das trifft auf Länder wie Myanmar, Bhutan, Kambodscha oder Sri Lanka zu.

Indien rühmt sich, die mit über 1,2 Milliarden Menschen größte Demokratie der Welt zu sein. Aber seine Behörden tolerieren den Hindu-Fundamentalismus oder schaffen es nicht, ihn wenigstens unter Kontrolle zu halten. Die Angriffe auf Christen im Bundesstaat Orissa sind der sichtbarste Ausdruck der Hindu-Intoleranz. Die Hindus werden von der hindu-nationalistischen *Bharatiya-Janata*-Partei („Indische Volkspartei") politisch instrumentalisiert. Das, was der indischen Kirche wirklich Sorgen macht, sind nicht einzelne Fälle von Verfolgung,

---

1 *La Repubblica*, 8. März 2012

sondern eine allgemeine Atmosphäre der Intoleranz gegenüber Christen. Diese Intoleranz ist auf dem Vormarsch, aber die westlichen Massenmedien beachten diese Entwicklung kaum. Was sind die Gründe für diese Intoleranz? Ein Flugblatt, das an Weihnachten 2007 in Bangalore in Umlauf gebracht wurde, listet die „Verbrechen" der Christen auf: Gleichbehandlung für alle, Bildung für Frauen, Ablehnung des Kastensystems. Der Text, der von hindu-nationalistischen Gruppen unterzeichnet war, stellt die Christen im südindischen Bundesstaat vor die Wahl, entweder „sofort das indische Territorium zu verlassen oder zur Mutterreligion des Hinduismus zurückzukehren". Andernfalls müssten sie „von allen aufrechten Indern getötet werden".[2] Die Hinduaktivisten scheint besonders die Tatsache in Rage zu versetzen, dass die Kirchen mit ihren Schulen und ihrer Fürsorge für die Menschen vor allem unter den Armen wirken. Die Armen Indiens bilden eine Bevölkerungsgruppe von etwa 130 Millionen Menschen. Als sogenannte *Parias*, also „Unberührbare" aus religiösen Gründen, bilden sie außerhalb der rigiden indischen Sozialstruktur den Bodensatz. Und wie verhält sich Europa? Wenn sich Europa für die Menschenrechte engagiert, dann ist es meistens eine reduzierte Variante, für die es sich einsetzt. Zum Beispiel macht sich Europa wesentlich mehr Sorgen um die Freiheit der sexuellen Orientierung als um die Religionsfreiheit von Christen. Kein Wunder, dass das Europäische Parlament in der vergangenen Legislaturperiode wegen eines angeblichen Mangels an Respekt für die Menschenrechte mehr Rügen an die Adresse des Papstes gerichtet oder wenigstens zu richten versucht hat als an islamische oder andere autoritär geführte Länder.

Religionsfreiheit ist die Quelle jeder anderen Freiheit

Europa scheint noch nicht erkannt zu haben, dass die Einschränkung oder Verweigerung der Rechte von Christen die Geltung der universellen Menschenrechte ganz allgemein berührt. Religionsfreiheit ist die Quelle jeder anderen Freiheit. In seiner Botschaft zum Welttag des Frie-

---

2 Tutte le persecuzioni dei cristiani nel mondo, in: *Il Giornale*, 27. August 2008

dens am 1. Januar 2011, der unter dem Motto „Religionsfreiheit, Weg zum Frieden" stand, schrieb Benedikt XVI.:

> „Denn es ist schmerzlich festzustellen, dass es in einigen Regionen der Welt nicht möglich ist, den eigenen Glauben frei zu bekennen und zum Ausdruck zu bringen, ohne das Leben und die persönliche Freiheit aufs Spiel zu setzen. In anderen Gebieten existieren lautlosere und raffiniertere Formen von Vorurteil und Widerstand gegen die Gläubigen und gegen religiöse Symbole. Die Christen sind gegenwärtig die Religionsgruppe, welche die meisten Verfolgungen aufgrund ihres Glaubens erleidet. [...] Das kann man alles nicht dulden, weil es eine Beleidigung Gottes und der Menschenwürde ist; [...] *Die Religionsfreiheit ist der Ausgangspunkt der moralischen Freiheit.* Tatsächlich verleiht das in der menschlichen Natur verwurzelte Offensein für die Wahrheit und das Gute jedem Menschen volle Würde und gewährleistet den gegenseitigen Respekt zwischen Personen."[3]

Die Religionsfreiheit anzuerkennen, bedeutet also die Würde der menschlichen Person zu respektieren. Das ist die Voraussetzung für die Errichtung einer gerechten Gesellschaftsordnung. Religionsfreiheit ist nicht nur ein hohes Gut für alle Glaubenden, sondern für die ganze Gesellschaft. Sie ist ein unabdingbares Element des Rechtsstaates. Die Religionsfreiheit ist der Eckpfeiler der Menschenrechte. Denn in dem Augenblick, in dem die Religionsfreiheit verneint wird, werden alle anderen Grundrechte und fundamentalen Freiheitsrechte auch angetastet. In diesem Sinne ist die Religionsfreiheit eine unersetzliche zivilisatorische Errungenschaft. Alexis de Tocqueville, der große Demokratietheoretiker, hat im 19. Jahrhundert die Formel geprägt:

> „Der Despotismus braucht keine Religion, die Freiheit und die Demokratie brauchen sie sehr wohl."[4]

---

3 Botschaft Seiner Heiligkeit Papst Benedikt XVI. zur Feier des Weltfriedenstages 1. Januar 2011, aus dem Vatikan, am 8. Dezember 2010. Vatikanstadt 2010, http://www.dbk.de/fileadmin/redaktion/diverse_downloads/Botschaften/2011-01-11_Botschaft_Weltfriedenstag.pdf, Zugriff am 14.9.2012
4 Alexis de Tocqueville: La democrazia in America. Milano 2004, Bd. 1, S. 9

Die Allgemeine Erklärung der Menschenrechte, die am 10. Dezember 1948 von der Vollversammlung der Vereinten Nationen verabschiedet wurde,[5] erklärt in Artikel 18:

> „Jeder hat das Recht auf Gedanken-, Gewissens- und Religionsfreiheit; dieses Recht schließt die Freiheit ein, seine Religion oder seine Weltanschauung zu wechseln, sowie die Freiheit, seine Religion oder seine Weltanschauung allein oder in Gemeinschaft mit anderen, öffentlich oder privat durch Lehre, Ausübung, Gottesdienst und Kulthandlungen zu bekennen."

Artikel 29 Abs. 2 erlaubt einige Beschränkungen in der Ausübung dieses Rechtes, so wie alle anderen Rechte und Freiheiten auch nicht unbeschränkt sind:

> „Jeder ist bei der Ausübung seiner Rechte und Freiheiten nur den Beschränkungen unterworfen, die das Gesetz ausschließlich zu dem Zweck vorsieht, die Anerkennung und Achtung der Rechte und Freiheiten anderer zu sichern und den gerechten Anforderungen der Moral, der öffentlichen Ordnung und des allgemeinen Wohles in einer demokratischen Gesellschaft zu genügen."

Diese Bestimmungen bestätigen, dass die Religionsfreiheit zum Wesenskern der Menschenrechte zählt und dass kein menschliches Gesetz diese universellen und natürlichen Rechte verleugnen darf. Jeder Mensch darf also eine Religion haben oder sich von ihr abwenden und sich einer anderen Religionsgemeinschaft anschließen oder sich zu keiner Religion bekennen.

Völlig zu Recht genießen die Muslime in Europa Religionsfreiheit, und zwar eine Religionsfreiheit, die nicht an Bedingungen geknüpft ist. Aber in dem Augenblick, in dem die Muslime volle Religionsfreiheit genießen, muss höchstmöglicher Druck auf die islamischen Länder und auf die islamischen Organisationen ausgeübt werden, damit auch dort, wo der Islam in der Mehrheit ist, die Rechte der religiösen Min-

---

5 Resolution 217 A (III) der Generalversammlung vom 10. Dezember 1948: Allgemeine Erklärung der Menschenrechte, http://www.un.org/Depts/german/grunddok/ar217a3.html, Zugriff am 14.9.2012

derheiten respektiert werden. Es geht um die Anerkennung des Grundrechtes auf Religionsfreiheit, und eben nicht nur um bloße Toleranz. Toleranz bedeutet lediglich, dem anderen die physische Existenz nicht abzusprechen. Toleranz umfasst jedoch nicht die Freiheit des Wortes und der religiösen Verkündigung.

Doch zuvor muss sich Europa seine griechischen, römischen, jüdischen und christlichen Wurzeln bewusst machen. Es sollte die Konsequenzen eines um sich greifenden laizistischen Fundamentalismus überdenken. Der laizistische Fundamentalismus gründet sich auf zwei Vorurteile: erstens, dass alle Religionen unterschiedslos von innen her und *per definitionem* fanatisch, totalitär und pervers seien, und zweitens, dass nur eine laizistische Kultur ihrer Natur nach gegen jede Form von Fanatismus, Gewalt und Terrorismus immun sei.

Aber wer alle Religionen in einen Topf wirft, verhindert, das Irrationale, das sich hinter bestimmten religiösen Verhaltensweisen verbirgt, zu erkennen und zu überwinden. Es gibt nämlich Unterschiede zwischen den Religionen. Die Schandtaten, die in ihrem Namen begangen worden sind, haben nicht denselben Ursprung. In manchen Religionen verstößt die Gewalt, die in ihrem Namen gegen Personen verübt wird, gegen die ursprüngliche Botschaft und verrät sie. Das ist etwa beim Christentum der Fall, denn das Neue Testament lehnt jede Gewalt entschieden ab. In anderen Religionen sind es die heiligen Texte, die Gewalt gegen Personen erlauben oder sogar gutheißen. Das ist etwa beim Islam der Fall.

Das zweite Vorurteil fällt in sich zusammen, wenn man sich in Erinnerung ruft, welche Verbrechen seit der Französischen Revolution im Namen laizistischer Ideologien verübt worden sind: der Terror der Jakobiner, der kommunistische Gulag, die nationalsozialistischen Konzentrationslager. Sollte sich Europa am Ende für einen laizistischen Fundamentalismus entscheiden, dann riskiert es, neue Monstrositäten zu produzieren.

Die Unfähigkeit Europas, auch in den islamischen Ländern Religionsfreiheit einzufordern, und die islamische Reconquista Europas

Europa hat weder die Kraft noch den Willen, Wechselseitigkeit in der Frage der Religionsfreiheit zu verlangen. Europa kann es nicht, weil es politisch schwach ist. Europa will es nicht aus Angst vor Handelsnachteilen und Schwierigkeiten mit der Ölversorgung, die es ökonomisch erpressbar machen. Europa darf es nicht, weil es zum Christentum auf Distanz gegangen ist und sich daher dem Gedanken der Äquidistanz verpflichtet fühlt. Das bedeutet, dass die islamische und die christliche Religion als gleichermaßen dogmatisch und intolerant betrachtet werden. Andererseits unterstützen und fördern aber praktisch alle islamischen Staaten, von Brunei bis Saudi-Arabien, von den Arabischen Emiraten bis Libyen, die Expansion des Islam. Insbesondere Saudi-Arabien scheint enorme Summen in den Bau von Moscheen und in die finanzielle Unterstützung islamischer Zentren zu investieren. Der Bau der Großen Moschee in Rom, der bis heute größten Moschee in Europa überhaupt, wurde von Saudi-Arabien angeregt und finanziert. Der Bau dieser Moschee war die Bedingung für den Ausbau der Handelsbeziehungen mit Italien. Auf der Internetseite der saudi-arabischen Botschaft in Italien ist zu lesen:

> „Das Jahr 1973 war von außerordentlicher Bedeutung für die Beziehungen zwischen beiden Ländern: Anlässlich des Besuches des italienischen Außenministers Medici in Riad wurde – erstmals wieder seit 1932 – ein wichtiges Abkommen über die kulturelle, technische und wissenschaftliche Zusammenarbeit unterzeichnet. In demselben Jahr begab sich König Faisal Bin Abdul Aziz auf seinen ersten offiziellen Besuch nach Italien. Dort traf er den Präsidenten der Republik, Giovanni Leone. Ergebnis dieses Besuches war, dass die letzten Schwierigkeiten bezüglich des Baus einer Moschee und eines islamischen Zentrums überwunden werden konnten."[6]

---

6 „Il 1973 doveva rivelarsi un anno di particolare importanza nelle relazioni tra i due Paesi: in occasione della visita a Riyadh del Ministro degli Esteri italiano Medici fu siglato un importante accordo (il primo dal 1932) di cooperazione culturale, tecnica e scientifica. Nello stesso anno si recava a Roma per la prima visita ufficiale Re Faisal

Ein vollständiger Überblick über alle Moscheen in den 27 Ländern der Europäischen Union fehlt zwar bislang, aber Schätzungen gehen von 7.500 bis 8.000 aus. Diese Zahl umfasst allerdings nicht nur repräsentative Moscheebauten, sondern auch einfache Gebetsräume. Gegenstand der oft lebhaft und polemisch ausgetragenen Auseinandersetzungen im Umfeld von Moscheebauten ist nicht das Recht, sich zum öffentlichen Gebet versammeln zu dürfen. Dieses Recht steht jeder Person zu. Es geht vielmehr darum, dass dieses Recht für andere, vor allem für politische Ziele instrumentalisiert wird. Gelegentlich wird dieses Recht auch dazu missbraucht, zu provozieren und die Machtverhältnisse zwischen der muslimischen Gemeinde und der Gesamtgesellschaft zu testen. Als problematisch wird häufig auch die Tatsache empfunden, dass Moscheen nicht nur Stätten des Gebetes sind, wie es etwa christliche Kirchen sein wollen. Die Moschee erfüllt verschiedene Funktionen. Zunächst und vor allem ist sie eine Stätte der religiösen Unterweisung, der Kenntnis des Koran. Aber darüber hinaus hat die Moschee auch soziale und politische Funktionen und ist ein Ort, an dem die arabische Sprache gepflegt wird. In der Moschee werden offizielle und inoffizielle Gesprächspartner oder Besucher empfangen. Sie ist ein Ort, an dem karitative Güter gesammelt und verteilt werden. Die Moschee ist ein soziales Zentrum für Frauen und Kinder, sie ist also nicht ausschließlich den Männern vorbehalten. Sie bietet Raum für Unterhaltung bei besonderen Anlässen. Kurzum, in der Moschee spielt sich das gesamte soziale Leben und die Sozialisation der Muslime ab. Dieser Umstand rechtfertigt es, von den Moscheegemeinden erschöpfende Auskunft darüber zu verlangen, von wem die Moscheen finanziert und wie sie geführt werden. Zudem erfordert es der Gleichbehandlungsgrundsatz, dass den Moscheegemeinden der europäischen Städte keine Vorrechte eingeräumt werden, die nicht jeder anderen Religionsgemeinschaft ebenfalls zustehen.

Bin Abdul Aziz, che incontrò il Presidente della Repubblica Giovanni Leone, superando le ultime difficoltà riguardanti l'edificazione di una Moschea e di un Centro Islamico", zitiert nach: *Cenni storici*, Reale Ambasciata dell'Arabia Saudita 2003, http://www.arabia-saudita.it/, Zugriff am 14.9.2012

Saudi-Arabien finanziert weltweit einen radikalen, antiwestlichen Islam

Viele Moscheen werden von Saudi-Arabien finanziert. Und Saudi-Arabien fördert einen radikalen wahabitischen Islam. Man schätzt, dass die saudische Königsfamilie im Laufe der letzten 20 Jahre 85 bis 90 Milliarden Dollar aufgewendet hat, um etwa 1.350 Moscheen, 210 islamische Zentren und einige Universitäten in Europa, Amerika, Asien und Afrika zu finanzieren. Das Geld stammt natürlich aus den Öleinnahmen. Die Adressaten des saudischen Geldes sind Orte einer antiwestlichen und im Besonderen einer antiamerikanischen Indoktrination. Die saudisch finanzierten Schulen zum Beispiel bringen ihren Schülern nicht nur eine autokratische Form des Islam bei, sondern lehren sie auch, die säkularen Werte des Westens zu hassen.

Kaum ein Muslim, der in Europa lebt, stammt aus Saudi-Arabien. Aber Saudi-Arabien, das sich als Wächterin der heiligen Stätten von Mekka und Medina versteht, finanziert überall auf der Welt den Bau von Moscheen. Dadurch unterstreicht Saudi-Arabien seinen Anspruch, die weltweite islamische Gemeinschaft zu repräsentieren. In Saudi-Arabien existieren keine Kirchen und neue zu bauen, ist verboten. Das saudische Recht gesteht den Nichtwahabiten zu, ihren religiösen Glauben im Privaten auszuüben. Allerdings schrecken die Männer der furchteinflößenden *Mutawwa'in*, der „Religionspolizei des Departements für die Verhütung des Lasters und die Förderung der Tugend", keineswegs davor zurück, willkürlich Menschen zu verhaften, religiöse Gegenstände zu beschlagnahmen oder heimlich eingerichtete Kultstätten anderer Religionen zu zerstören. Im exotischen Paradies der Malediven gibt es keine Kirchen, es sind auch keine religiösen Veranstaltungen erlaubt, es sei denn, es handelt sich um islamische. In den Ländern mit islamischer Bevölkerungsmehrheit empfiehlt es sich, zum Islam zu konvertieren. Umgekehrt ist es für einen Muslim extrem gefährlich, dem Islam den Rücken zu kehren, um ein anderes religiöses Bekenntnis anzunehmen. Wer es trotzdem tut, muss im schlimmsten Fall sogar mit dem Tode rechnen. Die islamische Welt ist geradezu besessen von dem Gedanken, Muslime könnten zu anderen Religionen übertreten. In einigen islamischen Ländern steht auf Abfall vom Islam und Konversion zu einer anderen Religion die Todesstrafe. Das ist im Sudan, im Iran, in Saudi-Arabien, in Nigeria, in Pakistan und Mauretanien der Fall. In anderen Staaten, wie etwa in Ägypten, wartet Gefängnis auf denjenigen, der den Islam verlässt. Allerdings wird in Ägypten niemand wegen des Abfalls vom islamischen Glauben (Apostasie) bestraft, sondern wegen Lästerung Allahs und seiner Gesetze, wegen Erregung eines öffentlichen Skandals, wegen Rebellion und Polytheismus (*fitna*). Anzumerken ist, dass in jenen Ländern, in denen es keine Todesstrafe wegen Apostasie gibt, Konvertiten häufig bedroht und der Rache der Bevölkerung ausgesetzt werden.

In Ägypten stoßen die Kopten, die ursprünglichen Bewohner Ägyptens, auf Hindernisse nicht nur beim Bau neuer Kirchen, sondern auch bei der Erhaltung der alten. Die ägyptische Verfassung, die sich stark am Koran orientiert, begünstigt die Muslime und macht die Christen zu Bürgern zweiter Klasse. In Marokko und Tunesien gibt es zwar ein paar Kirchen, die in der Kolonialzeit gebaut oder wiedererworben worden sind. Diese Kirchen werden als Beispiele für Toleranz und Dialog an die große Glocke gehängt. Jede Form von Missionstätigkeit ist jedoch verboten. Andererseits kommt es vor, dass zur Konversion entschlossenen Muslimen die Taufe verweigert wird, um den Taufbewerbern Probleme zu ersparen oder um die empfindliche Lage der Christen nicht zusätzlich zu erschweren.

Im Sudan werden Priester und christliche Aktivisten entführt. Die islamische Regierung sieht diesem Treiben gleichgültig zu. Sie hat die Anwendung der Scharia verschärft und Hunderttausende von Christen in den Südsudan vertrieben, nachdem der Süden von Khartum unabhängig geworden ist. In Somalia hat ein Klima der Einschüchterung viele Christen dazu gebracht, ihr Land zu verlassen und nach Kenia zu fliehen. Unter den gleichgültigen Augen der westlichen politischen und kulturellen Eliten findet in den islamischen Ländern eine religiöse Säuberung statt, die als erste die Christen trifft. Nach Angaben des amerikanischen Nachrichtenmagazins *Newsweek* vom Februar 2012 haben die terroristischen Angriffe auf Christen in Afrika, dem Nahen Osten und in Asien zwischen 2003 und 2010 um 309 Prozent zugenommen.

Der Libanon galt einst als Vorzeigeland für ein friedliches Zusammenleben von Christen und Muslimen. Er war eine sichere Zufluchtsstätte für die Christen aus anderen Ländern des Nahen Ostens. Heute werden auch die libanesischen Christen als Verlierer betrachtet und behandelt, besiegt in einem blutigen Bürgerkrieg. Aber selbst die sogenannten säkularen Länder waren es in Wirklichkeit gar nicht. Sie banden sich in ihren Verfassungen an den Islam und die Scharia und ergriffen restriktive Maßnahmen gegen Christen. Letztere wiederum sahen sich mehr und mehr zur Emigration in den Westen gezwungen.

Im Irak machten die Christen vor dem Sturz von Saddam Hussein 5 Prozent der Gesamtbevölkerung aus. Heute sind es nur noch 1 Prozent und selbst diese kleine Gruppe sieht sich genötigt, wegen der immer unsichereren Lebensbedingungen auszuwandern. Keineswegs war das Leben unter der Diktatur von Hussein idyllisch gewesen. Obwohl der Irak dem Namen nach eine säkulare Republik war, war der Islam der Verfassung nach als Staatsreligion anerkannt. Und was noch mehr zählt, das islamische Recht hatte das Leben des Landes voll im Griff und diskriminierte Nichtmuslime. Wenn zum Beispiel eine christliche Frau einen muslimischen Mann heiratete, dann mussten die Kinder Muslime werden. Der umgekehrte Fall allerdings war nicht erlaubt. Ein Muslim konnte einen Christen beerben, ein Christ einen Muslim dagegen nicht. Entgegen dem vom Baath-Regime proklamierten Säkularismus blieb der Irak vom islamischen Recht durchdrungen. Trotz alledem waren die Lebensbedingungen für die Christen halbwegs erträglich. Mit der Etablierung des von den Amerikanern gestützten neuen Regimes jedoch haben sich die Lebensbedingungen für die Christen erheblich verschlechtert. Schon die neue Verfassung bezeichnet den Irak als eine islamische Republik. Psychische und physische Gewalt sind jetzt an der Tagesordnung. Eine ununterbrochene Reihe von Attentaten gegen Kirchen und Privathäuser versetzen die christlichen Gemeinden in Angst und Schrecken und bringen viele von ihnen dazu, auszuwandern. Sinnbild für die prekäre Lage der Christen im Irak ist der Angriff auf die syrisch-katholische Kathedrale *Unserer Lieben Frau von der Immerwährenden Hilfe* in Bagdad. Dort wurden am 31. Oktober 2011 zwei Priester und mehr als fünfzig Gläubige während eines Gottesdienstes umgebracht. Und das in einem Land, das der Überlieferung nach vom heiligen Apostel Thomas evangelisiert wurde.

Ein ähnlich schreckliches Schicksal könnte die Christen in Syrien treffen. Aktuell leben etwa 2,5 Millionen Christen dort. Zu ihnen zählen auch viele Tausend Flüchtlinge aus dem Irak, die in Syrien Aufnahme gefunden haben. Einen Vorgeschmack darauf, was den Christen im

Falle eines Sieges der Muslimbrüder blühen könnte, boten die Ereignisse in Konfliktzentren wie Homs, von wo ein hoher Prozentsatz von Christen geflohen ist, weil sich dort religiös motivierte Gewalt breitgemacht hat. Der eventuelle Sturz von Baschar al-Assad könnte sich für die Christen, die dann den islamischen Terroristen und Fundamentalisten ausgeliefert wären, als Katastrophe erweisen. Das wäre ein trauriges Ende, denn die Geschichte der Christen in Syrien ist die Geschichte des Urchristentums. Es war die Straße nach Damaskus, auf der der heilige Paulus sein Bekehrungserlebnis hatte. Es war die Stadt Antiochia, die heute in der Türkei liegt, in der die Anhänger Jesu zum ersten Mal „Christen" genannt wurden. Nicht zu Unrecht fühlen sich die syrischen und alle anderen Christen des Nahen Ostens als die unmittelbaren Erben einer uralten spirituellen Tradition. Es gibt verschiedene christliche Gemeinschaften in Syrien; die größten sind die griechisch-orthodoxe und die griechisch-katholische Kirche. Weiter gibt es die armenisch-orthodoxen und die armenisch-katholischen, die syrisch-orthodoxen und die syrisch-katholischen Christen, soweit sie die Massaker und Deportationen der Türken im Ersten Weltkrieg überlebt haben. Dann existieren noch assyrische und katholisch-chaldäische Christen, soweit sie ihrer Verfolgung im Irak entkommen sind. Die kleinsten christlichen Gemeinschaften bestehen aus Maroniten sowie römisch-katholischen, anglikanischen und protestantischen Christen.

Die Vielgestaltigkeit der christlichen Welt in Syrien und ihre bis in das Urchristentum zurückreichenden Wurzeln erinnern daran, dass die nahöstliche Welt nicht immer islamisch war. Sie erinnern zudem daran, dass die Christen wenn auch unter großen Schwierigkeiten in einem islamisch dominierten Staat nur überleben können, wenn er wenigstens im Ansatz säkular ist. Der ideologische Gründer der Baath-Partei, die seit 1963 in Syrien an der Macht ist, war der säkular gesinnte griechisch-orthodoxe Christ, Michel Aflaq. Unter dem Druck islamistischer Bewegungen wurde 1973 jedoch die Bestimmung eingeführt, dass das Staatsoberhaupt ein Muslim zu sein habe. Die Muslimbrüder übten einen konstanten Druck auf die Öffentlichkeit aus mit dem Ziel, alle Institutionen des Landes islamkonform zu machen. Ihre Hochburg war die Stadt Hama. Von dort aus revoltierten sie 1964, 1981 und 1982 gegen das Baath-Regime. Auch 2011 war Hama einer der wichtigsten Schauplätze der Revolte, die von Europa und von den Vereinigten Staaten mit großer Begeisterung als Fortsetzung des „arabischen Frühlings" gefeiert wurde. Die Art und Weise, in der Hafiz al Assad, der Vater des heutigen Präsidenten, damals die islamische Revolte von Hama niedergeschlagen hatte, zwang seinen Sohn, die Taktik gegenüber dem Islam zu ändern. Er begann den Islam dazu zu benützen, sein Regime vor den Augen der sunnitischen Mehrheit im Lande zu legitimieren. Und trotz alledem genossen die syrischen Christen Rechte, die ihren Mitbrüdern in anderen islamischen Ländern unbekannt waren. Sie genossen eine Religionsfreiheit, die größer war als die, die sie unter der osmanischen Herrschaft hatten. Ein wichtiger Grund dafür liegt wohl darin, dass Präsident Baschar al-Assad selbst einer religiösen Minderheit angehört. Aber diese Minderheit der Alawiten ist zu klein, um das Land, in dem die Mehrheit sunnitisch ist, alleine zu regieren. Deshalb warb der Präsident noch um andere Minderheiten, darunter auch um Christen. Die christlichen Gemeinden erhielten bisher problemlos Genehmigungen zur Sanierung bzw. zum Neubau von Kirchen oder zum Gebet in der Öffentlichkeit. Die christliche Religionszugehörigkeit wurde nicht eigens in den Personalausweis eingetragen. Die christlichen Geistlichen brauchten keinen Wehrdienst zu leisten. Die Christen unterstützten das Regime deshalb mehrheitlich. Vor allem die Revolte von Hama in den 1980er-Jahren machte ihnen bewusst, dass es das Regime war, das ihnen Schutz gegen die Folgen einer islamistischen Wende bot. Zwar waren in den Machtzentren von Politik und Verwaltung Christen praktisch nicht vertreten, waren christliche Schulen verstaatlicht worden und wurden Geistliche immer wieder aufs Neue auf ihre Treue gegenüber dem Regime eingeschworen – wie das Regime überhaupt alle Vereinigungen unter strenger Kontrolle hielt. Der Import von ausländischen Büchern war sehr schwierig und mit den anderen Bürgern teilten die Christen die Erfahrung, in einer Diktatur zu leben. Es blieb aber eine Tatsache, dass die Christen ihren Glauben ausüben konnten, ohne wie in anderen islamischen Ländern dafür verfolgt zu werden.

Sehr viel stärker als andere Teile der Welt werden die islamischen Länder von einer Welle der religiösen Wiedergeburt erfasst. Davon zeugen ein neuer aggressiver Islam und der Aufstieg politischer Führer, die erklärtermaßen religiös orientiert sind, und zwar auch in Ländern wie der Türkei, die im vergangenen Jahrhundert noch ausgesprochen laizistisch orientiert waren. Sichtbar wird diese Entwicklung aber auch in Palästina oder Teilen Afrikas, wo Konflikte, die bislang nicht als religiöse Auseinandersetzungen gesehen wurden, nun als Religionskonflikte erkannt werden. Nicht zu übersehen ist, dass sich in allen islamischen Ländern ein obskurer Islam breitmacht, der Unterschiede nicht toleriert und die Konfrontation mit anderen Lebens- und Gesellschaftsformen fürchtet; ein Islam, der sich, um seine Reinheit zu verteidigen, in sich selbst verschanzt. Das Haupthindernis für den Sieg eines solchen Islam sehen seine Anhänger in den Christen, und zwar nicht so sehr aus theologischen Gründen, sondern vielmehr aufgrund der freiheitsorientierten Konzeption der Person, des Wissens, der Bildung und der Lebensweise im Christentum. Die Anhänger eines solchen Islam leiden an einem Minderwertigkeitskomplex. Aber statt die Gelegenheit zu nutzen, sich mit den Christen auf sozialem, wirtschaftlichem und kulturellem Gebiet zu messen, zwingen die Anhänger dieses aggressiven Islam sie zur Auswanderung. Viele Muslime scheinen nicht zu begreifen, dass sich auch der Islam nicht der Konfrontation mit der Moderne entziehen kann. Stattdessen verschließen sie die Augen vor dieser Konfrontation oder glauben, dass die dogmatische Behauptung der eigenen Überlegenheit und der eigenen Autarkie es sei, durch die Probleme gelöst würden. Sie begreifen nicht, dass sie sich selbst arm machen, wenn sie den Beitrag der Christen zum Bau eines gemeinsamen Hauses zurückweisen. Das gilt vor allem für den Nahen Osten, für den es lebenswichtig ist, seine kulturelle Offenheit und das Wissen der Außenwelt, das die Christen besitzen, zu bewahren. Christen könnten wertvolle Verbündete sein im Streben nach Demokratie und Pluralismus, aber auch beim Aufbau einer freiheitlichen Ökonomie und eines modernen Erziehungs- und Bildungswesens. Christen haben also nicht nur ein Recht, in ihrer angestammten Heimat zu leben. Schließlich leben sie seit zweitausend Jahren in dieser Region. Darüber hinaus könnte die islamische Bevölkerungsmehrheit auch von ihrer Anwesenheit profitieren. Die islamischen Staaten müssten also ein Interesse daran haben, ihre Diskriminierungspolitik zu beenden und die islamischen Gesellschaften dazu zu bringen, ihre feindselige Haltung gegenüber den Christen aufzugeben. Allerdings ist eine solche Entwicklung eher unwahrscheinlich. Die Probleme in den islamischen Ländern sind kompliziert und scheinen schier unlösbar. Der pakistanische Atomphysiker, Pervez Hoodbhoy glaubt sogar, dass „muslimische Gesellschaften

[...] kollektiv gescheitert"⁷ seien. Den fanatisierten Massen von Analphabeten, aber auch den politischen und religiösen Eliten, die machtversessen, autistisch und rückwärtsgewandt sind, fehlt die Achtung für Demokratie und Menschenrechte. Hinzu kommt der Westen, der etwas sieht, was es gar nicht gibt. Die jüngste Kostprobe dafür bot seine Reaktion auf die Revolten, die in Nordafrika, im Nahen Osten und auf der arabischen Halbinsel ausgebrochen waren. Der schöne Begriff des „Arabischen Frühlings" verschleierte die Tatsache, dass der Aufstand lediglich eine Antwort auf den Despotismus der alten Herrschaftselite war.⁸ Ein wesentlicher Teil der Aufständischen verfolgte das Ziel, eine despotische Herrschaft durch eine andere zu ersetzen. Pervez Hoodbhoy kann in den Protesten kein Verlangen nach einer kulturellen und oder wissenschaftlichen Renaissance erkennen. Daher könne man keine großen Veränderungen erwarten. Eine wirkliche Befreiung könne es nur dann geben, wenn auf die politischen Veränderungen ein kultureller Wandel und eine Änderung der Einstellungen folge.⁹ Mit diesem kulturellen Wandel meint Hoodbhoy aber nichts Geringeres als die tief greifende und alle Bereiche umfassende Säkularisierung von Gesellschaften, die bislang keine religionsfreie Zone kennen.

Die demokratische Revolution von 1989 in Osteuropa zu vergleichen mit dem „Arabischen Frühling" von 2011 (nach islamischer Zeitrechnung das Jahr 1432), ist aus diesen Gründen nachgerade skurril und grenzt an eine Beleidigung für die osteuropäischen Völker. Wer sich einen Blick auf die Realitäten gestattete, konnte nämlich sehen, mit welch atemberaubender Geschwindigkeit sich die arabischen Träume von einer demokratischeren und liberaleren Gesellschaft in Luft auflösten. Ein weiteres Problem der islamischen Länder sind die Massen von Analphabeten; Schul- und Hochschulwesen befinden sich in einem geradezu archaischen Zustand. In einer sicherlich unverdächtigen Untersuchung, die im Auftrag der *Organisation für Erziehung, Kultur und Wissenschaft*

---

7 Kazim, Hasnain: Interview mit dem pakistanischen Atomphysiker Pervez Hoodbhoy: „Muslimische Gesellschaften sind kollektiv gescheitert", in: *Spiegel-online*, 28. Januar 2013, http://www.spiegel.de/politik/ausland/interview-mit-dem-pakistanischen-atomphysiker-pervez-hoodbhoy-a-879319.html, Zugriff am 5.2.2013
8 Ebenda
9 Ebenda

der Arabischen Liga mit Sitz in Tunis angestellt wurde, sind 30 Prozent der etwa 300 Millionen Menschen in den arabischen Ländern Analphabeten. Der Direktor der Organisation, Mongi Bousnia, vermerkt mit Bitterkeit, dass es in der Altersgruppe von 15 bis 45 Jahren 75 Millionen Analphabeten gebe:

> „Einer von drei Bürgern in der arabischen Welt kann weder lesen noch schreiben. Das ist das Doppelte des weltweiten Durchschnitts, der bei 16 Prozent liegt."[10]

In anderen islamischen Ländern ist die Lage nicht besser. In Pakistan sind nach Angaben der *Unicef* 50 Millionen Menschen über 10 Jahren Analphabeten, bei einer Gesamtbevölkerung von 180 Millionen Einwohnern. Im Iran liegt der Anteil der Analphabeten bei 25 Prozent. Diese Verhältnisse sind nicht nur Folge der schwachen wirtschaftlichen Entwicklung, sondern auch dem Umstand zuzuschreiben, dass Bildung allgemein nur einen geringen Stellenwert hat und Mädchen nur einen begrenzten Zugang zum Bildungssystem haben. Mädchen mit meist religiösen Begründungen von der Bildung auszuschließen, ist allemal ein bewährtes Mittel, rückständigen Stammestraditionen das Überleben zu sichern. Ein Bericht der Weltbank zur Bildungsreform in Nordafrika und im Nahen Osten ist im Februar 2008 zu der Schlussfolgerung gekommen, dass der Bildungssektor in der arabischen Welt im Vergleich zu anderen Regionen weit zurückgeblieben ist. Ohne eine Reform des Bildungswesens sei die drückende Arbeitslosigkeit aber nicht wirksam zu bekämpfen.

Ein wichtiges Ziel bei der Gründung der *Organisation für islamische Zusammenarbeit* (OIC) bestand darin,

> „... den Erwerb und die Popularisierung von Wissen in Übereinstimmung mit den hohen Idealen des Islam zu fördern, um höchstes intellektuelles Niveau zu erreichen"[11].

---

10 Missori, Cristina: Allarme nel mondo arabo: un cittadino su tre è analfabeta, in: AnsaMed, 8. September 2008
11 „... to advance the acquisition and popularization of knowledge in consonance with the lofty ideals of Islam to achieve intellectual excellence", zitiert nach: Charter of

Die Grenzen des angestrebten Wissenserwerbs liegen also dort, wo dieses Wissen nicht mehr mit den „hohen Idealen des Islam" übereinstimmt. Vor diesem Hintergrund ist es höchst unwahrscheinlich, dass sich ein Bildungssystem entwickeln kann, das leistungsfähig genug ist, Ideen und eine Forschung hervorzubringen, die frei und unabhängig von den offiziellen Inhabern und Hütern des Wissens sind. Wissen beginnt mit dem Zweifel und der Kritik, es gründet auf eine freie Forschung und entzieht sich jeglicher ideologischer Kontrolle. Es ist wohl kein Zufall, dass man Universitäten islamischer Länder in allen Weltranglisten sehr weit unten suchen muss, obwohl es 57 Länder mit einer muslimischen Bevölkerungsmehrheit gibt und obwohl diese Länder insgesamt mehr als eine Milliarde Menschen zählen. Nach der *Webmetrics Ranking of World Universities* befanden sich im Jahre 2010 ganze 4 Universitäten islamischer Länder unter den ersten 1.000. Das *Academic Ranking of World Universities* weist gerade mal eine einzige unter den ersten 500 aus. Besser, wenn auch immer noch armselig, schneiden die Universitäten islamischer Länder beim *QS World University Ranking* ab: Dort sind es 10 Universitäten unter den ersten 500.

Im Übrigen kann man auch nicht viel erwarten von einem Bildungssystem, das systematisch Neugierde, Wissensdrang, kritische Fragen und Diskussion unterbindet, andererseits aber die unkritische Übernahme alles dessen, was in der Vergangenheit gesagt oder geschehen ist, fördert und autoritäres Verhalten einübt. Ein solches System bringt Individuen hervor, die mit der Welt außerhalb des Zauns, der um sie herum gezogen worden ist, nicht kommunizieren können. Sie sind unfähig, sich zu eigenständigen Persönlichkeiten zu entwickeln und sich über nationale oder internationale Tatsachen objektiv zu informieren. Sie sind nur beschränkt imstande, eigene Ideen zu entwickeln. Sie sind den extrem vereinfachenden Botschaften religiöser und politischer Führer, die keine Skrupel haben, Menschen zu manipulieren und sie von den Massenmedien aufhetzen zu lassen, wehrlos ausgesetzt. Die Analyse dieser Gegebenheiten lässt den Schluss zu, dass es unrealistisch ist, auf eine demokratische und liberale Umgestaltung der islamischen Welt zu hoffen, solange sie über keine moderne Schul- und Hochschul-

---

the *Organisation of Islamic Cooperation* (OIC), http://www.oic-oci.org/page_detail.asp?p_id=53, Zugriff am 15.9.2012

bildung verfügt. Auch die religiöse Bildung in den Koranschulen findet nach diesem Muster statt. Ihr Ziel ist es, Kinder und Jugendliche zu rigiden und dogmatischen Persönlichkeiten zu erziehen. Deshalb stützt sie sich auf das mechanische Auswendiglernen der religiösen Texte und auf das Verbreiten von Angst vor Kritik und eigenständigem Denken. Etwas infrage zu stellen, auch sich selbst, ist die unabdingbare Voraussetzung für intellektuelle und spirituelle Entwicklung. Die Reife einer Persönlichkeit wie auch die Entwicklung einer ganzen Nation hängen vom Grad der Fähigkeit zur Selbstkritik ab und davon, die hieraus gewonnenen Einsichten zu akzeptieren. Diese Eigenschaften scheinen den meisten Muslimen von heute zu fehlen. Das Ergebnis ist, dass die islamische Welt auf den Gebieten des Wissens, der Innovation und der kulturellen Entwicklung dem Rest der Welt hinterherhinkt. Es gibt nur wenige freie und unabhängige Geister. Alle anderen folgen den Autoritäten und stellen keine Fragen, weder in den Universitäten noch in den Moscheen. Bildungswesen, Organisation und Lehrinhalte der Schulen islamischer Länder haben ein niedriges Niveau. Es muss die europäischen Regierungen und Behörden deshalb hellhörig machen, wenn islamische Einwanderer eigene Schulen fordern. Es ist nicht hinnehmbar, wenn diese Schulen in Europa die Bildungssysteme ihrer Herkunftsländer reproduzieren. Deren Bildungsinhalte und didaktischen Methoden würden die jungen Einwanderer um die Möglichkeiten betrügen, die ihnen europäische Bildungssysteme bieten können. Und sie würden sie der Möglichkeit berauben, sich erfolgreich in die europäischen Gesellschaften zu integrieren. Auf gar keinen Fall dürfen die europäischen Länder zulassen, dass Koranschulen an die Stelle öffentlicher Schulen treten.

Menschen, die ihre Individualität verlieren, um in einer anonymen Masse aufzugehen, lassen sich leicht für den politischen Kampf instrumentalisieren und sind empfänglich für religiösen Fanatismus. So wird auch klar, warum die Massen eine so wichtige Rolle in den islamistischen Szenarien spielen, warum die extremistischen Führer so viel Erfolg haben und warum es Radio und Fernsehen gelingt, die Menschen auf den Plätzen der Städte in Aufruhr zu versetzen: Die physische Nähe, der Druck der Masse, das gegenseitige Aufstacheln helfen, aggressive Instinkte freizusetzen und jede Form der Selbstkontrolle auszuschalten. Genau dieser Mechanismus war zu beobachten bei den

Angriffen auf Botschaften, bei Demonstrationen gegen den Westen, bei Angriffen auf Kirchen und christliche Einrichtungen, aber auch bei den internen Machtkämpfen unter den Muslimen selbst, vor allem bei den jüngsten Revolten in vielen arabischen Ländern.

Die Aufstände, die den Nahen Osten erschütterten, haben eine grundlegende Tatsache ans Tageslicht gebracht: Das unaufhaltsame und unbändige Wachstum der islamistischen Kräfte. Aber der sogenannte Arabische Frühling verwandelt sich mehr und mehr in einen islamischen Herbst. In Tunesien ging im Oktober 2011 die islamistische *Ennahda* als mit Abstand stärkste Partei aus den Wahlen zur verfassunggebenden Versammlung hervor.[12] In Ägypten haben die Muslimbrüder bei den Parlamentswahlen 2011/2012 auf der ganzen Linie gesiegt, aber auch die Salafisten haben gut abgeschnitten, sodass über 70 Prozent der Sitze im Parlament an islamistische Abgeordnete gegangen sind. Zwei Prozent der Abgeordneten sind Christen, obwohl die zumeist koptischen Christen 10 Prozent der Gesamtbevölkerung ausmachen. Zwei Prozent der Abgeordneten sind Frauen, von denen die meisten wiederum Islamistinnen sind.[13] Seit dem Juni 2012 hat Ägypten mit Mohammed Mursi einen Präsidenten, der bis zu seiner Wahl Vorsitzender der Partei der islamischen Muslimbrüder war. Die sogenannten laizistischen Kräfte haben überall verloren.

Diese neue Lage wirft sowohl für den Westen als auch für die Länder des „Arabischen Frühlings" eine grundlegende Frage auf: Ist der Islam wirklich die Lösung für die politischen und sozialen Probleme der Länder, die bisher von autoritären Regimes regiert worden sind? Die Islamisten gehen davon aus, dass es ausreiche, den göttlichen Plan, wie er dem Propheten Mohammed geoffenbart worden ist, zu kennen, um ein neues politisches System und eine neue Rechtsordnung aufzubauen.

Die Muslimbrüder sind die unbestrittenen Sieger im Kampf gegen die alten Regime. Wenn sie aber Korruption und Ungerechtigkeit wirk-

---

12 Wahlen in Tunesien: Islamisten gewinnen mit großem Vorsprung, in: *Süddeutsche.de*, 28. Oktober 2011, http://www.sueddeutsche.de/politik/alle-stimmen-ausgezaehlt-islamisten-gewinnen-wahlen-in-tunesien-1.1175410 Zugriff am 15.2.2012

13 Gewalt, Unsicherheit und Armut, in: *Badische Zeitung*, 16. Februar 2013, http://www.badische-zeitung.de/ausland-1/gewalt-unsicherheit-und-armut-55736365.html, Zugriff am 12.2.2013

lich beseitigen wollen, dann müssen sie die gleichen Bürgerrechte für alle durchsetzen, egal ob Gläubige, Nichtgläubige oder Andersgläubige. Sie werden dieses Ziel mit Sicherheit nicht erreichen, wenn sie die alte sozialmoralische Vision verwirklichen und die Herrschaft der Scharia einführen.

Wenn man die Lage der Muslime in Europa und die der Christen in den islamischen Ländern miteinander vergleicht, dann erscheint es mehr als gerechtfertigt, von den islamischen Organisationen in Europa zu verlangen, dass sie Regierungen und religiöse Führer in islamischen Ländern dazu drängen, die Menschenrechte einzuhalten. Ein menschenrechtliches Lippenbekenntnis der islamischen Organisationen in Europa genügt nicht.

Gerade muslimische Einwanderer fühlen sich ihren Herkunftsländern stark verbunden. Sie könnten dadurch helfen, die Regierungen in diesen Ländern zu überzeugen, die Diskriminierung von Christen und Anhängern aller anderen Religionen einzustellen. Natürlich können z. B. die nach Deutschland eingewanderten Türken nicht dafür verantwortlich gemacht werden, wenn ihre Landsleute in der Türkei gegen Christen vorgehen und sie daran hindern, ihre Religion auszuüben und Kirchen zu bauen. Aber gerade die türkisch-islamischen Verbände könnten zu einem besseren Klima beitragen, wenn sie sich für die Freiheit der Christen in der Türkei und in den anderen islamischen Ländern einsetzen würden. Sie wären dann viel glaubwürdiger.

Europäer treten für alle Minderheiten ein, außer für die christlichen

Auch die Region Friaul-Julisch Venetien kann nicht von einer in ganz Italien verbreiteten Gewohnheit lassen. Immerfort gibt es Tagungen und Demonstrationen gegen jede Ungerechtigkeit und für jede Minderheit, die für ihre Rechte kämpft – es sei denn, es handelt sich um christliche Minderheiten. Organisationen wie das *Balducci-Zentrum* in Zugliano sind zu Recht besorgt über den Mangel an Respekt für die Menschenrechte in vielen Teilen der Welt. Aber für all diese Organisationen scheint die Verfolgung christlicher Gemeinden kein Problem zu sein. Wenn das Balducci-Zentrum dann schon mal seine Aufmerksamkeit auf Menschenrechtsverletzungen benachteiligter Gruppen in islamischen Ländern richtet, also etwa auf die Lebensbedingungen von Frauen, dann wird die Verantwortung dafür umstandslos den Vereinigten Staaten, der NATO und dem Westen im Allgemeinen zugeschrieben.

Kulturelle Einrichtungen wie die Vereinigung *Vicino-Lontano* in Udine haben es sich zur Aufgabe gemacht, Projekte und Veranstaltungen zu organisieren mit dem Ziel, das Nachdenken über Kulturen und die Begegnung zwischen ihnen zu fördern. Aber wenn das europäische Islamproblem auf den Tisch kommt, dann überlässt man das Feld lieber einem Mann wie Tariq Ramadan. Letzterer hatte sich im Februar 2008 zusammen mit der *Union der arabischen Schriftsteller* und verschiedenen anderen arabisch-islamischen Intellektuellen, zu denen sich auch einige italienische Gesinnungsgenossen hinzugesellten, unter die Unterstützer eines Boykotts der Internationalen Buchmesse in Turin gemischt. Die Messe hatte den Fehler begangen, Israel als Gastland einzuladen. Zur gleichen Zeit, als Ramadan in Europa hofiert wurde, hat das Bundesgericht von Manhattan am 20. Dezember 2007 dessen Widerspruch gegen ein Einreiseverbot in die USA zurückgewiesen mit der Begründung, Ramadan habe im Zeitraum zwischen 1998 und 2001 eine beträchtliche Geldsumme für diverse Vereinigungen aufgetrieben, die mit dem palästinensischen Terrorismus und im Besonderen mit der *Hamas* in Verbindung stehen. Am 24. März 2009 wurde das unter der Bush-Regierung erlassene Verbot vom stellvertretenden US-Justizminister bestätigt. Aber inzwischen war Obama an der Regierung und wurde als neuer Präsident wegen dieser Entscheidung angegriffen und beschuldigt, sein Programm der „Hoffnung" und der „Veränderung" verraten zu haben.

Europäische Einäugigkeit und Befreiung vom Christentum

Die Einseitigkeit, die in Europa immer dann auftaucht, wenn es um das Thema „Islam" geht, hat komplexe Ursachen. Die westliche Kultur, die soziologisch gesehen dem Christentum entstammt, ist damit beschäftigt, sich vom Christentum zu lösen und es zurückzudrängen. Kommt aber der Sinn für Religion abhanden, dann gerät auch die Verfolgung von Christen weltweit aus dem Blickfeld. Das Recht, als Christ seinen Glauben praktizieren zu können, spielt dann keine Rolle mehr. Gleichzeitig gibt es eine durch und durch irrige Interpretation der Fakten in den islamischen Ländern. Gerade italienische Aktivisten interpretieren häufig die Verhältnisse in den islamischen Ländern als Klassenkampf, in dem den Muslimen die Rolle der Unterdrückten und den Christen die Rolle der Reichen und Mächtigen zufällt. Europa übt systematisch Selbstkritik, die zuweilen destruktive Formen annimmt. Diese Form der Selbstkritik zersetzt die westliche Gesellschaft, weil sie sich für jedes Übel der Welt direkt oder indirekt verantwortlich macht. Jeder Angriff auf das Christentum ist dann berechtigt, weil die Christen angeblich hinter allen Schandtaten dieser Welt stecken. Während das Christentum im Namen von Freiheit und Toleranz angegriffen wird, wird jede Kritik an den anderen großen Religionen, etwa am Islam, blockiert.

Die Europäische Union hat in Wien 2007 als Nachfolgeorganisation der *European Monitoring Centre on Racism and Xenophobia* („Europäisches Zentrum für die Überwachung von Rassismus und Xenophobie", EUMC) die *Agency for Fundamental Rights* („Europäische Agentur für die Grundrechte", FRA) eingerichtet. Diese bewertete folgende Erscheinungen als besorgniserregend: a) die Homophobie und die Diskriminierung auf der Grundlage der sexuellen Orientierung, b) den Antisemitismus, c) die Islamophobie. Alle anderen Formen der Diskriminierung glaubte sie demnach vernachlässigen zu dürfen. Der Bericht über „Die Muslime in der Europäischen Union: Diskriminierung und Islamophobie" aus dem Jahre 2006 leidet allerdings, wie in der Einleitung eingeräumt wird, an einem „Mangel an geeigneten, zuverlässigen und objektiven Daten über religiöse Gruppen"[14]. Er stützt sich lediglich auf Informationen der Vereinten Nationen zur sozialen Integration. Trotz dieser mangelhaften Datenlage beschreibt dieser Bericht eine Situation, die, wenn sie zutreffend wäre, geradezu einen muslimischen Aufstand rechtfertigen würde. Interessant in diesem Zusammenhang ist auch die Schlussempfehlung des Berichtes:

---

14 EUMC (Hg.): Muslime in der Europäischen Union: Diskriminierung und Islamophobie. Wien (EUMC) 2006, S. 9, http://fra.europa.eu/fraWebsite/attachments/Manifestations_DE.pdf, Zugriff am 16.9.2012

„Das EUMC ist der Ansicht, dass Integration ein beiderseitiger Prozess ist. Viele europäische Muslime räumen ein, dass sie mehr tun müssen, um sich in die Gesellschaft einzubringen. Aber gleichzeitig müssen auch die Politiker in Europa größere Anstrengungen unternehmen, um einen sinnvollen interkulturellen Dialog zu fördern, und Rassismus, Diskriminierung und Marginalisierung wirksamer entgegenzutreten."[15]

Vielleicht sollten sich die Autoren solcher Berichte einmal Gedanken darüber machen, ob nicht sie selbst es sind, die mit ihren Verlautbarungen zum Anwachsen von Phobien beitragen, die sich in Europa breitmachen.

Nicht nur die EU und verschiedene nationale Regierungen geben sich redlich Mühe, das Christentum aus dem öffentlichen Leben zu verbannen. Auf allen gesellschaftlichen Ebenen, insbesondere auch in den Massenmedien, hat sich die Praxis etabliert, mit dem Christentum Spott zu treiben. Ein typisches Beispiel ist die BBC, die in der öffentlichen Meinung bekanntlich Autorität und (ein vielleicht übertriebenes) Ansehen genießt. Mark Thompson, von 2004 bis 2012 Generaldirektor der BBC, gab in einem Interview für ein Forschungsprojekt der Universität Oxford ohne das leiseste Unbehagen zu, dass die BBC Mohammed im Gegensatz zu Jesus niemals lächerlich machen würde. Die BBC würde Jerry Springers *The Opera*, ein umstrittenes Musical, das Jesus verhöhnt, nicht senden, wenn Mohammed Gegenstand des Spotts wäre. Der Journalist Peter Sissons, der die BBC 2009 verließ, räumte ein: „Der Islam darf auf keinen Fall beleidigt werden, während die Christen Freiwild sind, weil sie nichts dagegen tun, wenn man sie angreift."[16] Die neue Sensibilität im Umgang mit Nichtchristen verzichtet auch auf Begriffe, die sie beleidigen könnten. So wurde es bei der BBC üblich, die Datierung „vor und nach Christus" durch die religiös neutrale „vor und

---

15 EUMC (Hg.): Highlights des EUMC-Berichts „Muslime in der Europäischen Union: Diskriminierung und Islamophobie". EUMC (Wien) 2006, S. 5, http://fra.europa.eu/fraWebsite/attachments/EUMC-highlights-DE.pdf, Zugriff am 16.9.2012
16 „Islam must not be offended at any price, although Christians are fair game because they do nothing about it if they are offended", zitiert nach: Anti-Christian bias is OK at the BBC, says former presenter, in: The Christian Institute, 25. Januar 2011, http://www.christian.org.uk/news/anti-christian-bias-is-ok-at-the-bbc-says-former-presenter/, Zugriff am 16.9.2012

nach der Zeitenwende" zu ersetzen. Die Entscheidung über die Handhabung der Datierung wurde den einzelnen Kommentatoren oder Produktionsteams überlassen. Das scheint nur eine Kleinigkeit zu sein, aber in Wirklichkeit geht es um mehr als nur um den Respekt gegenüber Menschen mit anderer Religionszugehörigkeit. Es geht um die Zerstörung der christlichen Prägung von Kultur, Sprache und europäischer Geschichte. Dem Christentum soll durch einen aggressiven Säkularismus der Boden entzogen werden.

Ebenfalls in Großbritannien hat die *British Airways* (BA) einer Mitarbeiterin am Check-in-Schalter gekündigt, weil sie ein Kreuz um den Hals trug. Dieses Symbol störe das *Corporate Design* der Firma. In ihrer Stellungnahme für den *Europäischen Gerichtshof für Menschenrechte* (EGMR) in Straßburg hat sich die britische Regierung auf die Seite der Fluggesellschaft gestellt und behauptet, Christen hätten keine Pflicht, ja noch nicht einmal das Recht, das Kreuz als eine Manifestation ihres Glaubens zur Schau zu stellen. Im Unterschied dazu gebe es in anderen Religionen Kleidungsvorschriften, z. B. die Pflicht für muslimische Frauen, ein Kopftuch zu tragen. Allerdings ließ der EGMR diese Argumente nicht gelten und bewertete die Religionsfreiheit der Mitarbeiterin höher als das Ansinnen der BA.[17]

Das folgende Beispiel hat das Zeug zur Realsatire. Die Rede ist von dem atemberaubenden Versuch, in den italienischen Schulen Dantes Göttliche Komödie aus den Lehrplänen zu streichen oder nur noch in zensierter Form in den Unterricht zu bringen, weil darin Rassisten, Islamophobe, Antisemiten und homophobe Gestalten aufträten. Diese Forderung erhob die Nichtregierungsorganisation *Gherush92*, die auch den Wirtschafts- und Sozialrat der Vereinten Nationen berät.[18]

Die Existenzbedingungen der Christen im Nahen Osten und in den anderen Ländern mit muslimischer Bevölkerungsmehrheit müssten

---

17 Rath, Christian: Halskette mit Kreuz muss nicht versteckt werden, in: *die tageszeitung*, 16. Januar 2013, S. 10
18 Seewald, Berthold: Politische Korrektheit: Wie rassistisch ist Dantes „Göttliche Komödie?" Italienische Menschenrechtler fordern die Streichung von Passagen aus Dantes Werken, weil sie antisemitisch und islamophob seien. Wissenschaftler halten dagegen, in: *Welt-online*, 14. März 2012, http://www.welt.de/kultur/history/article13921943/Wie-rassistisch-ist-Dantes-Goettliche-Komoedie.html, Zugriff am

eigentlich auch die Nichtgläubigen und die Gebildeten unter den Verächtern des Christentums interessieren, auch wenn sie eine Abneigung gegen alles haben, was mit dem Christentum zu tun hat. Schließlich ist das Schicksal einer Minderheit im Spiel. Die zunehmende Verdrängung der Christen aus Regionen, in denen die ersten christlichen Gemeinden entstanden waren und aus denen einige der bedeutendsten Kirchenheiligen hervorgingen, ist in der Tat das Ergebnis der Verbreitung eines fundamentalistischen Islam. Die Unterstützung der Christen und anderer religiöser Minderheiten im Kampf um ihre Rechte in Ländern mit muslimischer Bevölkerungsmehrheit ist keine Einmischung in die inneren Angelegenheiten souveräner Staaten.

In jüngster Zeit hat es tief greifende Veränderungen im internationalen Recht gegeben. Diese Veränderungen bringen den Menschen neue Rechtsgarantien, sie verlangen Beschränkungen der staatlichen Souveränität und rechtfertigen internationale Interventionen zum Schutz der Menschenrechte, um repressive Maßnahmen autoritärer Regierungen einzugrenzen. Diesem Zweck dienen auch verschiedene Formen von Sanktionen. Europa und die Vereinigten Staaten haben daraus eine ihrer wichtigsten außenpolitischen Missionen gemacht. Sie sind direkt oder über die UN notfalls auch zu bewaffneten Interventionen bereit, so wie das seinerzeit auf dem Balkan oder jüngst in Libyen geschehen ist.

Auch in Europa haben Christen und christliche Kirchen nicht immer einen leichten Stand. Es wird immer wieder angeführt, dass es in der Vergangenheit das Christentum gewesen sei, das sich so intolerant gebärdet habe wie heute der Islam, wenn nicht sogar noch intoleranter. Außerdem hätten die Christen in der Vergangenheit alle nur möglichen Verbrechen begangen, vielleicht sogar noch mehr, als heute den Muslimen angelastet werden könnten. Also seien damit die Konten ja wohl ausgeglichen. Die säkularistischen Kräfte in der Gesellschaft bestreiten,

---

17.9.2012; vgl. auch Squires, Nick: Dante's Divine Comedy ‚offensive and should be banned'. It is a world-renowned work of literature and one of the foundation stones of the Italian language, but Dante's Divine Comedy has been condemned as racist, homophobic, anti-Islamist and anti-Semitic, in *Daily Telegraph*, 14. März 2012, http://www.telegraph.co.uk/culture/culturenews/9140869/Dantes-Divine-Comedy-offensive-and-should-be-banned.html, Zugriff am 17.9.2012

dass dem Christentum noch eine identitätsbildende Funktion in Europa zukommt. Sie bestreiten, dass christliche Werte gesamtgesellschaftliche Verbindlichkeit beanspruchen könnten.

Christopher H. Dawson, einer der wichtigsten Gelehrten der Kulturgeschichte und des Christentums des 20. Jahrhunderts, meint dass Europa in erster Linie ein spirituelles Problem habe. Schon vor 80 Jahren war er der Ansicht, dass das Fundament der europäischen Einheit nicht in wirtschaftlichen und politischen Vereinbarungen bestehe, sondern darin, zur spirituellen Tradition zurückzufinden, auf der diese Einheit ursprünglich beruht hatte.[19] Viele halten das jedoch für ein unmögliches, aus der Verzweiflung geborenes Ansinnen. Die Vergangenheit sei tot, und es sei besser, die Inspiration für das eigene Handeln in Wissenschaft und Technologie sowie in den neuen materialistischen Ideen zu suchen. Man könne das Rad der Geschichte unmöglich zurückdrehen. Das ist natürlich eine Binsenweisheit. Aber zu behaupten, dass eine Gesellschaft ihre geistigen Grundlagen nicht wiedergewinnen könne, ist ein Irrtum.

Beim Thema Wechselseitigkeit in der Behandlung der Muslime in den europäischen Ländern und der Christen in den islamischen Staaten sind die Positionen der nationalen Regierungen und der EU von Nachgiebigkeit und Uneindeutigkeit gekennzeichnet. Wie aber verhalten sich die christlichen Kirchen in diesen Fragen? Natürlich verteidigen sie die Rechte der Christen in den Ländern, in denen diese diskriminiert und verfolgt werden. Aber welche Haltung nehmen sie gegenüber den Muslimen ein, die nach Europa eingewandert sind? Die Einwanderung von Nichtchristen bringt die Kirchen in eine völlig neue Situation. Das Christentum hat nämlich einen missionarischen Sendungsauftrag. Die christlichen Kirchen sind diesem Auftrag in ihrer Geschichte immer nachgekommen, indem sie ihre Botschafter in die Welt hinaussandten, um den Völkern das Evangelium zu verkünden. Jetzt aber sind diese Völker nach Europa gekommen.

Für die katholische Kirche etwa ist die Mission fundamental und unabdingbar. Auch das Zweite Vatikanische Konzil hat die missionarische Berufung der Kirche bestätigt. Deshalb sind gerade in Asien und

---

19 Dawson, Christopher H.: The Making of Europe: An Introduction to the history of European Unity. London 1932; Washington/D. C. 2003

Afrika christliche Missionare besonders aktiv. Aber was ist mit den Nichtchristen, die nach Europa eingewandert sind? Dürfen auch Immigranten missioniert werden, insbesondere wenn es sich um Muslime handelt? Klar ist, dass sich die katholische Kirche für die Immigranten engagiert, ihre Rechte verteidigt und ihnen über ihre Organisationen, wie etwa die *Caritas*, hilft. Doch schon sehr viel weniger klar ist die Haltung der Kirche in der Frage, ob sie den Immigranten auch das Evangelium verkünden soll. Bislang hat man sich bei diesem Thema nicht über den interreligiösen Dialog hinausgewagt, zumal das Zweite Vatikanische Konzil in seiner Erklärung *Nostra aetate* den Muslimen seine Reverenz erweist. Die Kirche blicke mit Achtung auf die Muslime, die denselben allmächtigen und barmherzigen Gott anbeteten und Maria und Jesus verehrten, auch wenn sie nicht an seine göttliche Natur glaubten. Auch wenn es in der Vergangenheit Feindschaft zwischen Christentum und Islam gegeben habe, sei doch die Zeit gekommen, gegenseitig Verständnis füreinander zu entwickeln und gemeinsam für soziale Gerechtigkeit, moralische Werte, den Frieden und die Freiheit einzutreten.

Gerade die katholische Kirche setzt sich in ganz Europa mit Nachdruck für das Recht der Muslime ein, ihre Religion zu praktizieren und dafür die notwendigen Kulträume zu bekommen. Aber an diesem Punkt beginnt die Naivität gewisser Gruppen im katholischen Milieu. Es ist fragwürdig, den Muslimen Gebetsräume in kirchlichen Gebäuden zur Verfügung zu stellen. Es ist auch naiv, nicht zu begreifen, dass die politische Bedeutung des Baus bestimmter Moscheen Vorrang vor ihrer religiösen Bestimmung hat. Auch meint die Forderung nach Wechselseitigkeit überhaupt nicht, dass die Rechte der Muslime in Europa beschnitten werden sollten. Den muslimischen Immigranten ohne jede Gegenleistung die vollen Bürgerrechte zuzuerkennen, mag zwar dem Geist des Evangeliums entsprechen, politisch gesehen ist es aber ein Fehler.

Sozialwissenschaftler sehen das Verhältnis von Immigration und Religion häufig nur unter funktionalen Gesichtspunkten. Das religiöse Netz helfe den Immigranten Arbeit zu suchen, sich in der neuen Umgebung zu orientieren, Wohnraum und gegenseitige Unterstützung zu finden und die mitgebrachte kulturelle Identität zu bewahren. Aber religiöse Überzeugungen haben auch auf die Integration von Immigranten großen Einfluss. Der Islam als Religion jedenfalls fördert eher eine Haltung des Widerstands gegen jede Form einer kulturellen Anpassung an das nichtislamische Aufnahmeland. Er hilft den Einwanderern dabei, ihre kulturelle Identität zu bewahren. Das Ergebnis ist, dass sich viele Muslime gegen die Aufnahmegesellschaft abschotten und religiös begründete Vorurteile gegen das Aufnahmeland kultivieren. Das hat soziale und politische Folgen. Die muslimischen Immigrantenorganisationen streben nach islamisierten Nischen, in denen der mitgebrachte religiöse Glaube und die koranische Lehre ohne den verderblichen Einfluss von außen gelebt werden können. Dieses Streben nach Abschottung aber widerspricht der in Europa verbreiteten Vorstellung von einer offenen Gesellschaft.

Migration ist immer verknüpft mit der Politik von Staaten, die diese Wanderungsprozesse fördern, um dann in den Einwanderungsländern eine enge Bindung zu ihren ausgewanderten Landsleuten aufrechtzuerhalten. Das Ziel solcher Politik ist es, sich als Schutzmacht der Ausgewanderten in Szene zu setzen. Deren nationale Identität soll dadurch bewahrt werden, dass auch im Aufnahmeland die Herkunftssprache gefördert und die Erinnerung an eine gemeinsame Geschichte gepflegt wird. Häufig ist die Auswanderung also ein wichtiges Element der Außenpolitik solcher Staaten. Im Falle der islamischen Immigration nach Europa wird auf verschiedenen Ebenen versucht, den islamischen Einfluss auf die Aufnahmeländer zu erhöhen. Zunächst einmal geht es ganz allgemein darum, eine für den Islam günstige öffentliche Meinung zu erzeugen. Ziel ist es, die Aktivitäten der Islamlobby und ihre Forderungen, den Islam zu einem Bestandteil Europas zu machen, zu unterstützen. Auf dieser Ebene wirken supranationale islamische Organisationen, kulturelle Institutionen, Gelehrte, Intellektuelle und prominente Vertreter der islamischen Welt, die große Popularität genießen, wie etwa Tariq Ramadan. Adressaten ihrer Aktivitäten sind Nichtregierungsorganisationen, die Massenmedien und Universitätsfakultäten, die entweder direkt oder über Forschungsprojekte von islamischen Regierungen oder Institutionen finanziert werden. Aber auch einzelne islamische Länder engagieren sich. Zu ihren sichtbaren Aktivitäten gehört die Finanzierung von Moscheen und Minaretten, aber auch von islamischen Kulturzentren, Stiftungen und Nichtregierungsorganisationen in nichtislamischen Ländern.

Die Türkei z. B. gibt sich – angetrieben von einem wiederentdeckten internationalen Geltungsdrang und von neo-osmanischen Ambitionen – große Mühe, den kulturellen und politischen Einfluss der türkischen Gemeinde in Deutschland zu stärken, etwa durch die Großmoschee in Köln, durch Kulturzentren, durch Filme usw. Aber auch auf dem Balkan ist die Türkei wieder aktiv. Sie markiert ihr Einflussgebiet, das über Jahrhunderte zum Osmanischen Reich gehört hatte, mit neuen Minaretten, um die Sichtbarkeit des Islam zu erhöhen. Saudi-Arabien sponsert überall den Bau von Moscheen und islamischen Kulturzentren vornehmlich aus politischen Gründen. Die Staaten des Maghreb wiederum wetteifern um die politische Kontrolle über die Einwanderer aus Nordafrika.

Der Islam verändert die Art und Weise, in welcher die Gläubigen, die in Gebiete der Ungläubigen eingewandert sind, ihren Lebensraum sehen. Die Muslime fühlen sich nicht auf ein fremdes Territorium beschränkt, sondern sehen sich in einem universalen religiösen Zusammenhang, der durch religiöse Bauwerke abgesteckt ist, um die herum sie ihre gemeinschaftlichen Netzwerke knüpfen und in denen sie ihren Glauben öffentlich bekennen und leben. Sie fühlen sich in einer eigenen Topografie. Die islamische Umma ist eine vorgestellte religiöse Gemeinschaft, vereint in den Lehren des Koran, streng beherrscht von der Scharia. Sie ist eine Lebensform, die alle Aspekte des täglichen Lebens umfasst. Sie ist gegründet auf die Empfehlung des Propheten: „Haltet euch alle fest am Seil Gottes und teilt euch nicht." (Sure 3,103). Auch wenn die Muslime in verschiedenen Ländern leben, so gehören sie doch alle derselben Gemeinschaft von Gläubigen an, die ein gemeinsames Ziel hat: die Islamisierung der ganzen Welt.

Unter diesen Voraussetzungen ist es eine Sache, den Muslimen Religionsfreiheit zu garantieren wie allen anderen Einwanderern in Europa auch. Eine andere Sache ist es jedoch, ihnen zu erlauben, kulturelle und politische Projekte nach Europa zu importieren, die die Weltherrschaft des Islam anstreben. Es ist eine Sache, andere Kulturen zu respektieren, eine andere aber ist es, die eigenen Prinzipien zu verleugnen, nur um einen stichhaltigen Beweis für den eigenen guten Willen zu liefern.

Das Verhältnis zwischen Europa und der islamischen Welt ist asymmetrisch. Eine Seite fordert nur und die andere gibt nur. Wenn dieser Weg fortgesetzt wird, wenn die islamische Welt ihren Expansionskurs beibehält und anderen Kulturen und Religionen keine Zugeständnisse macht, wenn Europa nicht auf der Wechselseitigkeit in den Menschenrechten besteht, dann werden am Ende beide Seiten verlieren. Der Islam wird seinen Einfluss mit der Kraft der schieren Zahl seiner Anhänger, mit Erpressung und Angst enorm gesteigert haben. Er wird über autonome Zonen oder Enklaven in Europa verfügen, von denen aus er versucht, die gesamte Gesellschaft islamisch zu programmieren. Aber gleichzeitig wird er sich immer mehr von seiner Umwelt abschließen und sich auf sich selbst beziehen. Er wird sich selbst jeder Möglichkeit einer kulturellen, sozialen und politischen Weiterentwicklung berauben. Er wird Verlierer sein, genau in dem Augenblick, in dem er sich als Sieger wähnt. Und Europa wird es gelingen, sich vom Christentum zu lösen, es in die Privatsphäre abzudrängen und als gesellschaftliche Kraft zum Schweigen zu bringen. Aber der Preis dafür wird hoch sein. Europa wird die Fundamente seiner Identität und damit seine Daseinsberechtigung verloren haben. Denn Nihilismus und Relativismus taugen nicht als gesellschaftliches Bindemittel und sind nicht in der Lage, den Menschen Bindung und Sinn zu vermitteln. Europa wird glauben, Hort und Inbegriff der Toleranz zu sein, und dies mit seiner Intoleranz gegenüber den eigenen kulturellen Wurzeln bezahlen. Kurz gesagt, Europa wird ebenfalls Verlierer sein, und zwar genau in dem Augenblick, in dem es zu der Überzeugung gelangt, seine kulturelle Überlegenheit bewiesen zu haben.

Oder gibt es einen anderen Weg? Den Weg eines europäisierten Islam? Irgendwann? Wird es einen Islam geben, der sich die europäischen Grundwerte und die europäische Kultur zu eigen macht, statt sie beseitigen zu wollen? Ein Islam, der sich auf seine Spiritualität beschränkt, könnte den Europäern in Erinnerung rufen, dass eine Gesellschaft, die ihre geistliche Dimension, ihren Bezug zum Transzendenten verliert und das Feld der Säkularisierung und dem Materialismus überlässt, weder vitaler noch freier wird, sondern nur ärmer.

Der asymmetrische Dialog

„Sie verlangen von mir [...] ein Bekenntnis zum Wohlfühldialog, wie er seit Jahren abläuft: Muslime stellen Forderungen und beschimpfen den, der sie nicht erfüllt, als Faschisten und Rassisten. Deswegen erfüllt man sie lieber und fühlt sich gut. Das mache ich nicht mit. Ich will einen Dialog über die Glaubensinhalte des Islam führen. Ich meine, dass dem Islam in Europa kein Platz eingeräumt werden darf, solange der Koran nicht mit den Menschenrechten in Übereinstimmung gebracht ist. Solange die Koranstelle gilt, dass ein Muslim mit Christen und Juden keinen Umgang haben darf, wird es keine Integration geben."[1]

Soweit der Mittelalterhistoriker Ekkehart Rotter.

Wie sieht ein solcher christlich-islamischer Wohlfühldialog aus? Eine Szene aus einer Dialogveranstaltung in einer katholischen Pfarrgemeinde in der oberschwäbischen Stadt Ravensburg mag das ein wenig illustrieren. Die Veranstaltung stieß auf ungewohnt großes Interesse, an die Hundert Zuhörer, die den beiden christlichen Großkirchen angehören, waren in den Gemeindesaal gekommen. Außerdem etwa ein Dutzend ausschließlich männlicher Mitglieder der Ravensburger Moscheegemeinde, die ihren Imam begleiteten. Im Mittelpunkt stand das Referat des Islambeauftragten der Diözese. Der referierte über Gemeinsamkeiten und Unterschiede zwischen Christentum und Islam, wobei er sich redlich Mühe gab, die Gemeinsamkeiten herauszuheben und die Unterschiede zu bagatellisieren. Sämtliche neuralgischen Themen, die Nichtmuslimen am Islam Kopfzerbrechen bereiten, überging er überaus großzügig. Heraus kam ein Idealbild des Islam, das den Imam zu einem zufriedenen Lächeln animierte. Nachdem der Referent seinen Vortrag beendet hatte, rührte sich nicht eine Hand zum Beifall, den sich der Referent mit seinem Impuls zum Wohlfühldialog doch eigentlich redlich verdient hatte. Die Zuhörer schauten sich unsicher um und den

---

1 „Die rüsten für die Islamisierung!" – „Unsinn!" Ein Streitgespräch unter den Brüdern Ekkehart und Gernot Rotter, in: *Der Stern*, 14. Juni 2007, Nr. 25, S. 70–74; http://www.stern.de/politik/deutschland/islam-die-ruesten-fuer-die-islamisierung-unsinn-591361.html, 19. Juni 2007, Zugriff am 18.9.2012

Imam erwartungsvoll an. Der Imam, seit vier Jahren in Deutschland und gerade wieder auf dem Sprung zurück in die Türkei, ließ sich übersetzen und seinen Dolmetscher sagen, dass er mit dem Vortrag sehr zufrieden sei und der Referent Wesen und Glaubenslehre des Islam völlig zutreffend dargestellt habe. Da erst schlug ein befreites Aufatmen des Publikums in Beifall um. Die Fragerunde, die sich dem Referat anschloss, verlief einigermaßen harmonisch, denn einzelne kritische Frager wurden vom Publikum durch Unmutsäußerungen umgehend zur Räson gebracht. Die geschilderte Szene ist aus zwei Gründen aufschlussreich. Erstens interessierten sich die beteiligten Muslime einschließlich ihres Imams nicht ansatzweise für das Christentum, obwohl sie in einem Land mit christlichem Hintergrund leben. Aber kann von einem Dialog die Rede sein, wenn nur einer der Partner ein echtes Interesse am anderen hat? Zweitens ist der Verzicht auf kritische Fragen, vor allem aber die Selbstzensur, die sich darin zeigte, dass sich die Zuhörer erst der Erlaubnis des Imams versichern mussten, bevor sie dem Referenten applaudierten, auch aus Gründen der Höflichkeit nicht zu rechtfertigen. Es ist eine Form der Selbstentmachtung, die dem Ideal des freien Bürgers, der sich seiner verfassungsmäßigen Freiheitsrechte bewusst ist, Hohn spricht. Es ist die Kapitulation vor der Entschlossenheit eines Gegenübers, das jeden Anflug von Kritik als feindseligen und beleidigenden Akt betrachtet.

Überlegungen zu einem echten Dialog mit dem Islam

Wo zwei unterschiedliche Kulturen miteinander in Berührung kommen, da sind Unverständnis, Missverständnisse, Schwierigkeiten und Konflikte unvermeidlich. Auf der einen Seite gibt es die westliche Welt, die aber nicht mit dem Christentum gleichgesetzt werden darf. Da das Christentum eine Weltreligion ist, kann sie nicht einfach auf den Westen reduziert werden. Und es gibt die islamische Welt, die trotz innerer Unterschiede und unterschiedlicher Ausdrucksformen eine eigene Welt ist. Beide Welten sind sehr verschieden. Kein Wunder, dass jedes Mal, wenn diese Welten aufeinanderstoßen, Differenzen, Spannungen und Konflikte auftreten. Konflikte sind in den Beziehungen zwischen zwei Welten also gar nicht zu vermeiden. Sie sind ein wesentlicher Bestandteil jeder sozialen Dynamik. Konflikte müssen aber keineswegs notwendigerweise in Gewalt oder den Versuch einmünden, den anderen zu neutralisieren, zurückzuweisen oder gar zu vernichten. Im Laufe der Zeit hat sich eine zivile Kultur herausgebildet, die verhindert, dass Konflikte destruktive Formen annehmen. Die zivile Kultur bringt ethische Prinzipien hervor, die helfen, den Konflikt innerhalb sozial akzeptabler Grenzen zu halten. Der Konflikt, ob politisch, kulturell, ökonomisch oder sozial, kann auf die Ebene der Verhandlung von Interessen, Bedürfnissen und Zielen gebracht werden. Auf dieser Ebene kann er produktiv für alle sein. Ihn nicht zuzulassen, untergräbt den richtigen Dialog. Die Konsenssuche um jeden Preis sendet dem Gegenüber nur Signale der Schwäche und der Unsicherheit. Das Gegenüber kommt so zu der Überzeugung, dass es alles bekommen kann, was es fordert, ohne selbst das geringste Zugeständnis machen zu müssen. Wer ist schon bereit zu verhandeln, und das heißt, sich infrage stellen zu lassen, auf den anderen zuzugehen und nachzugeben, wenn er jemanden vor sich hat, der nur Signale der Schwäche aussendet? Deshalb muss das Gegenüber noch lange nicht „bösartig" sein. Denn diese Dynamik steckt in jeder Beziehung, unabhängig davon, ob der andere Freund, Feind oder Konkurrent ist.

Ein Dialog kann nicht produktiv sein, wenn er sich auf die verzweifelte Suche nach Gemeinsamkeiten mit Werten und Konzepten macht, zu denen es in Wirklichkeit keine Zustimmung geben kann. Der echte Dialog schiebt, vor allem wenn er kultureller Natur ist, die problematischen und konflikträchtigen Argumente nicht beiseite. Andernfalls verkommt der Dialog zur Fiktion. Mit Fiktionen lässt sich aber erst recht keine solide Beziehung aufbauen. Das gilt für ein Paar genauso wie für das Verhältnis zwischen Kulturen. Und der Dialog ist nicht das Ziel, sondern bloß ein Instrument.

Der echte Dialog gibt sich auch nicht mit gegenseitigem Respekt zufrieden. Denn Respekt ist normaler Bestandteil eines friedlichen Zusammenlebens von Personen im Alltag, und zwar unabhängig von Alter, Geschlecht, sozialen Verhältnissen oder ethnischer und religiöser Zugehörigkeit. Der echte Dialog ist hart. Er beschränkt sich nicht auf allgemeine Verlautbarungen und er bleibt nicht stehen bei allgemeinen und universellen Werten, wie den Menschenrechten, der Demokratie, der Freiheit, dem Frieden, der Rechtssicherheit, der Gerechtigkeit, der menschlichen Entwicklung. Der Dialog kann vor allem dann nicht bei diesen allgemeinen Wertbegriffen stehen bleiben, wenn nicht klar ist, was die Begriffe im konkreten Anwendungsfall genau bedeuten sollen.

Der echte Dialog geht bis an die äußerste Grenze. Sie ist dort erreicht, wo das, woran man glaubt, nicht weiter erklärt und gerechtfertigt, sondern nur noch akzeptiert werden kann. Nicht um sich abzugrenzen, sondern um zu lernen, mit dem anderen und seiner irreversiblen Verschiedenheit umzugehen. Der echte Dialog dient dazu, sich selbst und andere infrage zu stellen, und zwar als Personen und als denkende Wesen. Er dient dazu, Klarheit zu gewinnen, und nicht dazu, sich selbst zu trösten. Das setzt aber eine große Bereitschaft, eine große Anstrengung und vor allem eine große intellektuelle Redlichkeit der Dialogteilnehmer voraus. Echter Dialog geht nicht nur in eine Richtung. Er schiebt die Unterschiede und das Unvereinbare nicht beiseite aus Angst, es könnte zu einem Zusammenstoß kommen. Echter Dialog hat einen einzigen Leitsatz: die Suche nach der Wahrheit. Ein Scheindialog schafft vielleicht eine momentane Übereinstimmung, aber in Wirklichkeit legt er damit das Fundament für weitere noch schwerere Konflikte.

Beispiel für einen echten Dialog

Wie ein echter Dialog entstehen kann, hat die Vorlesung gezeigt, die Papst Benedikt XVI. an der Regensburger Universität am 12. September 2006 hielt. In dieser Vorlesung griff der Papst das Problem des Verhältnisses zwischen Glauben und Zwang auf. Die Gewalt, so der Papst, sei die Feindin der Vernunft. Gewalt habe in der Religion keinen Platz. Vernunftwidriges Handeln sei ein Handeln gegen Gott. Gott, oder im Arabischen Allah, solle nicht gesehen werden als ein willkürlicher Herrscher, der launische Befehle erlasse. Er solle gesehen werden als göttliche Vernunft, die alle Menschen einlädt, zu Vernunft und Freiheit zu gelangen. Der Papst, der für die katholische Kirche sprach, räumte ein, dass auch die Christen in ihrer Geschichte Probleme damit gehabt hätten, das zu akzeptieren. Und er deutete an, dass die islamische Welt noch immer ein Problem damit habe, die Beziehung zwischen Glauben und Zwang kritisch zu reflektieren. Deshalb lud er dazu ein, dieses für den christlich-islamischen Dialog zentrale Thema gemeinsam zu diskutieren.

Bekanntlich hat die Rede Benedikts XVI. gewaltsame und maßlose Reaktionen in der islamischen Welt hervorgerufen. Solche Begleitumstände behindern aber einen sachlichen Diskurs. Irritierend waren auch die empörten Reaktionen von Politikern, Intellektuellen und Medien in der westlichen Welt. Selbst die Ansehen genießende *New York Times* forderte sogleich, der Papst müsse sich entschuldigen. Aber könnte es vielleicht sein, dass die Redakteure der *New York Times* den Text der päpstlichen Vorlesung gar nicht gelesen haben? Benedikt XVI., so das Urteil dieser Politiker, Intellektuellen und Journalisten, habe die Muslime beleidigt. Damit trage er die Verantwortung für deren gewaltsame Reaktionen und Drohungen gegen die westliche Welt. Er habe den mühsam aufgebauten Beziehungen zwischen Christentum und Islam großen Schaden zugefügt und den Geist der Kreuzzüge wiederaufleben lassen.[2] Freilich diskreditierten sich die Kritiker des Papstes durch ihre Vorwürfe selbst. Denn der Papst hatte nichts anderes gemacht, als die auch von seinen Kritikern so gerne beschworenen europäischen Grundwerte und den Humanismus zu verteidigen, indem er dem Fundamentalismus die Vernunft entgegenstellte. Sollte sich auch der Papst nicht mehr frei äußern können, nachdem sich viele Karikaturisten, Politiker und Journalisten durch den politischen Islam hatten bereits einschüchtern lassen? Dabei hatte Benedikt XVI. lediglich den Anstoß für einen wirklichen Dialog zwischen Christentum und Islam geben wollen. Es waren zuerst 39 und später 138 muslimische Intellektuelle, Professoren und religiöse Autoritäten, die sich diese Gelegenheit zum Dialog nicht entgehen ließen und sich nach der Regensburger Vorlesung an den Papst wandten. Zwar haben sie in ihren Briefen Probleme wie das der Religionsfreiheit, der Minderheitenrechte oder der Diskriminierung der christlichen Gemeinden in den muslimischen Ländern weitgehend ausgeklammert. Trotzdem war es ein großer Schritt vorwärts in den christlich-islamischen Beziehungen. Und Benedikt XVI.

---

2 Die Vorlesung von Benedikt XVI., so der deutsche Kommunikationswissenschaftler Kai Hafez, sei auch von Hochschullehrern angegriffen worden. Allerdings wisse man nicht, ob sie diese Kritik deswegen geäußert haben, weil sie den Text nicht gelesen oder verstanden hätten oder aus irgendwelchen sonstigen ideologischen Erwägungen heraus. Vgl. Hafez, Kai: Radicalism and Political Reform in the Islamic and Western Worlds, Cambridge 2010, S. 137, 139

setzte einige Monate danach ein weiteres Zeichen seines Willens zum Dialog und seines Respekts vor den anderen, als er Istanbul besuchte und mit dem Großmufti und Imam der Blauen Moschee zusammentraf, um mit ihm gemeinsam zu beten.

Wie schon gesagt: Missverständnisse spielen in den Beziehungen zwischen verschiedenen Kulturen eine entscheidende Rolle. Sie behindern den Dialog, hemmen die Begegnung und verhindern die Überwindung von Stereotypen und Vorurteilen. Sie stiften Verwirrung, begünstigen Unverständnis und Argwohn und lassen die Gefahr von Zusammenstößen und gegenseitiger Zurückweisung wachsen. Missverständnisse müssen deshalb sichtbar gemacht werden, um solide Voraussetzungen für einen positiven Kontakt mit dem zu schaffen, der anders ist als man selbst. Missverständnisse gibt es natürlich auf beiden Seiten. Typisch für die nichtislamische Seite sind viererlei Missverständnisse: Erstens sind die christlichen Dialogpartner häufig der Überzeugung, dass wer dem Islam mit Offenheit, Verständnis und Toleranz begegnet, das auch umgekehrt erwarten darf. Zweitens suchen sie krampfhaft nach Werten, die Christentum und Islam gemeinsam haben müssten. Drittens versuchen sie die Differenzen dadurch aufzulösen, dass sie sie nicht zur Kenntnis nehmen. Viertens neigen sie dazu, Verantwortung nicht nur für die eigenen, sondern auch für die Schandtaten der anderen Seite zu übernehmen. Weitere Dialogbeteiligte verstärken diese Missverständnisse noch: Da wären, gerade in Italien, die radikalen Linken, die über den religiösen islamischen Fundamentalismus einfach hinwegsehen, um die antiamerikanischen und antiwestlichen Ressentiments, die in den islamischen Ländern verbreitet sind, taktisch auszunutzen. Dann gibt es die Fortschrittsoptimisten, die glauben, dass der Westen mit seiner Technik, seinem hedonistischen und libertären Lebensstil wie seinen Organisationsformen auf alle eine unwiderstehliche Anziehungskraft ausübe und die Muslime dadurch für westliche Werte aufgeschlossen mache. Optimistisch gestimmt sind auch die Relativisten, für die absolute Werte nicht existieren, sondern alle Werte immer nur subjektiv, vorläufig und eingeschränkt gelten können. Sie vertrauen auf die Fähigkeit eines liberalen und weltoffenen Europa, die unterschiedlichsten Kulturen, und damit auch den real existierenden Islam, integrieren zu können. Am Ende bleiben noch die Resignierten, die die Auseinandersetzung mit dem Islam für verloren halten, ohne sich jemals der islamischen Herausforderung gestellt zu haben. Grob ausgedrückt existieren zwei unterschiedliche Wahrnehmungen des Islam: Die eine ist die einer totalitären politischen Kraft, die bei Bedarf zur Gewaltanwendung bereit ist und einen unbedingten Willen zur Herrschaft über die islamische und nichtislamische Welt aufbringt. Die andere ist die einer Religion, die von ihren Anhängern in einer inbrünstigen persönlichen Frömmigkeit gelebt wird. Beide Wahrnehmungen sind einseitig, weil immer wieder übersehen wird, dass der Islam kein einförmiges Phänomen ist. Es gibt mitfühlende und friedfertige Muslime. Es gibt gleichzeitig aber auch einen politischen Islam, der dort, wo er die Mehrheit hat, das öffentliche und private Leben vollständig islamisiert, und dort, wo er in der Minderheit ist, autonome Räume fordert, in denen der eigene Lebensstil frei entfaltet werden kann und die eigenen Normen uneingeschränkt gelten können. Dieser Islam verlangt, dass sich das Aufnahmeland im Falle einer Normenkollision den Vorstellungen und Werten der Muslime anpasst. Und schließlich gibt es einen politisch radikalisierten Islam, in dessen Namen „heilige Krieger" zu Gewalt und Terrorismus greifen.

Warum Europa dem Islam kulturell und politisch unterliegen könnte

Das wichtigste Problem der europäisch-islamischen Beziehungen besteht in seiner Asymmetrie. Europa bewegt sich auf den Islam zu, aber der Islam nicht auf Europa, wie etwa die schon erwähnte *Charta der Muslime in Europa* zeigt. Bislang sind es nur vereinzelte Muslime, die eine Annäherung an Europa suchen. Aber diese Muslime riskieren ihren Ausschluss aus der islamischen Gemeinschaft.

Die westliche Kultur ist tief in der griechischen, römischen und christlichen Kultur verwurzelt. Natürlich wirkten auch andere kulturelle Einflüsse, aber bisher bewies die europäische Kultur immer die Fähigkeit, die fremden kulturellen Einflüsse zu absorbieren und zu assimilieren. Diese Fähigkeit verdankt sich dem Bewusstsein, auf einem festen kulturellen Fundament zu stehen. Dieses Fundament bestand aus kulturellen Werten, die auch in ihrer säkularisierten Variante historisch wesentlich durch das Christentum geformt worden waren. Das Bewusstsein dieser kulturellen Werte Europas, das Bewusstsein der christlichen Wurzeln seiner Identität ist aber im Schwinden begriffen. Daher besteht die Gefahr, dass Europa auf lange Sicht dem Islam kulturell und politisch unterliegt. Die Moderne, wie sie in Europa verstanden wird, lehnt der Islam ab, mehr noch, er bekämpft sie. Und der sich verbreitende Kulturrelativismus beraubt Europa der Mittel, sich mit dem Islam auseinanderzusetzen und einen echten Dialog mit ihm zu führen. Europa erscheint ziemlich hilflos angesichts der islamischen Herausforderung.

An deutschen Schulen ist es üblich geworden, dass die Kinder im Rahmen des Unterrichts eine Moschee besuchen. „Muslimische Kinder zeigen ‚christlichen' Klassenkameraden ihre Moschee", so oder so ähnlich lauten dann die Überschriften in den Lokalzeitungen. Dagegen wäre nicht viel einzuwenden, könnte das doch immerhin der bescheidene Beginn eines christlich-islamischen Dialogs von unten sein. Der Haken ist, es bleibt beim Moscheebesuch. Besuche muslimischer Kinder in christlichen Kirchen finden nicht statt. Dieses Konzept einer Begegnung der Religionen hat also ein recht seltsames Profil. Offensichtlich sollen sich die nichtmuslimischen Kinder unbefangen über den Islam informieren, während es muslimischen Kindern nicht zumutbar ist, sich mit dem Christentum zu befassen. Im Gegenteil, jedwede Initiative in diese Richtung wird von Multikulturalisten als der schändliche Versuch abgetan, dem Gewissen der Muslime Zwang anzutun. Hinter der Forderung nach Wechselseitigkeit im interkulturellen Dialog sehen sie die unlautere Absicht am Werk, den Muslimen das Christentum aufzudrängen. Und das offenbare einen Mangel an Respekt gegenüber anderen Kulturen. So eine Position ist ziemlich kurios. Das Christentum ist ja nicht einfach eine Religion unter vielen. Es ist die immer noch dominierende Religion und zudem die Religion, die die Kulturen der europäischen Länder einschließlich ihres Alltagslebens tief geprägt hat und es in vielen Bereichen des gesellschaftlichen Lebens bis heute tut, wenn man nur einmal an den Kalender und die Feste des Jahreskreises denkt. Was also läge näher, als dass sich die eingewanderten Muslime mit der Geschichte und Kultur des Landes und natürlich auch mit der Religion und ihren Glaubensinhalten auseinandersetzten, die diese Kultur geformt haben. Dass man den Menschen, die in ein europäisches Land eingewandert sind und für immer bleiben wollen, die Auseinandersetzung mit der Kultur eben dieses Landes am liebsten ersparen will, zeugt von einem ziemlich eigenwilligen Verständnis von Integration. Es ist eine Vorstellung von Integration, deren Prinzip die Verkehrung der Rollen ist. Die Muslime ihrerseits aber ignorieren tapfer die Kultur des Einwanderungslandes in dem Bewusstsein, ohnehin die perfekte Religion und Kultur zu besitzen. Dieses Bewusstsein kleidet der Koran in die Worte: „Ihr seid die beste Gemeinde, die für die Menschen entstand. Ihr gebietet das, was rechtens ist, und ihr verbietet das Unrecht, und ihr glaubt an Gott. Und wenn die Leute der Schrift (Juden und Christen) geglaubt hätten, wahrlich, es wäre gut für sie gewesen! Unter ihnen sind Gläubige, aber die Mehrzahl von ihnen sind Frevler." (Sure 3,110). Indem sich die Einheimischen aber abmühen, der Kultur und der Religion der Einwanderer bis an die Grenze der Selbstverleugnung entgegenzukommen, bestätigen sie die islamischen Überlegenheitsfantasien auch noch. Aus einer Konstellation, in der Identitätsschwäche und kulturelle Selbstverleugnung mit islamischem Überlegenheitsdenken zusammenkommen, kann kein echter Dialog entstehen. Der asymmetrische Dialog ist die Folge.

Multikulturalismus als Lösung des Wertekonfliktes?

Wertekonflikte kennzeichnen Einwanderungsgesellschaften

Wertekonflikte sind das Kennzeichen von Einwanderungsgesellschaften. Unterschiedliche oder gar gegensätzliche kulturelle Werte kollidieren miteinander. Aufsehenerregende Fälle von Ehrenmord, Klitorisbeschneidung, arrangierte Ehen und Zwangsheirat, Polygamie, Benachteiligung der Frauen, Gewalt in der Familie, das Schächten oder die Knabenbeschneidung rufen diese Tatsache immer wieder dramatisch in Erinnerung. Aber solche Kollisionen sind nur die weithin sichtbare Spitze eines Eisberges. Auch der Alltag in der multikulturellen Einwanderungsgesellschaft steckt voller kleiner und größerer Wertekonflikte. Ein Beispiel, das auf den ersten Blick fast belanglos scheint, mag das anschaulich machen: Eine Einwandererfamilie zieht in ein von Einheimischen bewohntes Mehrfamilienhaus in einer deutschen Großstadt. Im Haus macht sich bald eine unfreundliche Stimmung gegen die neuen Nachbarn breit, sie werden von den alteingesessenen Hausbewohnern nicht gegrüßt. Die Einwandererfamilie fühlt sich diskriminiert, ausländerfeindlich behandelt. Als die deutschen Hausbewohner gefragt werden, warum sie die Neuen schneiden, sagen sie, sie seien sauer, weil sich ihnen die neuen Bewohner nicht vorgestellt hätten. Das Oberhaupt der Einwandererfamilie dagegen, mit den Aussagen der deutschen Hausbewohner konfrontiert, antwortet, in seinem Herkunftsland sei es nicht üblich, dass sich die neuen Mitbewohner den alten Hausgenossen vorstellen, sondern dass die alteingesessenen Hausgenossen die Neuankömmlinge willkommen heißen. Das Beispiel ist aus zwei Gründen aufschlussreich: Erstens macht es den Alltagscharakter von Wertekonflikten anschaulich. Es ist aber auch aus einem zweiten Grund lehrreich. Es lässt nämlich erkennen, welche Möglichkeiten grundsätzlich zur Verfügung stehen, um mit Konflikten umzugehen, die auf unterschiedliche Werte zurückgehen. Eine Lösung könnte darin bestehen, dass beide Seiten aufeinander zugehen oder besser noch, die alteingesessenen Hausbewohner auf die Neuankömmlinge, um ihnen in Zeiten der „Willkommenskulturen" das „Ankommen" im

Haus zu erleichtern. Eine andere Lösung verlangt von den Neuankömmlingen, dass sie sich mit den deutschen Gepflogenheiten vertraut machen. Diese beiden grundsätzlichen Lösungsvarianten stehen für unterschiedliche Integrationsvorstellungen. Auf der einen Seite steht die Vorstellung der Multikulturalisten, die meinen, dass von Einwanderern nicht erwartet werden könne, dass sie sich den deutschen Sitten anpassten. Schließlich sollen Einwanderer ihre kulturelle Identität behalten, auch wenn sie einen deutschen Pass besitzen. Sie in einem kulturellen Sinn zu Deutschen machen zu wollen, wäre eine Zumutung für die Einwanderer. Auf der anderen Seite steht die Vorstellung von der Assimilation, bei der man auf die kulturelle Anpassung der Einwanderer setzt. Der springende Punkt ist, dass im einen wie im anderen Fall Widerstand erzeugt wird – bei der multikulturalistischen Variante aufseiten der alteingesessenen Hausbewohner, bei der assimilatorischen aufseiten der neuen Bewohner. So entsteht ein *Integrationsdilemma*. Dieses Dilemma tritt aber nicht nur im Kleinen und im Alltag auf, sondern auch auf gesamtgesellschaftlicher Ebene, dort, wo es um Bestimmung und Verständnis der für alle verbindlichen Grundwerte geht. Hier entscheidet es sich, ob z. B. das Grundrecht auf Religionsfreiheit als Freiheitsrecht verstanden wird, das *auch* der gesellschaftlichen Integration zu dienen hat, oder ob es islamischen Verbänden nur als Vorwand dient, sich kollektive Sonderrechte zu sichern, wie etwa die Erlaubnis zum Schächten.

Die Globalisierung der weltweiten Migrationsströme hat das Integrationsdilemma noch verschärft. Einwanderungsländer sind heute zunehmend mit Immigranten aus Kulturen konfrontiert, die sich in einer großen Distanz zur eigenen Kultur befinden. Zu diesem Dilemma trägt noch ein anderer Umstand bei. In den vergangenen Jahrzehnten hat sich die Überzeugung breitgemacht, es gäbe so etwas wie eine weltweite Niederlassungsfreiheit. Danach hätte jedermann gewissermaßen einen menschenrechtlichen Anspruch auf die Einwanderung in das Land seiner Wahl und ebenso den Anspruch, seine Herkunftsidentität im Einwanderungsland bewahren und pflegen zu können. Diese Vorstellung gehört zu den Kernaussagen der multikulturalistischen Ideologie. Sie hat die Vorstellung von der Assimilation abgelöst, wonach einfach vorausgesetzt wurde, dass sich Einwanderer der Kultur des Aufnahmelandes anpassen. Die Auswirkungen dieses veränderten Integrationsverständnisses sind gravierend. Verfolgt das Einwanderungsland nämlich eine Politik, die ein Gefühl der Zusammengehörigkeit zwischen Einheimischen und Immigranten erzeugen will, läuft es Gefahr, Widerstände vor allem bei den Einwanderern zu provozieren. Einheit und gesellschaftliche Solidarität werden aufs Spiel gesetzt. Anerkennt das Aufnahmeland jedoch die kulturellen Unterschiede, dann verliert es die Fähigkeit zur Integration der Gesellschaft. Wie kann also ein Land Forderungen, die aus kulturellen Unterschieden herrühren, mit dem Anspruch versöhnen, eine einheitliche Identität zu bewahren? Mit anderen Worten: Wie kann eine Gemeinschaft entstehen, die stabil ist und zusammenhält, aber gleichzeitig die legitimen Interessen der Immigranten befriedigt? Dieser Widerspruch scheint unauflösbar, es sei denn, die Aufnahmeländer suchten sich die Einwanderer nach dem Kriterium der kulturellen Nähe und der Kompatibilität der Werte aus, die sie mitbringen. Aber schon die Frage nach der Assimilationsbereitschaft bzw. Assimilationsfähigkeit ist nicht mehr gesellschaftsfähig.[3]

Das entscheidende Problem, das die Gesellschaften in Europa heute und in den kommenden Jahrzehnten zu lösen haben, ist die Integration von Einwanderern. Dabei ist die Integration der muslimischen Einwanderer besonders heikel. Denn die Wertekonflikte mit dem Islam sind für die nichtislamischen Aufnahmegesellschaften eine existenzielle Herausforderung. Der real existierende Islam stellt die europäischen Gesellschaften vor eine unlösbar scheinende Aufgabe. Unvereinbare Wertesysteme stehen sich gegenüber und werfen die Frage auf, wie einerseits die Verschiedenheit respektiert und gleichzeitig ein Gefühl der Zusammengehörigkeit und des sozialen Zusammenhalts gefördert werden kann.

Multikulturalismus als Lösung?

Der Multikulturalismus behauptet, den Wertekonflikt in der Einwanderungsgesellschaft lösen zu können, und zwar durch die Anerkennung der kulturellen Unterschiede. Diese mache nämlich den Weg frei für ein friedliches Neben- oder Miteinander verschiedener ethnischer, kulturel-

---

[3] So scheint es nicht zu vermeiden, dass Einwanderungsländer dauerhafte Konflikte um die grundlegenden Werte in der Gesellschaft in Kauf nehmen müssen.

ler oder religiöser Gemeinschaften. Alle Kulturen in einem Einwanderungsland wären dann gleichwertig, keine Kultur hat mehr Vorrang in der Öffentlichkeit. In einem konsequent multikulturalistisch ausgerichteten Deutschland wäre die deutsche Kultur nur mehr eine unter vielen. Die Besonderheiten der verschiedenen ethnischen und kulturellen Gruppen würden in allen Lebensbereichen systematisch berücksichtigt. Bildung nach dem multikulturalistischen Modell hat beispielsweise das Ziel, den Einwanderern dabei zu helfen, ihre Sprache und ihre Herkunftskultur zur Geltung zu bringen und zu bewahren. Die Schule würde sich dann in den Dienst dieses Ziels stellen, indem sie die Bildungsinhalte, etwa in Deutsch oder Geschichte auf die kulturelle Perspektive der Einwanderer ausrichtet. Sie würde eine flächendeckende bilinguale Erziehung für Einwandererkinder ermöglichen; die staatliche Bildungspolitik würde die Herkunftssprache von Einwandererkindern als Hauptfachsprache in der Schule anerkennen. Auch in naturwissenschaftlichen Fächern würde auf die Befindlichkeiten der Einwanderer Rücksicht genommen. Im Unterrichtsfach Biologie beispielsweise würde mit Rücksicht auf die muslimischen Kinder die Evolutionstheorie ausgeklammert oder die Sexualkunde aus dem Lehrplan gestrichen werden. An der Pädagogischen Hochschule Weingarten in Baden-Württemberg bekommen Lehramtsstudenten heute schon die Empfehlung, im Sachkundeunterricht auf das Thema „Hund" zu verzichten, weil er im Islam als unreines Tier gilt.

Multikulturalistische Politik finanziert die kulturellen Aktivitäten der Einwanderergruppen mit dem Ziel der Aufrechterhaltung ihrer ethnokulturellen Herkunftsidentität und sorgt dafür, dass erwachsene Einwanderer öffentliche Dienstleistungen in ihrer Muttersprache in Anspruch nehmen können. Der multikulturalistisch handelnde Staat berücksichtigt die religiösen (z. B. islamisches Opferfest und Zuckerfest; den Sonntag für Christen, den Freitag für Muslime, Hindus und Juden usw.) und nationalen Feiertage (z. B. kurdisches, iranisches oder chinesisches Neujahrsfest) ethnokultureller Minderheiten im öffentlichen Kalender oder sorgt dafür, dass die Kinder vom Schulunterricht befreit werden, um an religiösen und ethnospezifischen Feiern (wie der Beschneidung von Jungen) teilnehmen zu können. Ein solcher Staat ändert Schutz- und andere Vorschriften aus Rücksicht auf die religiösen Überzeugungen von Einwanderern. Er befreit z. B. Sikhs von der Motorradhelmpflicht oder erlaubt Musliminnen im Schuldienst das Tragen von Kopftuch oder Burka. Ein solcher Staat befreit Muslime, Juden oder Koreaner von tierschutzrechtlichen Vorschriften und erlaubt das Schächten von Rindern und Schafen oder den öffentlichen Verkauf von Hundefleisch. Er anerkennt das Bilderverbot im traditionellen Islam und erfüllt die Forderung nach Abschaffung der Ganzkörperdarstellung von Menschen und Tieren im schulischen Kunstunterricht;[4] er verbietet bildliche Darstellungen oder Karikaturen des Propheten Mohammed in den Medien. Der multikulturalistisch handelnde Staat erlässt arbeitsrechtliche Ausnahmebestimmungen, die die religiösen Bedürfnisse und Gefühle religiöser Minderheiten berücksichtigen. Er sorgt z. B. dafür, dass muslimische Arbeitnehmer in bezahlten Arbeitspausen die Gelegenheit bekommen, ihre täglichen Gebete zu verrichten. Er fördert Unternehmen, die die religiösen Bedürfnisse und Gefühle religiöser Minderheiten berücksichtigen. Unternehmen stimmen den Betriebsablauf auf den spezifischen Rhythmus der Beschäftigten ab oder unterstützen ihre Beschäftigten bei der Wahrnehmung religiöser Pflichten. Zum Beispiel akzeptiert das Management der britischen Supermarktkette *Sainsbury's* die Weigerung muslimischer Verkäuferinnen und Verkäufer, den Kunden Schweinefleisch und Alkohol zu verkaufen.[5] Der multikulturalistische Staat berücksichtigt kulturelle Unterschiede in Recht und Rechtsanwendung. Er anerkennt z. B. die Gültigkeit des islamischen Ehe- und Familienrechts und streicht die Polygamie aus dem Katalog der Straftatbestände. Er sorgt für eine kulturspezifische Anwendung strafrechtlicher oder sozialrechtlicher Vorschriften, in dem er z. B. auch zweiten und dritten Frauen Sozialhilfe- oder Versorgungsansprüche zubilligt.[6] Im politischen Denken des linksalternativen Milieus in Deutschland ist die Vorstellung einer konsequenten Politik der Aner-

---

4 Spuler-Stegemann ²2009, S. 139
5 Kleinert, Detlef: Ein Hund namens Ali verletzt Gefühle. In England erlauben Supermärkte muslimischen Verkäufern, den Kunden Alkohol oder die „Pille danach" zu verweigern. Aber auch Österreich ist keine Insel der Seligen, in: *Die Presse-*online, 5. Juni 2008, http://diepresse.com/home/meinung/gastkommentar/388692/Ein-Hund-namens-Ali-verletzt-Gefuehle?from=suche.intern.portal, Zugriff am 19.9.2012; Printausgabe: 6. Juni 2008
6 Vgl. Allam, Magdi Cristiano: Grazie Gesu. La mia conversione dall'islam al cattolicesimo. Milano 2008, S. 104

kennung kultureller Differenz längst Allgemeingut und die praktische Umsetzung des Grundsatzes von der Gleichwertigkeit der Kulturen die zwingende Folge daraus. Eine schöne Metapher für diese Vorstellung ist das Bild der bunten „Wohngemeinschaft Deutschland" (*Bundeszentrale für politische Bildung*). Die nationalen Kulturen haben ausgedient. Die italienische Kultur ist nicht mehr die verbindliche gesellschaftliche Kultur in Italien. Eine deutsche Identität zu haben ist keine Voraussetzung, um deutscher Staatsbürger zu werden. Staatsbürgerschaft und kulturelle Praxis sind völlig entkoppelt. *Das bedeutet Deutschsein, ohne deutsch zu sein.* Die kulturell homogene Nation ist um ihre Daseinsberechtigung gebracht.

Eine multikulturelle Gesellschaft, die nur ihre Unterschiede auslebt, ist in der ständigen Gefahr der Selbstzerstörung. Der liberale Multikulturalismus will deshalb ein Minimum an gemeinsamen Regeln für das Zusammenleben verbindlich machen. Dieses Minimum ist die Verfassung. Ihr Kern sind die allgemeinen Menschenrechte, die Demokratie, die Gleichberechtigung aller Menschen wie auch der Geschlechter. Und weil die Menschen ihr Zusammengehörigkeitsgefühl nicht mehr aus einer gemeinsamen Kultur ableiten können, sollen sie dieses Zusammengehörigkeitsgefühl aus ihrem Stolz auf gemeinsame Verfassungswerte (Verfassungspatriotismus) gewinnen. Der radikale Multikulturalismus hingegen will nicht einmal das. Er betont die Identität der einzelnen Gruppen und will das Überleben der Minderheitenkulturen dadurch erreichen, dass er ihnen Sonderrechte zugesteht (politischer und kultureller Autonomiestatus).

Trotz seines hohen Anspruchs ist der Multikulturalismus aber keine konsistente Ideologie oder ein geschlossenes politisches Programm. Multikulturalismus ist die Vision einer neuen idealen Gesellschaft, und sie ist dann ideal, wenn sie aus möglichst vielen verschiedenen ethnischen und kulturellen Gruppen besteht und die religiösen und kulturellen Unterschiede zwischen ihnen möglichst groß sind. Eine solche Gesellschaftsform stützt sich auf ein paar wenige Grundsätze. Dazu gehören die Anerkennung der kulturellen Differenz und das Prinzip der Gleichwertigkeit der Kulturen sowie Axiome, wonach kulturelle Unterschiede ein Wert an sich und fremde Kulturen eine Bereicherung für das Einwanderungsland seien. Multikulturalismus ist das gängige Integrationsparadigma in Europa. Trotzdem kann der Multikulturalismus nicht überall offen proklamiert werden; das ist z. B. in Deutschland der Fall. Dort ist das politisch-gesellschaftliche Establishment – sei es aus Überzeugung oder aus Opportunismus – zwar überwiegend multikulturalistisch gesinnt, aber der Mehrheit der Bevölkerung ist der Multikulturalismus verdächtig und deshalb ist er einstweilen politisch nicht mehrheitsfähig. In Deutschland wird er deshalb mit dem Begriff „Integration" getarnt, damit ist so etwas wie ein *faktischer Multikulturalismus* gemeint. Faktischer Multikulturalismus steht nicht für eine planvolle und durchdachte Integrationspolitik, sondern ist das Ergebnis einer Politik des achselzuckenden Verzichtes auf bewusste politische Steuerung, die sich stattdessen damit begnügt, zuzusehen, wie eine naturwüchsige Entwicklung bei der Einwanderung vollendete Tatsachen schafft. Nur gelegentlich greift die Politik situativ in den Lauf der Dinge ein, etwa wenn es um die Nachfrage nach billigen Arbeitskräften für die Wirtschaft geht. Ansonsten singt sie das Loblied der bunten Gesellschaft, die alle und jeden bereichert und die Einheimischen von der Plage einer homogenen nationalen Kultur befreit. Der faktische Multikulturalismus lebt von der vagen Hoffnung, dass sich die Einwanderer aus nichteuropäischen Kulturen den anderen Europäern im Laufe der Zeit annähern werden, ohne selbstverständlich deren Kultur zu übernehmen. Die Einwanderer der ersten Generation leben noch völlig in ihrer Herkunftskultur und pflegen die Verbindungen mit den Ländern, aus denen sie aufgebrochen sind. Die folgenden Generationen gehen aber dann immer mehr dazu über, die Herkunftskultur ihrer Eltern mit der westlichen Kultur der Aufnahmegesellschaft zu verbinden, weil sie freier, attraktiver, permissiver und individualistischer ist als die Kultur des Herkunftslandes. Am Ende, so diese Vorstellung, schmelzen die religiös-kulturellen Unterschiede soweit ab, dass sie nur noch einen folkloristischen Charakter haben. Der Haken an diesen Vorstellungen ist nur, dass sich die empirischen Befunde bisher nicht mit dieser Hoffnung decken – am wenigsten bei den muslimischen Einwanderern, die sich ein hartnäckiges Eigenleben und eine große emotionale Distanz zu dem Land bewahrt haben, in das sie eingewandert sind und das ihnen Lebenschancen geboten hat, die in ihren Herkunftsländern nur ein flüchtiger Traum geblieben wären.

Fast alle Länder der Europäischen Union betreiben eine mehr oder weniger multikulturalistisch inspirierte Integrationspolitik. In Großbritannien versucht man sich sogar an einer besonders islamfreundlichen Integrationspolitik, indem Vorurteile *zugunsten* der Muslime verbreitet werden. Die positiven Vorurteile will man dadurch erzeugen, dass die Religionen unterschiedlich behandelt werden. So dürfen das Christentum und seine Symbole im Namen des Grundrechtes auf freie Meinungsäußerung angegriffen, kritisiert und lächerlich gemacht werden, aber Kritik am Islam ist nicht zulässig. Wer es trotzdem wagt, muss mit einer Strafe rechnen. Die Zeitung *Catholic Herald* hatte am 19. Oktober 2007 von einem Pfarrer in Essex berichtet, der von der Polizei wegen des „Verdachts auf Erregung von Rassenhass" vernommen wurde. Der Pfarrer hatte in seinem Gemeindemitteilungsblatt den Fall eines Mädchens kommentiert, das vor Gericht das Recht eingeklagt hatte, in ihrer Schulklasse den Ganzkörperschleier zu tragen. Bekannt geworden sind aber auch interne Anweisungen der BBC, wie mit Islam und Muslimen umzugehen sei. Auch in der Politik können die britischen Muslime mit Bevorzugung rechnen. Nicht nur die Rechtmäßigkeit der Polygamie ist faktisch anerkannt, auch die Einrichtung einer islamischen Paralleljustiz kommt in Großbritannien gut voran. In einer Art von dualem Rechtssystem können Muslime teilweise bereits heute ihre zivilrechtlichen Streitigkeiten vor Scharia-Gerichte bringen. In London, Birmingham, Bradford, Manchester und anderen Städten entscheiden diese Gerichte über zivilrechtliche Streitfragen wie Scheidung, Erbangelegenheiten und Vermögensauseinandersetzungen nach den Regeln der Scharia. Aufschlussreich ist, dass das islamische Recht vor allem bei den jüngeren Muslimen immer mehr Anklang findet. In Großbritannien sprechen sich laut einer Umfrage aus dem Jahre 2007 nur 25 Prozent der über 55-jährigen britischen Muslime für eine Scharia-Gesetzgebung aus, bei den 16 bis 24-jährigen aber sind es schon 50 Prozent. Auch ein zunehmender Trend zu islamischer Intoleranz und islamischem Fundamentalismus ist nicht zu übersehen. Das zeigt sich daran, dass immer mehr junge Muslime interkonfessionelle Ehen und Homosexualität ablehnen, die Polygamie begrüßen und Muslime, die sich vom Islam abwenden wegen Glaubensabfall (Apostasie) bestraft sehen wollen. Die vermehrte Hinwendung zum Islam und seinen religiösen Vorschriften ist europaweit zu beobachten. In Deutschland hat die islamfreundliche Stiftung *Zentrum für Türkeistudien* herausgefunden, dass sich 2005 83,3 Prozent der türkischen Muslime als religiös bezeichneten. Im Jahre 2000 waren es noch 72,3 Prozent. Das Kopftuchtragen in der Öffentlichkeit befürworteten im Jahre 2000 erst 27 Prozent der Befragten, 2005 waren es bereits 47 Prozent. Die Ablehnung von Klassenfahrten und eines gemeinsamen Sportunterrichtes stieg im selben Zeitraum von 19 auf 30 Prozent.[7]

Auch die Integrationsstudie des österreichischen *Bundesministeriums für Inneres* kommt im Jahre 2009 zu ähnlichen Ergebnissen. Danach ist die religiös-politische, d. h. islamistische Orientierung unter jungen Muslimen unter 30 Jahren mit 50 Prozent besonders hoch. So wünschen sich etwa 50 Prozent der türkischstämmigen Muslime in Österreich, dass Teile des islamischen Rechts in das österreichische Recht aufgenommen werden sollen. Religiös praktizierende Muslime stimmen diesem Anliegen in deutlich höheren Umfang zu als die sogenannten säkularen Muslime. Besonders aufschlussreich war die Haltung der österreichischen Muslime zum Verhältnis von Islam und Demokratie. Immerhin 72 Prozent stimmten der Aussage zu, dass religiöse Gebote wichtiger wären als die Demokratie.[8] Sollten all diese Umfrageergebnisse die Verhältnisse einigermaßen authentisch widerspiegeln, dann ergibt sich zusammen mit der dynamischen Bevölkerungsentwicklung der Muslime in Europa eine „explosive Mischung".[9]

Auch Italien hat einen betont multikulturalistischen Ansatz gewählt. Dieser Ansatz unterstreicht das Recht der Muslime, ihre Kultur zum Ausdruck zu bringen und aufrechtzuerhalten. Von den Einheimischen wird erwartet, dass sie die Kultur der Muslime verstehen und sie in ihr soziales Leben integrieren. Im Zentrum dieser Tendenz steht der absichtsvolle Aufbau einer multireligiösen und multikulturellen Gesell-

---

7 Sen, Faruk / Sauer, Martina: Islam in Deutschland. Einstellung der türkischstämmigen Muslime. Religiöse Praxis und organisatorische Vertretung türkischstämmiger Muslime in Deutschland. Ergebnisse einer bundesweiten Befragung. *ZfT-aktuell* Nr. 115, Essen (ZfT) 2006, S. 17, 20 http://www.deutsch.zfti.de/downloads/down-islamindeutschland.pdf; Zugriff am 26.3.2010

8 Ulram, Peter A.: Integration in Österreich: Einstellungen, Orientierungen, Erfahrungen von MigrantInnen und Angehörigen der Mehrheitsbevölkerung. Studie der GfK-Austria GmbH; hg. vom Bundesministerium für Inneres. Wien 2009, S. 16 ff. und S. 44 ff., http://www.bmi.gv.at/cms/BMI_Service/Integrationsstudie.pdf; Zugriff am 4.1.2011

9 Gassner 2010, S. 47

schaft. Es geht die in Mode gekommene programmatische Parole von der „Transformation der italienischen Gesellschaft in eine pluralistische Gesellschaft" um, als wenn die italienische Gesellschaft bisher nicht pluralistisch gewesen wäre. Hier wird deutlich, wie sehr die Behauptung, fremde Kulturen seien eine Bereicherung für die Einheimischen, zu einer Gesinnungsfrage geworden ist. Der multireligiöse Ansatz berücksichtigt allerdings ausschließlich die Muslime, als wenn die anderen religiösen Gruppen nicht existierten. Den Muslimen wird angeboten, was sie häufig selbst noch nicht einmal gefordert haben: der Verzicht der Italiener auf Bedeutungselemente ihrer eigenen Kultur und Identität. Unablässig werden Befürchtungen geäußert, die Muslime könnten sich verletzt fühlen. In der Schule offenbart sich vollends die ideologische Schieflage, die sich im Verhältnis zu den muslimischen Schülern und ihren Familien auftut. Unvermeidlich vor jedem Weihnachtsfest häufen sich polemische Anmerkungen zum Thema „Krippe". Die Krippen sollten aus der Schule verschwinden, weil ihre Gegenwart das Gewissen der Muslime belasten könnte.[10] Für die Muslime selbst jedoch existiert dieses Problem oft gar nicht. Es existiert nur in den Köpfen von Schulleitern oder Lehrern. Während also jedwede Darstellung, die die muslimischen Kinder und Jugendlichen anstößig finden könnten, vermieden werden soll, sollen sich im Ausgleich dazu die Italiener wohlwollend und unbefangen über den Islam informieren. Auch in Italien scheint völlig ungeklärt, was unter „Integration" verstanden werden soll. „Integration" ist ein missbrauchter Begriff. Wie in Deutschland wird der Begriff auch in Italien auf Situationen angewandt, die in Wirklichkeit Trennung und Absonderung bedeuten. In vielen Teilen Italiens verkaufen kommunale und staatliche Verwaltungen ihre Beschlüsse als Politik, die angeblich die Integration der Muslime fördert. In Wirklichkeit laufen diese Beschlüsse darauf hinaus, die Forderungen der Muslime nach Einrichtung autonomer Zonen zu erfüllen, in denen die muslimischen Gemeinden nach ihren eigenen Regeln und Gewohnheiten leben können. Wie in Deutschland werden auch in Italien besondere Grabfelder auf Friedhöfen gefordert, um den Muslimen die Bestattung nach ihren Regeln zu ermöglichen. Um Offenheit zu demonstrieren, werden in Schulmensen die Besucher

---

10 Allam 2008, S. 129

Multikulturalismus als Lösung des Wertekonfliktes?

dazu genötigt, ein Essen einzunehmen, das islamischen Speisevorschriften entspricht. Dass es zu diesem Essen aber keine Alternative gibt, wird mit Wirtschaftlichkeitsgesichtspunkten begründet. Nach dieser Lesart geschieht Integration immer nur dann, wenn die Einheimischen die Forderungen der Eingewanderten akzeptieren und sich ihnen anpassen. Es steht außer Diskussion, dass die Überzeugungen und die Gepflogenheiten der Muslime Anspruch auf Respekt haben, wie diejenigen jeder anderen sozialen Gruppe auch. Aber wenn eine Gesellschaft nicht nur aus Unterschieden bestehen will, die stolz herausgestellt und betont werden, wenn eine wirklich integrierte Gesellschaft das Ziel ist, dann muss über diese Unterschiede diskutiert werden, um zu verstehen, in welchem Maße ihre Aufrechterhaltung gerechtfertigt ist. Und dann reicht eben die bloße Behauptung nicht mehr aus, der Islam schreibe dies oder jenes vor. Diese Auseinandersetzung ist notwendig, wenn eine völlig fragmentierte Gesellschaft verhindert werden soll. Die muslimische Lobby, die immer darauf pocht, dass die Einheimischen die Unterschiede zu akzeptieren hätten, muss ihrerseits akzeptieren, dass diese Unterschiede zur Diskussion gestellt werden. Um zum Beispiel der islamischen Bestattung zurückzukehren: Die Lösung dafür kann in demokratischen Gesellschaften nicht automatisch bedeuten, gesonderte Grabfelder auszuweisen. Die tief greifende Demokratisierung der europäischen Gesellschaften hat seit der Französischen Revolution von 1789 Schritt für Schritt Klassenschranken, Schichtunterschiede, Konfessionsgrenzen und Rassenvorurteile zu Fall gebracht. Das ist in Europa überwiegend als Fortschritt in Richtung auf eine menschlichere Gesellschaft gewertet worden. Wenn die europäischen Gesellschaften ihre eigenen, bitter erkämpften demokratischen Ideale, die Freiheit, die Gleichheit und die Brüderlichkeit, nicht einfach über Bord werfen wollen, dann können sie das Bedürfnis der Muslime nach religiös begründeter Abgrenzung nicht umstandslos hinnehmen. Eine religiöse Begründung, die zwischen sogenannten Gläubigen und Ungläubigen unterscheidet und daraus den Schluss zieht, dass selbst noch auf dem Friedhof den wahren Gläubigen die Nachbarschaft mit Ungläubigen nicht zumutbar ist, ist nichts anderes als der Versuch einer Reanimation des Apartheidsprinzips. Serviles Entgegenkommen von Politik, Verwaltung und Öffentlichkeit wäre noch allemal nichts anderes als von Feigheit getragene Selbstverleugnung. Aber genau das geschieht, und Deutschland scheint auch hier schon einen Schritt weiter zu sein als Italien. Muslimische Sonderfriedhöfe sind längst Alltag in Deutschland.

Doch noch während europaweit der Multikulturalismus gepredigt wird, ist multikulturalistische Politik in eine Krise geraten. Die mit großer Selbstgewissheit betriebene Politik ist durch eine Reihe schwerer Vorfälle erschüttert worden: die Ermordung des Filmregisseurs Theo van Gogh in den Niederlanden im Jahre 2004, die blutigen Attentate islamischer Terroristen in Madrid 2004 und in London 2005, die wütenden Proteste gegen die Mohammed-Karikaturen, die sich in gewalttätigen Ausschreitungen zu entladen pflegen, oder die brutalen Übergriffe islamistischer Salafisten gegen die Polizei, zu denen es 2012 in mehreren Städten Nordrhein-Westfalens gekommen war. Sie alle haben in der öffentlichen Meinung der europäischen Länder eine tiefe Verunsicherung zurückgelassen. Überall nehmen die Zweifel an der Integrationsbereitschaft bzw. -fähigkeit der eingewanderten muslimischen Minderheit zu.

Islamischer Multikulturalismus

In den europäischen Ländern sind die islamischen Interessenverbände besonders eifrige Befürworter der Idee einer multikulturellen Gesellschaft. Sie treten dafür ein, dass der multikulturelle Staat Lebensform, Kultur und Religion der Einwandererminderheiten im Ganzen schützt. Es geht also nicht um das Recht der Individuen, ihre Lebensform, Kultur oder Religion selbst zu wählen. Es geht den Islamlobbyisten um das Selbstbestimmungsrecht der ethnisch-religiösen Gemeinschaft, das für sie über den Freiheitsrechten des Einzelnen steht. Das ist die glatte Umkehrung des europäischen Freiheitsverständnisses. Im Islam ist nämlich nicht die einzelne Person mit ihrem freien Willen und ihrem Recht auf Selbstbestimmung Träger von Grundrechten, sondern die ethnisch-religiöse Gemeinschaft. Nicht die Individuen, sondern die Kollektive bilden danach die Grundeinheiten der Gesellschaft. Bassam Tibi meint, dass diese Sicht im Islam selbst angelegt ist. Individualität im europäischen Sinn gibt es im Islam nicht. Statt einer persönlichen gebe es eine kollektive Identität, die auf der Zugehörigkeit zur *Umma* beruhe.

Multikulturalismus als Lösung des Wertekonfliktes?

In ihrem Anliegen um kollektive Sonderrechte wissen sich die islamischen Interessenvertreter nicht alleine. Sie werden unterstützt durch einheimische Multikulturalisten. Aber so sehr die einheimischen Multikulturalisten mit der Islamlobby sympathisieren, das Bündnis der islamischen Multikulturalisten mit ihren einheimischen Unterstützern hat einen Haken: Es ist in Wirklichkeit nur taktischer Natur. Denn islamische Multikulturalisten streben nicht wirklich nach einer multikulturellen Gesellschaft, sondern machen sich den europäischen Multikulturalismus bei der Verwirklichung ihrer islamischen Ziele nur zunutze. Ihr mittelfristiges Ziel ist die religiöse, kulturelle und politische Autonomie in islamischen Teilgesellschaften, ihr strategisches Fernziel die islamische Einheitsgesellschaft. Ihre Taktik ist, die politische Integration in Misskredit zu bringen. Zu diesem Zweck verleumden sie sie als besonders ausgekochten Versuch der Assimilation. Glückt die Verleumdung, dann kann am Ende das Streben nach Autonomie und Sonderrechten plausibel begründet werden. Der *islamische Multikulturalismus* ist also ein Täuschungsmanöver. Nach außen hin fordern die islamischen Interessenvertreter, dass alle ethnischen oder religiösen Gruppen Anspruch darauf haben sollten, nach ihren eigenen Regeln leben zu können, und sie wollen, dass die Aufnahmegesellschaft diese Forderung öffentlich anerkennt. Aber in Wirklichkeit geht es ihnen nicht um die Einwanderer im Allgemeinen. Sie sind nur ein Vorwand, um der muslimischen Minderheit eine Sonderstellung verschaffen. Selbstverständlich anerkennen islamische Multikulturalisten diesen Pluralismus nur bis zu dem Augenblick, in dem sie mächtig genug sind, den Islam der ganzen Gesellschaft verbindlich zu verordnen.

Legitime wissenschaftliche und publizistische Kritik als Islamophobie zu verleumden, ist ein weiterer fester Bestandteil im Repertoire dieses Kampfes um eine muslimische Sonderstellung. Islamische Interessenvertreter bedienen sich seit geraumer Zeit des wirkungsvollen Kunstgriffs, jedwede Kritik am Islam als „islamophob" oder rassistisch zu diffamieren. Sie behaupten, die als vermeintlich legitime Kritik am Islam getarnte Islamophobie sei nur Rassismus in neuem Gewande, der von den Medien angeheizt werde und das Ziel habe, eine Religion und ihre Anhänger zu diskriminieren, alle Muslime unter Generalverdacht zu stellen und damit den gesellschaftlichen Frieden zu zerstören. Im Jahre 2009 z. B. kritisierte die österreichische SPÖ-Politikerin

Laura Rudas, dass in manchen Familien Kopftuchzwang herrsche und wünschte sich, dass es das Ziel der muslimischen Frauen sein müsse, das Kopftuch abzulegen. Das brachte ihr vonseiten der *Islamischen Glaubensgemeinschaft in Österreich* (IGGiÖ) den Vorwurf ein, sie würde islamfeindliche und islamophobe Ressentiments in der Bevölkerung bedienen. Aber die IGGiÖ ist nicht irgendein islamischer Verein. Sie ist eine Körperschaft öffentlichen Rechts und fungiert als die offizielle Vertretung aller in Österreich lebenden Muslime und ihrer Belange. Dieses Beispiel ist vergleichsweise harmlos, aber es ist typisch für die Beobachtung, dass unter den europäischen Muslimen eine *victim culture* verbreitet ist, die sich in einer ständigen Abwehr gegenüber Kritik und vermeintlicher Beleidigung des Islam äußert. Die andere Seite ist, dass sich mit dem Vorwurf der Islamophobie die öffentliche Meinung der nichtislamischen Mehrheitsgesellschaften auf recht komfortable Weise erpressen lässt und unliebsame Kritiker zum Schweigen gebracht werden können.[11] Damit ist die politische Funktion des Islamophobievorwurfes nur allzu offenkundig. Es handelt sich vor allem um einen Kampfbegriff zur Diskreditierung der Gegner, der die islamische Gemeinde gegen Kritik immunisieren, Missstände in der islamischen Welt tabuisieren und ein Druckmittel liefern soll, um eigene Forderungen gegenüber der nichtislamischen Mehrheitsgesellschaft durchzusetzen. Mitunter versteigen sich Islamlobbyisten und ihre einheimischen Helfer sogar zu der Behauptung, die Muslime seien die neuen Juden. Der Historiker Wolfgang Benz war bis 2011 Leiter des Zentrums für Antisemitismusforschung in Berlin und müsste es eigentlich besser wissen, aber das hinderte ihn nicht daran, zu behaupten: Die „Antisemiten des 19. Jahrhunderts und manche ‚Islamkritiker' des 21. Jahrhunderts arbeiten mit ähnlichen Mitteln an ihrem Feindbild".[12] Zu ähnlichen Ergebnissen kamen der Frankfurter Erziehungswissenschaftler Micha Brumlik und der Jenaer Historiker Norbert Frei. Für den Potsdamer Historiker Julius H. Schoeps hingegen sind solche Behaup-

---

11 Gassner 2010, S. 39
12 Benz, Wolfgang: Antisemiten und Islamfeinde. Hetzer mit Parallelen, in: *Süddeutsche Zeitung*, 4. Januar 2010, http://www.sueddeutsche.de/politik/antisemiten-und-islamfeinde-hetzer-mit-parallelen-1.59486, Zugriff am 20.9.2012

tungen „abwegige Parallelen"[13]. Und Henryk M. Broder sieht den entscheidenden Unterschied darin, dass der Antisemitismus von hysterischen Ängsten und Neidgefühlen lebe, während die Islamophobie im Gegensatz dazu eine reale Grundlage habe, weil die Terroranschläge islamischer Terroristen, die in der islamischen Tradition verwurzelten Ehrenmorde, Kinderehen, Steinigungen von Ehebrecherinnen und die Hinrichtung von Homosexuellen ja schließlich nicht bloß eine Ausgeburt menschlicher Fantasie seien.[14] Nebenbei bemerkt ist der Vorwurf, die Muslime seien die „neuen Juden", schon deshalb aus der Luft gegriffen, weil er historisch einfach falsch ist. Die deutschen Juden nämlich haben sich überwiegend assimiliert, weil sie „gute Deutsche" sein wollten. Die meisten Muslime assimilieren sich dagegen nicht, weil sie gerade keine Deutschen sein wollen.

Dort, wo die Integration der Muslime misslingt, sind aus Sicht der islamischen Multikulturalisten natürlich der Staat und die islamophobe Gesellschaft schuld. Der Staat erlasse rassistische Gesetze und in Behörden und Einrichtungen seien fremdenfeindliche Vorurteile zuhause („institutionalisierter Rassismus"). Von der Schule angefangen bis ins Arbeitsleben und die Freizeit würden Muslime ausgegrenzt, weil Staat und Mehrheitsgesellschaft ihre religiösen Regeln und ihre Lebensform nicht anerkennen und ausreichend berücksichtigen würden. Muslime müssten deshalb vor solcher Diskriminierung geschützt werden – eine Forderung, die jeder Grundlage entbehrt, es sei denn, man sieht in der Verweigerung von Sonderrechten bereits eine Diskriminierung. Genau das aber ist die Sichtweise der muslimischen Interessenvertreter. Nach europäischem Grundrechtsverständnis stehen die Grundrechte in einem Wechselwirkungsverhältnis, sie bedingen und kontrollieren einander. Islamvertreter verabsolutieren dagegen das Grundrecht auf Religions-

---

13 Schoeps, Julius H.: Abwegige Parallelen – Wenn Islamophobie und Antisemitismus in einem Topf landen, in: *Jüdische Zeitung*, 16. Januar 2010, http://www.j-zeit.de/archiv/artikel.2164.html, Zugriff am 20.9.2012
14 Broder, Henryk M.: Sind Muslime die Juden von heute? Der Historiker Wolfgang Benz zieht Parallelen zwischen Antisemiten und den Islamkritikern. Doch die Angst vor Islamisten hat mit dem Hass auf Juden wenig gemein. Eine Replik, in: *Welt-online*, 13. Januar 2010, http://www.welt.de/welt_print/debatte/article5828140/Sind-Muslime-die-Juden-von-heute.html, Zugriff am 20.9.2012

freiheit und stellen es über alle anderen Grundrechte. Dadurch meinen sie von der Mehrheitsgesellschaft verlangen zu können, ein Verhalten der muslimischen Minderheit auch dann hinzunehmen, wenn es mit den Grundwerten der Mehrheitsgesellschaft unvereinbar ist. Verabsolutiert man die Religionsfreiheit, ist auch keine Kritik am Islam mehr möglich. Gerissen ist auch die Strategie einer Gleichsetzung von Religion und Rasse. Man behauptet, die Religionszugehörigkeit sei wie die Hautfarbe Grund für die ungerechte Behandlung von Gruppen. Mit dieser Gleichsetzung kann man dann die diskriminierende Wirkung des vermeintlichen Rassismus für die Zwecke religiöser Interessenvertretung nutzen. Mit dem Erpressungspotenzial des Rassismusvorwurfes im Rücken fordert die Muslimlobby Sonderrechte. Eine weitere wirksame Strategie besteht darin, kulturell-religiöse Interessen zu einem Kernanliegen des Glaubens umzudeuten. Wie in der Diskussion um das Schächten oder das Kopftuch zu sehen war, versucht die Muslimlobby damit, diese Interessen einer politischen Auseinandersetzung zu entziehen und die Erfüllung ihrer Forderungen als einen verfassungsmäßigen Sachzwang darzustellen, der sich aus dem Grundrecht auf Religionsfreiheit ergebe.

Die Strategie der islamischen Multikulturalisten und ihrer einheimischen Verbündeten, Multikulturalismusgegner und Islamkritiker mit dem Rassismusvorwurf und dem Islamophobieverdacht zu überziehen, verfängt noch immer in der politischen Öffentlichkeit und in den Medien. Wer sich diesen Vorwurf erst einmal einfängt, wird als rechtsextremistisch gebrandmarkt und ist damit politisch diskreditiert. Der prominenteste Fall der letzten Jahre in Deutschland ist der SPD-Politiker Thilo Sarrazin. An ihm hat das politische, mediale und gesellschaftliche Establishment in Deutschland vorgeführt, was es heißt, gegen den herrschenden Konsens zu verstoßen, der in dem Dogma besteht, dass der Islam nicht zu kritisieren, sondern als eine Bereicherung für die nichtislamische Gesellschaft zu betrachten sei. Wer gegen diesen Konsens verstößt, tut das mit dem Risiko, aus dem Establishment ausgestoßen zu werden. So wurde Sarrazin zu einem Lehrbuchbeispiel für die Funktionsweise der „repressiven Toleranz" (Herbert Marcuse): Man darf in Deutschland zwar sagen, was man will, aber wundern über die Folgen, die sich daraus ergeben können, sollte man sich besser nicht.

Kritik des Multikulturalismus

Will man die Einwände gegen den Multikulturalismus auf einen kurzen Nenner bringen, dann könnte man ihn als fehlgeleitete Gastfreundschaft bezeichnen – fehlgeleitet deshalb, weil im Multikulturalismus Gastfreundschaft als unbedingt missverstanden wird. Multikulturalismus ist die grundsätzlich an keine Bedingung geknüpfte Einladung an das vollständig Fremde. Diesem Fremden soll auch dann Zutritt gewährt werden, wenn seine Absichten unklar sind und das Hereinlassen eine Bedrohung des Eigenen darstellen kann. Die unbedingte Gastfreundschaft bricht mit dem Grundsatz, dass das Verhältnis von Gast zu Gastgeber symmetrisch sein muss. Der Gastgeber nimmt den Gast auf, der Gast dankt es ihm, indem er sich den Gepflogenheiten des Gastgebers anpasst. Im Multikulturalismus wird diese Symmetrie außer Kraft gesetzt, deshalb ist unbedingte Gastfreundschaft letztlich selbstzerstörerisch.[15]

Eine multikulturalistische Politik zieht katastrophale Konsequenzen nach sich, weil sie den „mentalen Separatismus" (Will Kymlicka) und die Bildung von ethnokulturellen Ghettos befördert. Beides destabilisiert die Gesellschaft. In den westlichen Ländern fordern die muslimischen Aktivisten im Namen des Multikulturalismus Autonomie und rechtliche Garantien für die Schaffung islamisierter Räume. Multikulturalisten wie Jürgen Habermas sehen diese Schwächen der multikulturalistischen Idee durchaus. Auch er meint, dass die moderne Gesellschaft nicht ohne ein Minimum an Zusammenhalt auskommen kann. Gerade weil multikulturelle Gesellschaften aus verschiedenen ethnokulturellen Gemeinschaften bestehen, sind sie auf ein gemeinschaftsstiftendes Zusammengehörigkeitsgefühl angewiesen. Wie aber dieses Zusammengehörigkeitsgefühl entstehen kann in einer Situation der kulturellen Unterschiede – das ist eine der Schlüsselfragen, die sich dem Multikulturalismus stellen. Denn in der multikulturellen Gesellschaft fällt eine gemeinsame Kultur als gemeinsame Grundlage des Zusammenlebens aus. Einen Ausweg aus diesem Dilemma scheint das Modell „Integration durch Recht" zu bieten. Dieses Modell hat besonders in Deutschland viele Freunde. Im Umlauf sind zwei Varianten. Die erste

---

15 Vgl. Ladeur/Augsberg 2007, S. 37 f.

geht von der Frage aus, ob es in einer multikulturellen Gesellschaft überhaupt noch gemeinsame Gerechtigkeits- und Gemeinwohlvorstellungen geben kann, die auf einem allgemeinen Wertekonsens beruhen. Da dem Recht eine gemeinsame Wertebasis fehlt, findet es in der multikulturellen Bevölkerung nur dann Zustimmung, wenn es pluralistisch gestaltet wird. So könne z. B. die Rechtsordnung im Bereich des Familien- und Erbrechts an die kulturelle Herkunft der Betroffenen anknüpfen.[16] Konkret gesagt wäre danach etwa die Einführung der Scharia als Teil des in Deutschland geltenden Zivilrechts möglich. Dem damaligen Erzbischof von Canterbury und Primas der Church of England, Rowan Williams, schwebte bereits vor Jahren genau das für Großbritannien vor: die allgemeine Einführung des islamischen Rechts. Muslime könnten dann wählen, ob sie sich lieber dem britischen oder dem islamischen Recht unterwerfen wollten. Das Vereinigte Königreich, so Williams, müsse der Tatsache ins Augen blicken, dass sich nicht alle Bürger mit dem britischen Recht identifizierten. Die Scharia als gleichberechtigtes Recht einzuführen, würde den sozialen Zusammenhalt stärken, da es manchen Muslimen schwerfalle, sich mit dem britischen Recht, etwa im Ehe- und Familienrecht, anzufreunden. Williams betonte, es ginge ihm darum, dass Muslime nicht mehr wählen müssten „zwischen der harten Alternative der Loyalität zu ihrer Kultur und der zum britischen Staat".[17] Natürlich ist die Vorstellung, die integrative Funktion des Rechts könne durch eine kulturelle Pluralisierung gestärkt werden, grotesk. Das Gegenteil träte ein. Ein Pluralismus des Rechts fördert geradezu separatistische Tendenzen der ethnischen und religiösen Minderheiten. Ein Pluralismus des Rechts würde auf Dauer auch noch die letzten Reste einer gemeinsamen Grundlage für ein friedliches Zusammenleben in einer Gesellschaft zerstören.

---

16 Würtenberger, Thomas: Die Akzeptanz von Gesetzen, in: Friedrichs, Jürgen / Jagodzinski, Wolfgang (Hg.): Soziale Integration. Sonderheft, Nr. 39/1999 der Kölner Zeitschrift für Soziologie und Sozialpsychologie, Opladen 1998, S. 381 f.; 391 f.
17 Kielinger, Thomas: Großbritannien: Erzbischof von Canterbury will Scharia zulassen, in: *Welt-online*, 7. Februar 2008, http://www.welt.de/politik/article1644292/Erzbischof_von_Canterbury_will_Scharia_zulassen.html, Zugriff am 9.12.2008

Multikulturalismus als Lösung des Wertekonfliktes?

Da in der multikulturellen Gesellschaft eine gemeinsame Kultur als verbindendes Element fehlt, setzt die zweite Variante alle Hoffnung auf ein sogenanntes kulturneutrales Recht, das, weil es über den Kulturen steht, von allen Teilen der Bevölkerung anerkannt werden kann. Aber hält die Idee eines kulturneutralen Rechts überhaupt, was sie verspricht?

Nicht einmal in den lichten Höhen der Abstraktion funktioniert diese Idee widerspruchsfrei. Was macht im konkreten Fall z. B. den kulturneutralen Kern der Grundrechte aus? Was gehört schon dazu, was noch nicht und was nicht mehr? Dazu ein Beispiel aus dem multikulturellen Alltag der Bundesrepublik: Deckt das Grundgesetz die bei Juden und Muslimen geübte Praxis der Knabenbeschneidung? Wenn Artikel 2 Grundgesetz Menschen vor unnötigen Schmerzen und Eingriffen in ihre körperliche und seelische Unversehrtheit schützen will, dann ist die Knabenbeschneidung ein Grundrechtsverstoß. Die Anhänger dieser Praxis berufen sich jedoch auf das Grundrecht der freien Religionsausübung nach Artikel 4 Grundgesetz. Aus Sicht der europäischen Grundwertetradition jedoch schützt Artikel 4 Grundgesetz religiöse Praktiken, die die physische und psychische Unversehrtheit verletzen, nicht. Damit ist das Dilemma vollständig und grundsätzlich unauflösbar. Aus europäischer Perspektive ist die Knabenbeschneidung ein barbarischer Brauch, der Kindern unnötige Schmerzen zufügt und sie traumatisiert. Aus jüdischer und islamischer Sicht ist sie nicht nur ein religiöses Grundrecht, sondern auch notwendig, um psychische Deformationen zu vermeiden: Die Beschneidung macht nämlich erst den jüdischen bzw. muslimischen Mann. Dieser Wertekonflikt hat jedoch eine Pointe: Aus *beiden* kulturellen Perspektiven laufen Verbot oder Erlaubnis der Beschneidung gleichermaßen auf einen Grundrechtsverstoß hinaus.

Dieses einfache Beispiel zeigt: Es gibt gar kein kulturneutrales Recht. Denn selbst Grundrechte sind notwendigerweise kulturbedingt, sie sind sozusagen kulturell aufgeladen. Hinter dem Recht stehen Werte und hinter den Werten kulturelle Orientierungen. Recht ist Kulturerscheinung (Gustav Radbruch). Viele Rechtsbegriffe sind unbestimmt und deshalb auslegungsbedürftig, das heißt, sie werden erst durch Auslegung verständlich. Erst dann können sie eine verhaltenssteuernde Wirkung entfalten. Grundlage für ihre Auslegung im Rechtsalltag ist der kulturelle, gesellschaftliche und historische Hintergrund der Gesellschaft. Freiheit, Gleichheit, Gerechtigkeit, Menschenwürde – sie alle haben in den verschiedenen Kulturen der Welt unterschiedliche Bedeutungen, deshalb ist eine divergierende Auslegung möglich. Grundlagen und Maßstäbe für die Auslegung liefert der kulturelle Wertekonsens einer Gesellschaft. Verändert sich die Kultur in der multikulturellen Gesellschaft, wandeln sich auch die moralischen Normen und das Rechtsverständnis. Selbst das ethische Minimum, in dem so viele fast verzweifelt den Anker eines entkulturalisierten neutralen Rechts erblicken, ist kulturabhängig. So gesehen gibt es kein Entkommen aus dem Dilemma, in das eine Gesellschaft gerät, die über keinen kulturellen Wertekonsens mehr verfügt.

Weitverbreitet ist die Ansicht, es gehe lediglich darum, dass die Einwanderer das Grundgesetz und die Gesetze des Landes kennen und befolgen. Diese Vorstellung führt jedoch aus zwei Gründen in die Irre: Die Kenntnis des Rechts allein garantiert noch lange nicht, dass es befolgt wird, sonst gäbe es weder Mord, Diebstahl oder Betrug. Es genügt folglich nicht nur, Rechtsvorschriften zu kennen, es muss gleichzeitig der Wille hinzukommen, sie zu befolgen. Aber selbst wer Rechtsvorschriften gewissenhaft befolgt, muss sie noch lange nicht bejahen. Wenn sich Kontinentaleuropäer bei einem Urlaub in Großbritannien peinlich genau an den Linksverkehr halten, heißt das noch lange nicht, dass sie den Linksverkehr gut finden und dem Rechtsverkehr abschwören wollen. Sie handeln in diesem Augenblick aus purem Opportunismus. Die Beachtung der Rechtsordnung sagt also wenig über den Grad der Identifikation mit ihr und den Werten aus, deren rechtlicher Ausdruck Verfassung und Gesetze sind. Nur wer die kulturellen Werte, die dahinterstehen, verinnerlicht hat, kann sich mit ihnen identifizieren. Nur wer sich mit ihnen identifiziert, wird Rechtsvorschriften zuverlässig befolgen, selbst dann, wenn keine Sanktionen drohen. Im Übrigen verhalten sich die Bürger eines Landes nicht deshalb in dem von Verfassung und Gesetzen beabsichtigten Sinn, weil sie die Rechtsnormen kennen, sondern weil sie im Zuge ihrer individuellen und gesellschaftlichen Sozialisation die wesentlichen *kulturellen* Vorstellungen *internalisiert* haben, die in der Rechtsordnung zum Ausdruck kommen. Rechtssoziologisch formuliert heißt das: Die Wirksamkeit des Rechts ist dort am höchsten, wo es Ausdruck einer ohnehin schon bestehenden sozialen Praxis ist. Die soziale Praxis aber wird von ihrem jeweiligen kulturellen Hintergrund bestimmt.[18] Andersherum betrachtet ist ohne die Internalisierung des kulturellen Inhaltes der Rechtsnormen von Menschen nicht mehr zu erwarten, als dass sie das Recht bloß formal befolgen. Kommt es zu einer Kollision von Rechtsnormen, die einen unterschiedlichen kulturellen Hintergrund haben, entscheiden sich die Menschen, insbesondere dann, wenn sie keine Sanktionen befürchten müssen, immer für die Rechtsnormen, die Ausdruck der Kultur sind, der sie angehören. Sie entscheiden sich gegen die Rechtsnormen, deren kulturelle Grundlagen sie vielleicht kennen, aber nicht verinnerlicht haben.

Die Idee eines kulturneutralen Rechtes führt in eine Sackgasse. Den Zusammenhalt einer Gesellschaft durch Rechtsnormen erreichen zu wollen, setzt voraus, dass ein ethisch-kultureller Grundkonsens bereits vorhanden ist. Doch den gibt es in der multikulturellen Gesellschaft gerade nicht. Und das Recht kann ihn nicht erzeugen. Dennoch ist in Deutschland der Glaube an die integrationsschaffende Kraft eines kulturneutralen Rechtes unerschütterlich. Sollten doch einmal Zweifel aufkeimen, werden die Einheimischen umgehend beruhigt. Die Grundwerte des Grundgesetzes seien unverhandelbar, verkünden die deutschen Bundestagsparteien. Aber selbst der liberale Multikulturalismus fordert die Gleichberechtigung aller Kulturen. Wo aber Kulturen gleichberechtigt sind, da sind auch ihre Werte gleichberechtigt. Folglich müssen auch die Werte der Rechtsordnung zwischen den verschiedenen kulturellen Gemeinschaften grundsätzlich verhandelbar sein. Oder anders formuliert: Die Einwanderer werden die Werte des Grundgesetzes nur dann als unverhandelbar und unantastbar anerkennen, wenn sie sich die kulturellen Werte der Aufnahmegesellschaft, die Grundlage der Rechts- und Verfassungsordnung sind, aneignen und sie verinnerlichen. Der Multikulturalismus ist folglich ein Irrweg.

---

18 Vgl. Kötter Matthias: Rechtskultur statt Leitkultur. Zur Versachlichung der Integrationsdebatte, in: *Blätter für deutsche und internationale Politik*, Nr. 1/2005, S. 86; Blankenburg, Erhard: Über die Unwirksamkeit von Gesetzen, in: *Archiv für Rechts- und Sozialphilosophie* (ARSP), Nr. 63/1977, S. 31

Strategien für ein friedliches Miteinander

Irrtümer und Missverständnisse

Das Dilemma ist offenkundig: Die kulturellen und politischen Grundwerte Europas stehen denen des Islam unversöhnlich gegenüber. Aber viel lieber als von einem Wertedilemma sprechen Politiker von einer Bereicherung durch den Islam. Das ist politisch korrekt, hat aber mit der Realität nichts zu tun. Der Islam ist das Problem, sagt Ralph Giordano[1]. Natürlich geben das manche Politiker, die in offizieller Mission gerne beschönigen, hinter vorgehaltener Hand auch zu. Soweit die europäischen Gemeinsamkeiten. In Deutschland treibt die Integrationseuphorie allerdings besondere Blüten. Denn hier gedeiht der scheinbar unausrottbare Glaube an die Fähigkeit des Rechts, alle Probleme zu lösen. Man spielt das Wertedilemma auf die rechtliche Ebene herunter und ergeht sich dann in der Illusion eines kulturneutralen Rechts, das über allen kulturellen Unterschieden steht. Ist man soweit gekommen, muss über die konfliktreiche Koexistenz unüberbrückbarer kultureller Unterschiede nicht mehr geredet werden. Aus diesem Unwillen oder dieser Unfähigkeit zu einer schonungslosen Auseinandersetzung hat sich in Deutschland die Vorstellung entwickelt, der Islam könne, wenn schon keine kulturelle Anpassung zu erwarten sei, nach und nach rechtsstaatlich „gezähmt" werden. Dazu müssten die eingewanderten Muslime nur die Grundwerte der Verfassung anerkennen. „Bekenntnis zum Grundgesetz" heißt die schablonenhafte Formel. Auf diese Vorstellung hat sich die staatliche Seite bei der *Deutschen Islamkonferenz* versteift. Mit den Grundwerten des Grundgesetzes sind die Anerkennung des Rechtsstaats und der Demokratie, der Menschenwürde, des Rechtes auf Selbstbestimmung, der Gleichheit vor dem Recht, der Gleichberechtigung von Mann und Frau, der Gewaltfreiheit und Toleranz gegenüber Andersdenkenden und Andersglaubenden sowie die Trennung von Staat und Religion gemeint. Solange diese

---

1 „Nicht die Moschee, der Islam ist das Problem" lautet der Titel eines Beitrages von Ralph Giordano in: Sommerfeld 2008, S. 37.

Rechtsbegriffe als bloße Begriffe gehandelt und nicht mit einem konkreten Inhalt gefüllt werden müssen, stimmt die muslimische Seite ihnen zu. Die Islamlobbyisten versichern, dass gerade diese Werte dem Islam besonders am Herzen lägen. Was geschieht aber, wenn die islamische und die nichtislamische Seite mit diesen Wertbegriffen andere Inhalte verbinden? Die muslimische Lobby sieht das Grundgesetz nämlich keineswegs als Fixpunkt gemeinschaftlichen Zusammenlebens an. Gerade die Multikulturalität der Gesellschaft *dynamisiere* das Grundgesetz, öffne es für Änderung und Weiterentwicklung. Letztere seien die logische Konsequenz der Einwanderung neuer kultureller und religiöser Werte, die mit den herkömmlichen Werten der Aufnahmegesellschaft konkurrierten.

Selbst für den ehemaligen Bundestagsabgeordneten der Linkspartei (2005–2009) und bis 2005 Vorsitzenden der einflussreichen *Türkischen Gemeinde in Deutschland* (TGD), Hakki Keskin – einen eher „säkularen" Muslim, jedenfalls nicht zur Lobby des traditionellen Islam in Deutschland gehörend – ist es „völlig inakzeptabel", wenn die Werteordnung des Grundgesetzes mit der einer zwar säkularen, aber historisch christlich geprägten Kultur gleichgesetzt wird. Denn wie soll „ein Nicht-Christ, ein Muslim, Jude, Hindu etc. die christlich-abendländische Kultur akzeptieren, um integriert zu werden? Und noch dazu die eigene Kultur bewahren können"[2]. Aus seiner Sicht liegt der wirkliche Grundkonsens folglich nicht in der vorbehaltlosen Anerkennung des Grundgesetzes, sondern in der Übereinkunft, dass der Minimalkonsens, der in der Verfassung zum Ausdruck kommt, Gegenstand interkultureller Aushandlung ist.

Das hatte sich der damalige Innenminister Wolfgang Schäuble vermutlich ein wenig anders vorgestellt, als er den in der *Deutschen Islamkonferenz* institutionalisierten Dialog mit dem Islam in Deutschland in Gang setzte. Aber damit ist er nur Opfer seines eigenen Denkansatzes geworden, der das Recht als kulturneutralen Problemlöser begreift. Allerdings scheinen die Missverständnisse auch anderswo verbreitet. Die *Evangelische Kirche Deutschlands* (EKD) scheint ebenfalls den un-

---

2 Keskin, Hakki: Deutschland als neue Heimat. Eine Bilanz der Integrationspolitik. Wiesbaden 2005, S. 76

erschütterlichen Glauben an die Fähigkeit des Rechts, mit dem Wertedilemma umzugehen, ohne den inneren Frieden der Gesellschaft aufs Spiel zu setzen, zu teilen:

> „Der freiheitliche Staat verlangt von Muslimen und ihren Organisationen nicht, dass sie sich wie die Kirche um eine überzeugende theologische Begründung der Vereinbarkeit ihrer Religion mit den Grundwerten der freiheitlichen Demokratie bemühen und diese öffentlich erklären. Ihm genügt die gelebte Rechtstreue der Religionsgemeinschaften in seinem Gebiet. Zu wünschen ist dennoch, dass die Religionsgemeinschaften ihr Verhältnis zu Staat und Gesellschaft öffentlich und nachvollziehbar darlegen und erkennbar machen, wie es die evangelische Kirche getan hat."[3]

Diese Position übersieht freilich, dass formale Rechtsbefolgung noch lange nicht die *innere* Anerkennung der Rechtsordnung garantiert. Formale Treue zur Verfassung reicht also nicht. Das dämmert mittlerweile dem einen oder anderen in Deutschland. Christine Langenfeld, Direktorin des *Institutes für Öffentliches Recht* an der Universität Göttingen, fordert auch inhaltliche Verfassungstreue. Das klingt einleuchtend, aber sie greift trotzdem zu kurz. Denn wie sollte aus formaler Verfassungstreue eine inhaltliche werden, wenn die Muslime die kulturellen Werte, deren Ausdruck die Grundwerte der Verfassung lediglich sind, nicht verinnerlicht haben? Wenn sie diese Werte nicht zu ihren ureigenen Anliegen gemacht haben?[4]

Ein weiteres Manko behindert die Verteidigung der angeblich unverhandelbaren Werte des Grundgesetzes. Das deutsche Verfassungsrecht hat sich in die Zwangsjacke einer beinahe uferlos verstandenen Religionsfreiheit gezwängt. Zu welchen haarsträubenden Schlüssen es führt, wenn Religionsfreiheit verabsolutiert wird, zeigt die Position der EKD:

---

3 EKD 2006, S. 24 f.
4 Langenfeld, Christine: Islamischer Religionsunterricht – Formale Treue zur Verfassung reicht nicht, in: *Frankfurter Allgemeine Zeitung*, 15. November 2007, S. 12, vgl. auch: http://www.wir-sind-kirche.de/fulda-hanau/Islamischer_Religionsunterricht_Treue_zur_Verfassung.htm, Zugriff am 21.9.2012

„Die Wahrnehmung der Religionsfreiheit darf selbst dann nicht infrage gestellt werden, wenn der Glaube den vorherrschenden Wertvorstellungen und Lebensformen in Deutschland widerspricht. Die Freiheit des Glaubens und Gewissens eröffnet einen Schutzraum, in dem geglaubt und gedacht werden darf, was der großen Mehrheit der Bevölkerung unakzeptabel erscheint."[5]

Diese Position suggeriert: Religion darf alles. Das genau ist die Auffassung des organisierten Islam in Deutschland und sie enthält eine verborgene List. Eine grenzenlos gedachte Religionsfreiheit öffnet nämlich die Hintertür für die schleichende Anerkennung von Werten, die mit dem bisherigen Werteverständnis des Grundgesetzes nichts zu tun haben. Religionsfreiheit wird hier zum Mittel der Subversion und dient als geniales Vehikel der schleichenden Islamisierung des Landes.

Der Gedanke einer rechtsstaatlichen Zähmung des Islam ist in Deutschland vermutlich noch aus einem anderen Grund beliebt. Er hilft nämlich eine Verlegenheit zu kaschieren. Deutschland, zumindest seinem politisch-gesellschaftlichen Establishment, scheint die *innere* Überzeugung von der Richtigkeit der eigenen Werte abhandengekommen zu sein. An seine Stelle ist ein haltloser Relativismus getreten, der für alles und jedes Verständnis hat und eine Rechtfertigung findet. Hält der traditionelle Islam an einem irrwitzigen wörtlichen Verständnis des Koran fest, wird zur Erklärung die Ungleichzeitigkeit der Geschichte bemüht: Der Islam habe halt seine Aufklärung noch vor sich. Werden in islamischen Ländern Christen diskriminiert und verfolgt, folgt unvermeidlich das Argument, in den mittelalterlichen Kreuzzügen seien schließlich aggressive Christen auf friedliebende Muslime losgegangen. Werden im Islam auch heute noch Frauen systematisch benachteiligt, heißt es, aber im Vergleich zur vorislamischen Zeit sei die Unterdrückung doch rückläufig.

Der Relativismus zersetzt den kulturellen Selbstbehauptungswillen, er untergräbt die Entschlossenheit, darauf zu bestehen, dass die eigenen Werte für alle verbindlich und tatsächlich nicht verhandelbar sind.

---

5 EKD 2006, S. 28

Auswege und Lösungen

Der demokratische Rechtsstaat ist schon aus Gründen der bloßen Selbsterhaltung auf „ein staatstragendes Ethos", eine Moral und ein Wir-Gefühl der Bürger angewiesen. Da hat der prominente Verfassungsrechtler Ernst-Wolfgang Böckenförde zweifellos recht. Und seine berühmte Formel bringt diese Notwendigkeit auf den Punkt: „Der freiheitliche, säkularisierte Staat lebt von Voraussetzungen, die er selbst nicht garantieren kann."[6] Aber damit ist das Problem gedanklich nur um eine Stufe verschoben. Woher nämlich kommen diese „Voraussetzungen", was sind ihre Quellen? Meist unterschlagen wird sein darauffolgender Satz: Diese Voraussetzungen seien nur gegeben, wenn sich der freiheitliche Staat auch auf die „moralische Substanz des einzelnen" und die „Homogenität der Gesellschaft" stützen könne. Das klingt ein wenig rätselhaft. Seinen vollen Sinn entfaltet der Satz, wenn er als „Homogenität eines gesellschaftlich-kulturellen Wertekonsenses" gelesen wird. Heute distanziert sich Böckenförde von seiner Homogenitätsforderung. Leider, denn damit entschärft er die Richtigkeit seiner Aussage. Böckenförde schränkt ein, er habe lediglich an relative Homogenität gedacht. Das freilich ist eine banale Feststellung, weil es in der sozialen Welt gar nichts anderes als höchstens *relative* Homogenität geben kann. Eine Binsenweisheit ist auch seine Ansicht, dass die Bürger eines Landes eine gemeinsame Vorstellung davon haben müssen, wie sie zusammenleben wollen. Da die Vorstellungen darüber aber weit auseinandergingen, könne diese „relative Gemeinsamkeit" nur bedeuten, dass „Toleranz und die Anerkennung von Verschiedenheit" die „gemeinsame Grundhaltung" seien.[7] Diese Schlussfolgerung führt allerdings direkt ins Abseits. Vielleicht ist sie

---

6 Böckenförde, Ernst-Wolfgang: Staat, Gesellschaft, Freiheit. Studien zur Staatstheorie und zum Verfassungsrecht Frankfurt am Main 1976, S. 60
7 „Freiheit ist ansteckend". Verfassungsrechtler Ernst-Wolfgang Böckenförde über den moralischen Zusammenhalt im modernen Staat. Interview mit Christian Rath, in: taz.de, 23. September 2009, http://www.taz.de/1/archiv/print-archiv/printressorts/digi-artikel/?ressort=sw&dig=2009/09/23/a0090&cHash=21e4e4c527, Zugriff am 25.9.2012

auch nur ein Zugeständnis an den Zeitgeist, der sich im Augenblick im Kult der sogenannten Diversität austobt. Die Diversitätsideologie, verabsolutiert die Unterschiede zwischen den Menschen, sieht in einer möglichst großen Unterschiedlichkeit die Quelle allen Glücks, aller Innovation und allen Fortschritts. Der Diversitätskult diffamiert die Notwendigkeit von Gemeinsamkeiten und Konsens. Aber die gesellschaftlichen und individuellen Unterschiede können nur dann produktiv sein, wenn die „gemeinsame Grundhaltung" mehr ist als die Erkenntnis, dass man gar keine Gemeinsamkeiten hat. Existieren keine Gemeinsamkeiten unter den Bürgern, außer dass man sich gegenseitig attestiert, dass man keine hat, dann zersetzen konkurrierende oder gar unvereinbare Werte das notwendige Minimum an gesellschaftlichem Zusammenhalt. Die Voraussetzungen, von denen der freiheitliche Verfassungsstaat lebt, sind dann optimal, wenn die Bürger eines Landes einen gemeinsamen kulturellen Horizont haben und wenn gleichzeitig die Minderheiten, die davon abweichen, unbedeutend, passiv und nicht militant sind. Ein Beispiel dafür sind die Zeugen Jehovas, die mit dem Staat nichts zu tun haben, ihn aber auch nicht ändern wollen. Ein gemeinsamer kultureller Horizont ist gegeben, wenn die Mitglieder einer Gesellschaft eine nationale Kultur teilen, wenn sie dieselben kulturellen Werte haben, wenn sie sich als Nation fühlen. Die Nation ist eine „imaginierte Gemeinschaft" (Benedict Anderson), die sich durch Geschichte, Kultur und Sprache verbunden sieht. Religion ist nicht per se verbindend. Das sieht man z. B. in Südtirol, wo katholische deutschsprachige Südtiroler neben katholischen Italienern leben, ohne dass sich die Deutschsprachigen als Teil der italienischen Nation fühlen, obwohl sie doch italienische Staatsbürger sind. In Deutschland, das seit dem 16. Jahrhundert konfessionell geteilt ist, war es bis ins 20. Jahrhundert hinein nicht das Christentum, das Protestanten und Katholiken ein relatives Gefühl der Gemeinsamkeit vermittelte, sondern das konfessionsübergreifende Zugehörigkeitsgefühl zur deutschen Kulturnation. Je schwächer der kulturelle Wertekonsens, desto labiler sind die Grundlagen des Staates. Nur in einer Diktatur kann fehlende kulturelle Homogenität bis zu einem gewissen Grad durch ideologischen Ersatz, aber auch durch Zwang und Gewalt kompensiert werden – wenn auch nicht auf Dauer, wie die Geschichte zeigt.

Wenn „relative Gemeinsamkeit" zu den Voraussetzungen gehört, von denen der freiheitliche Verfassungsstaat lebt, dann ist diese Gemeinsamkeit im Falle des Islam genau nicht gegeben. Dann hilft es auch nicht, wenn der europäische und deutsche Islamdiskurs mit solch kümmerlichen Gemeinplätzen wie „Wir müssen den Islam einbürgern"[8] bestritten wird. Noch trivialer ist das allfällige Rezept, dass beide Seiten aufeinander zugehen müssten, um das Wertedilemma zu überwinden. Wer sollte auf wen in welcher Hinsicht zugehen? Und warum sollte die Aufnahmegesellschaft einer eingewanderten Minderheit entgegenkommen? Es ist Sache des Islam, das Wertedilemma zu überwinden und seine Einbürgerungstauglichkeit zu beweisen oder er wird nie dazugehören. Die Aufnahmegesellschaften Europas haben ihre Schuldigkeit längst getan. Sie sind in Vorleistung gegangen und haben die Muslime von Anfang an vom Grundrecht auf Religionsfreiheit profitieren lassen. Muslime können mit ihrer Religion nur dann Teil Europas werden, wenn sie die historisch gewachsene kulturelle Prägung durch das Christentum sowie die politischen Grundwerte und die kulturellen Werte der europäischen Länder, in die sie eingewandert sind, *bedingungslos anerkennen und internalisieren*.[9] Der Islam muss sich von seiner Herkunftskultur lösen, er muss sich *entorientalisieren* und *inkulturieren*[10] und sich die kulturellen Ausdrucksformen vor Ort zu eigen machen. Sogar der Imam der Zagreber Moschee, Aziz Hasanović, empfindet es als grotesk, wenn in Europa Menschen in arabischer Kleidung auftreten, die dem Wüstenklima angepasst ist, und behaupten, diese Kleidung sei islamisch. Das sei, so Hasanović, ein typisches Beispiel grober Unkenntnis der Grenzen zwischen Religion und Kultur, zwischen universalem und regionalem Islam.[11] Aber so einfach ist das nicht. Der Islam identifiziert sich mit der arabischen Kultur, weil Gott im Koran in arabischer Sprache zu den Menschen gesprochen hat. Die Vergötzung des Arabischen

---

8 Künast, Renate: „Wir müssen den Islam einbürgern." Der Islamunterricht muss raus aus den Hinterhöfen, sagt die Grünen-Fraktionsvorsitzende Renate Künast im Interview. Nur so könne Integration gelingen, in: *Die Zeit*, 3. September 2010, http://www.zeit.de/politik/deutschland/2010-09/kuenast-sarrazin-integration, Zugriff am 5.3.2011
9 Vgl. EKD 2006, S. 64 f.
10 Idriz / Leimgruber / Wimmer 2010, S. 154
11 Ebenda, S. 154

und der arabischen Kultur wirkt jedoch ausgrenzend. Ähnliches gilt für das Kopftuch oder den Schleier. Ob nur religiöses Symbol oder auch politisches Symbol, in beiden Fällen sind sie „Zeichen für Geschlechterapartheid" (Güner Balci, Filmemacherin). Sie stehen für die totalitäre Herrschaft der Scharia und sind Ausdruck der Absonderung und Integrationsunwilligkeit der Muslime.

Die Fähigkeit zur Inkulturation hat das Christentum dem Islam voraus. Die christliche Mission sah sich von Anfang an mit der Notwendigkeit konfrontiert, das Evangelium in die einzelnen Sprachen der Welt zu übersetzen. Das entsprach ihrem biblischen Auftrag. Übersetzung heißt aber, den Glaubensinhalt in einer anderen Sprache und damit in einer anderen Gedankenwelt zu reformulieren. Das kann nur gelingen, indem der Übersetzer seine sprachliche und kulturelle Perspektive wechselt zugunsten der Sprache und Kultur, in die der Text übersetzt werden soll.[12] Eine Inkulturation des Islam ist vom heutigen Standpunkt aus betrachtet unwahrscheinlich, aber nicht völlig ausgeschlossen. Die deutsche, aber auch die Geschichte anderer europäischer Länder kennt den Musterfall der in großen Teilen erfolgreichen kulturellen Assimilation der Juden im Verlauf des 19. und des 20. Jahrhunderts. In dieser Epoche hat sich das Judentum von einer Ethnoreligion zu einer Konfession gewandelt. Voraussetzung dafür war eine liberalisierte Religion, die sich aus der rituellen Erstarrung einer Gesetzesreligion gelöst hatte. „Die meisten der rund 500.000 im Deutschen Reich lebenden Juden waren angepasst und hatten für sich selbst den Prozess der Akkulturation und Assimilation abgeschlossen. Sie verstanden sich nicht nur, sondern sie fühlten sich auch als ‚deutsche Staatsbürger jüdischen Glaubens'."[13] Dass eine inkulturatorische Entwicklung auch für den Islam nicht ganz ausgeschlossen werden kann, zeigt das beeindru-

---

12 Ebenda, S. 141 f.: Das Christentum konnte damit nicht nur reiche Inkulturationserfahrungen sammeln. Die missionarische Notwendigkeit der Bibelübersetzungen schuf ganz nebenbei die Schriftsprachen vieler Nationen. Beispiele sind die slowenische und die finnische Sprache.
13 Grab, Walter / Schoeps, Julius (Hg.): Juden in der Weimarer Republik. Skizzen und Portraits. Darmstadt ²1998, S. 7, zitiert nach: Brechenmacher, Thomas (Hg.): Identität und Erinnerung. Schlüsselthemen deutsch-jüdischer Geschichte und Gegenwart. München 2009, S. 63

ckende Beispiel der ehemaligen Bergbaustadt Labin in Istrien (Republik Kroatien). Der Friedhof der Stadt beweist, dass Muslime ihre letzte Ruhe durchaus in der Gesellschaft von Ungläubigen und ohne die obligatorische Ausrichtung der Gräber nach Mekka finden können. Auf dem nach katholischen Gepflogenheiten angelegten Friedhof unterscheiden sich die bunt gemischten Gräber lediglich dadurch, dass die Marmorgrabsteine der Katholiken Kreuze, die der Muslime den Halbmond, die der jugoslawischen Kommunisten fünfzackige Sterne und die der Agnostiker und Atheisten gar kein Symbol tragen.

Der Weg in einen europäisierten Islam ist schmerzhaft. Niemand weiß, ob er überhaupt möglich ist. Ein erster Schritt auf diesem Weg wäre, dass die islamischen Verbände auf die anmaßende Forderung verzichten, die demokratischen Staaten Europas müssten zu allen Religionen gleich viel Distanz (Äquidistanz) halten und alle Religionen in jeder Hinsicht völlig gleichbehandeln. Die Kultur Deutschlands und der europäischen Länder ist christlich geprägt, auch wenn die christlichen Werte heute großenteils nur noch in säkularer Form gesellschaftlich wirksam sind. Die Zahl der praktizierenden Christen nimmt zwar ab, aber selbst in Ostdeutschland, das durch die Religionspolitik der SED weitgehend entchristianisiert worden ist, sieht immer noch eine große Mehrheit ihre kulturelle Identität im Christentum verankert. Schon deshalb kann es keine kulturelle Neutralität für den Staat geben. Schutz und Förderung der nationalen Kultur gehören sehr wohl zu seinen Aufgaben. Der Staat ist nämlich kein kulturelles Neutrum, sondern die organisatorische Verkörperung einer bestimmten Kultur.[14] Das ist der Grund dafür, dass auch ein liberaler und demokratischer Rechtsstaat das privilegiert, was ihm als wahr gilt, und öffentlich wirksam diskriminiert, was er für einen Irrtum hält (Robert Spaemann). Eine differenzierende Betrachtung von Religionen ist folglich erlaubt, ja sogar notwendig. So darf der Staat das Maß ihrer öffentlichen Anerkennung oder gar Unterstützung durchaus von ihren Leistungen für das Individuum und von ihrem Beitrag zur gesellschaftlichen Integration abhängig machen. Wenn der Islam z. B. nicht zur Integration beiträgt, sondern zur Segregation, dann können die Muslime nicht erwarten,

---

14 Schachtschneider 2010, S. 112 f.

dass sich der Staat die Förderung einer solchen Religion auch noch zur vorrangigen Aufgabe macht.[15] Der Staat darf aus der Perspektive seines Funktions- und Selbsterhaltungsinteresses sogar zwischen den Religionen „diskriminieren", d. h. trennen. Er darf also die Wirkung des Islam auf die Integrationsbereitschaft der muslimischen Einwanderer durchaus berücksichtigen. Wenn sich eine Minderheitenreligion dauerhaft einer fremden Sprache bedient, dann braucht sie sich über das Misstrauen der Mehrheitsgesellschaft nicht zu wundern. Die Minderheitenreligion gibt dadurch das Signal, dass sie sich abschotten und mit der Aufnahmegesellschaft und ihrer Kultur nichts zu tun haben will. Insofern hat das Oberverwaltungsgericht Berlin eine fragwürdige Entscheidung getroffen, als es die Erteilung von islamischem Religionsunterricht erlaubte, obwohl der Unterricht in Türkisch erteilt wird und daher sein Inhalt weder von der Öffentlichkeit noch von der Schulaufsicht kontrolliert werden kann.[16] Ernst-Wolfgang Böckenförde geht sogar noch einen Schritt weiter. Unlängst forderte er, der Staat habe dafür Sorge zu tragen,

> „... dass [...] solange die [...] Vorbehalte [gegenüber Säkularisierung und Religionsfreiheit] fortbestehen, die Angehörigen des Islams durch geeignete Maßnahmen im Bereich von Freizügigkeit und Migration [...] in ihrer Minderheitenposition verbleiben, ihnen mithin der Weg verlegt ist, über die Ausnutzung demokratischer politischer Möglichkeiten seine auf Offenheit angelegte Ordnung von innen her aufzurollen. Darin liegt nicht mehr als seine Selbstverteidigung, die der freiheitliche Verfassungsstaat sich schuldig ist."[17]

---

15 Vgl. Ladeur/Augsberg 2007, S. 129
16 Ebenda, S. 84 f., 93 f., 140 f.
17 Böckenförde, Ernst-Wolfgang: Religionsfreiheit ist kein Gottesgeschenk. Wie steht es mit dem Verhältnis islamischer Theologie und Justiz zum Verfassungsstaat? Eine exzellente Studie gibt dazu wertvolle Anhaltspunkte und auch Grund zur Ernüchterung [= Buchbesprechung zu Wick, Lukas: „Islam und Verfassungsstaat". Theologische Versöhnung mit der politischen Moderne? Würzburg 2009], in: *Frankfurter Allgemeine Zeitung*, 22. April 2009, http://www.faz.net/aktuell/feuilleton/buecher/rezensionen/sachbuch/lukas-wick-islam-und-verfassungsstaat-religionsfreiheit-ist-kein-gottesgeschenk-1785872.html, Zugriff am 21.9.2012

Wenn Böckenförde recht hat, dann ist der Staat aus Selbsterhaltungsinteresse nicht nur zur Abwehr von Gefahren verpflichtet, die durch die Einwanderung fremder Kulturen entstehen. Darüber hinaus handelt er legitim und rational, wenn er die *kulturellen Voraussetzungen fördert*, die die Grundlage des „freiheitlichen Verfassungsstaates" sind. Logischerweise darf er dann in Rechnung stellen, dass die europäische Kultur durch das Christentum geprägt wurde. Das heißt nicht, dass ausschließlich die kulturelle Leistung der Kirchen anerkannt wird, sondern nur, dass der Staat sich zu seinen kulturellen und historischen Wurzeln bekennt. Es ist also folgerichtig, dass die in einer Gesellschaft vorherrschende Kultur, Religion oder Weltanschauung die Inhalte des Schulunterrichts bestimmen.[18] Auch das Bundesverfassungsgericht hat bisher anerkannt, dass das Christentum als bestimmende Größe abendländischer Kultur und Geschichte in der Schule vermittelt werden darf, gerade auch außerhalb des Religionsunterrichtes. Nur wo es um Glaubenswahrheit geht, ist das Christentum auf den Religionsunterricht beschränkt.[19] Die Forderung der Muslime nach strikter Neutralität des Staates gegenüber allen Religionen ist folglich ein Missverständnis.

Der Islam hat einen langen Weg vor sich, wenn er zu einer europäischen Religion werden will. In erster Linie müssen Muslime verstehen lernen, dass ihnen auch das Grundrecht der Religionsfreiheit keinen Freibrief ausstellt, staatliche Vorschriften zu unterlaufen oder auszuhebeln zu können. Die europäischen Staaten haben kein Interesse daran, dass die Religionsfreiheit dazu missbraucht wird, die religiösen Überzeugungen der Muslime zu radikalisieren und der Abschottung gegenüber der Mehrheitsgesellschaft auch noch Vorschub zu leisten.[20] Will der Islam in Europa heimisch werden, will er sich „einbürgern", dann muss er sich vom Umma-Gedanken lösen. Die europäischen Länder haben Anspruch auf die uneingeschränkte Loyalität der Muslime, und nicht nur auf eine, die an Bedingungen geknüpft ist. Muslime werden diese Loyalität aber nur entwickeln können, wenn sie sich die kulturellen und politischen Grundwerte Europas aneignen und sie internalisie-

---

18 Vgl. Ladeur/Augsberg 2007, S. 72, 84
19 Vgl. Schachtschneider 2010, S. 65
20 Ladeur/Augsberg 2007, S. 131

ren. Der Islam müsste seinen Charakter als politische Religion aufgeben und vom Projekt der Islamisierung Europas ablassen. In religiöser Hinsicht müsste der Islam lernen, dass er seinen Anspruch auf die absolute Wahrheit nur im Rahmen eines religiösen Pluralismus vertreten kann. Der Satz des von islamischen Terroristen 1996 ermordeten katholischen Bischofs von Oran (Algerien), Pierre Lucien Claverie, ist der programmatische Ausdruck dieses Lernprozesses:

> „Ich persönlich bin überzeugt, dass die Menschheit nur als Plural existiert und dass wir dem Totalitarismus verfallen, sobald wir behaupten, die Wahrheit zu besitzen oder im Namen der Menschheit zu sprechen. Niemand besitzt die Wahrheit, jeder sucht sie."[21]

Die Zukunftsaussichten für einen europäisierten Islam sind nicht allzu gut. Aber vielleicht entwickelt sich irgendwann ein privat gelebter, rein spiritueller Islam neuer Ausrichtung, weil sich neue Generationen von Muslimen von den kulturellen Werten Europas berühren lassen und diese Werte schließlich Schritt für Schritt in ihr Leben, ihren Alltag und ihre Religion integrieren. Könnte eine spirituelle Evolution des Islam die islamische Orthodoxie soweit aufweichen, dass tatsächlich eine „reine" Religion im Sinne eines persönlichen Sinnstiftungsangebotes übrig bleibt? Vielleicht!

Gehört der Islam zu Deutschland, zu Europa? Einstweilen sicher nicht. Zu viel Trennendes liegt zwischen ihm und der deutschen beziehungsweise der europäischen Kultur. Kann der Islam zu Deutschland gehören? Er kann, aber nur, wenn er sich grundlegend wandelt. Er kann, wenn er sich als fähig erweisen sollte, sich den kulturellen Werten der nichtislamischen Mehrheitsgesellschaft zu öffnen, sich zu entorientalisieren und zu inkulturieren. Ist diese Vorstellung realistisch? Wie gesagt, es wäre ein weiter und schmerzhafter Weg. Muslime können jedoch heute schon zu Europa gehören, wenn sie wollen. Voraussetzung

---

21 zit. nach Berten, Ignace: Pluralismus der Überzeugungen und Wahrheitssuche in der Gesellschaft. Einige Bemerkungen im Zusammenhang mit der Erklärung Dominus Jesus, in: *Concilium*, Jg. 39, Nr. 4, Oktober 2003, S. 413

ist, dass sie sich die kulturellen Werte Europas zu eigen machen und sie verinnerlichen. Tun sie es, dann werden die europäischen Mehrheitsgesellschaften sie mit offenen Armen empfangen.

Literatur

Allam, Magdi Cristiano: Grazie Gesù. La mia conversione dall'islam al cattolicesimo. Milano 2008

Arkoun, Mohammed: Der Islam. Annäherung an eine Religion. Vorwort von Gernot Rotter. Heidelberg 1999

Belloc, Hilaire: Europe and the Faith [1920]. Rockford/IL 1992, 2009

Belloc, Hilaire: The Great Heresies [1938]. Rockford/IL 1991; (SMK Books) 2009; 2011

Belloc, Hilaire: The Crusades: the World's Debate [1937]. Rockford/IL 1992; Charlotte/NC 2009

Berten, Ignace: Pluralismus der Überzeugungen und Wahrheitssuche in der Gesellschaft. Einige Bemerkungen im Zusammenhang mit der Erklärung Dominus Jesus, in: *Concilium*, Jg. 39, Nr. 4, Oktober 2003, S. 410–418

Bielefeldt, Heiner / Heitmeyer, Wilhelm: Politisierte Religion. Ursprünge und Erscheinungsformen des modernen Fundamentalismus. Frankfurt am Main 1998

Blankenburg, Erhard: Über die Unwirksamkeit von Gesetzen, in: *Archiv für Rechts- und Sozialphilosophie* (ARSP), Nr. 63/1977, S. 31–57

Bock, Wolfgang: Islamischer Religionsunterricht. Rechtsfragen, Länderberichte, Hintergründe. Tübingen 2006

Böckenförde, Ernst-Wolfgang: Staat, Gesellschaft, Freiheit. Studien zur Staatstheorie und zum Verfassungsrecht Frankfurt am Main 1976

Boro, Ismail: Die getürkte Republik. Woran die Integration in Deutschland scheitert. München 2008

Brechenmacher, Thomas (Hg.): Identität und Erinnerung. Schlüsselthemen deutsch-jüdischer Geschichte und Gegenwart. München 2009

Brunner, Rainer: Mohammed. Wissen, was stimmt. Freiburg 2011

Bürgel, Johann Christoph: Allmacht und Mächtigkeit. Religion und Welt im Islam. München 1991

Cardini, Franco: Europa und der Islam. Geschichte eines Mißverständnisses. München 2000

Dawson, Christopher H.: The Making of Europe: An Introduction to the History of European Unity. London 1932; Washington/D. C. 2003

Literatur

Delgado, Mariano: Religiöser Pluralismus und Laizismus-Debatte in Spanien, in: *Stimmen der Zeit. Die Zeitschrift für christliche Kultur*, Nr. 3, 2009, S. 197-209

De Tocqueville, Alexis: La democrazia in Amerika. Milano 2004

Donner, Fred M.: Muhammad and the Believers. At The Origins of Islam. Cambridge/MA 2010

EKD, Kirchenamt der Evangelischen Kirche in Deutschland (Hg.): Klarheit und gute Nachbarschaft. Christen und Muslime in Deutschland. Eine Handreichung des Rates der EKD (EKD-Texte, Nr. 86). Hannover 2006

Ende, Werner / Steinbach, Udo (Hg.): Der Islam in der Gegenwart. Entwicklung und Ausbreitung, Kultur und Religion, Staat, Politik und Recht. München ^{4}1996, ^{5}2005 (aktualisiert und erweitert)

Fallaci, Oriana: Die Kraft der Vernunft. Berlin 2004

Frank, Joachim: Klimawandel zwischen den christlichen Kirchen und den islamischen Verbänden, in: Sommerfeld 2008, S. 205 f.

Gabriel, Mark A.: Jesus und Mohammed – erstaunliche Unterschiede und überraschende Ähnlichkeiten. Gräfelfing 2006

Gassner, Christoph: Euro-Islam? Zur Entwicklung des Islam im säkularen Europa. Diplomarbeit. Wien 2010

Gatermann, Dörte: Die Dialektik von Inhalt und Form, in: Sommerfeld 2008, S. 161-170

Geus, Armin / Etzel, Stefan (Hg.): Gegen die feige Neutralität: Beiträge zur Islamkritik. Marburg 2008

Ghadban, Ralph: Tariq Ramadan und die Islamisierung Europas. Berlin, Tübingen 2006

Ghaemmaghami, Seyyed Abbas Hosseini: Europäischer Islam oder Islam in Europa? Erfahrungen und Ansichten eines Ayatollahs in Europa. Berlin, Tübingen 2010

Giordano, Ralph: Nicht die Moschee, der Islam ist das Problem, in: Geus, Armin / Etzel, Stefan: Gegen die feige Neutralität: Beiträge zur Islamkritik. Marburg 2008, S. 52-64; auch: Giordano Ralph: Nicht die Moschee, der Islam ist das Problem, in: Sommerfeld 2008, S. 35-51

Grab, Walter / Schoeps, Julius (Hg.): Juden in der Weimarer Republik. Skizzen und Portraits. Darmstadt ^{2}1998 (verändert)

Habermas, Jürgen: Zeit der Übergänge. Kleine Politische Schriften IX. Frankfurt am Main ^{3}2001

Hafez, Kai: Radicalism and Political Reform in the Islamic and Western Worlds, Cambridge 2010

Heine, Peter: Kulturknigge für Nichtmuslime. Ein Ratgeber für den Alltag. Freiburg, Basel, Wien ³2009

Hofmann, Murad Wilfried: Der Islam im 3. Jahrtausend. Eine Religion im Aufbruch. Kreuzlingen, München ²2001

Höhn, Hans-Joachim: Die Goldene Regel, in: Sommerfeld 2008, S. 125–129

Horster, Detlef: Was soll ich tun? Moral im 21. Jahrhundert. Leipzig ²2005

Hunter, Shireen T. (Hg.): Islam, Europe's Second Religion: the New Social, Cultural and Political Landscape. Westport 2002

Ibn Khaldun: Die Muqaddima: Betrachtungen zur Weltgeschichte. Übertragen und mit einer Einführung von Alma Giese unter Mitwirkung von Wolfhart Heinrichs. München 2011

Idriz, Benjamin / Leimgruber, Stephan / Wimmer, Stefan (Hg.): Islam mit europäischem Gesicht. Impulse und Perspektiven. Kevelaer 2010

Joas, Hans: Die Entstehung der Werte. Frankfurt am Main ²1999

Joas, Hans / Wiegandt, Klaus (Hg.): Die kulturellen Werte Europas. Frankfurt am Main 2005

Kelek, Necla: Bittersüße Heimat / Bericht aus dem Inneren der Türkei. Köln 2008

Keskin, Hakki: Deutschland als neue Heimat. Eine Bilanz der Integrationspolitik. Wiesbaden 2005

Khorchide, Mouhanad: Der islamische Religionsunterricht zwischen Integration und Parallelgesellschaft: Einstellungen der islamischen ReligionslehrerInnen an öffentlichen Schulen. Wiesbaden 2009

Kötter Matthias: Rechtskultur statt Leitkultur. Zur Versachlichung der Integrationsdebatte, in: *Blätter für deutsche und internationale Politik*, Nr. 1/2005, S. 83–89

Kraft, Sabine: Moscheearchitektur zwischen Nostalgie und Moderne, in: Sommerfeld 2008, S. 171–176

Ladeur, Karl-Heinz / Augsberg, Ino: Toleranz, Religion, Recht. Die Herausforderung des „neutralen" Staates durch neue Formen von Religiosität in der postmodernen Gesellschaft. Tübingen 2007

Laqueur, Walter: Die letzten Tage von Europa. Ein Kontinent verändert sein Gesicht. Übersetzung aus dem Englischen von Henning Thies. Berlin 2006, ²2010

Literatur

Larise, Dunja / Schmidinger, Thomas (Hg.): Zwischen Gottesstaat und Demokratie: Handbuch des politischen Islam. Wien 2008

Lévi-Strauss, Claude: Traurige Tropen. Frankfurt am Main 1978; Neuausgabe 2008

Lorant, Karoly: The demografic challenge in Europe. Brüssel 2005

Madden Thomas F., The Real History of the Crusades, in: *Crisis Magazine*, Bd. 20, Nr. 4/2002

Madden, Thomas F.: The new concise history of the Crusades. Lanham 2005

Massari, Monica: Islamofobia. La paura e l'islam. Roma-Bari 2006

Meddeb, Abdelwahab: Die Krankheit des Islam. Übersetzung von Beate und Hans Thill. München 2002

Meier-Walser, Reinhard C. / Glagow, Rainer (Hg.): Die islamische Herausforderung – eine kritische Bestandsaufnahme von Konfliktpotenzialen. (Aktuelle Analysen 26). München 2001

Nagel, Tilman: Kann es einen säkularisierten Islam geben?, in: Meier-Walser / Glagow 2001, S. 9–20

Nagel, Tilman: Mohammed. Zwanzig Kapitel über den Propheten der Muslime. München 2010

Nöldeke, Theodor: Geschichte des Qorâns, Teil 1: Über den Urspung des Qorâns. Leipzig ^{2}1909

Noll, Bernd: Wirtschafts- und Unternehmensethik in der Marktwirtschaft. Stuttgart 2002

Paret, Rudi: Mohammed und der Koran. Geschichte und Verkündigung des arabischen Propheten. Stuttgart ^{10}2008

Petacco, Arrigo: L'ultima crociata. Quando gli ottomani arrivarono alle porte dell'Europa. Milano 2007

Ramadan, Tariq: Europeanization of Islam or Islamization of Europe?, in: Hunter 2002, S. 209–212

Rauer, Valentin: Die öffentliche Dimension der Integration: Migrationspolitische Diskurse türkischer Dachverbände in Deutschland. Bielefeld 2008

Rohe, Mathias: Der Islam – Alltagskonflikte und Lösungen. Rechtliche Perspektiven. Freiburg ^{2}2001

Sarrazin, Thilo: Deutschland schafft sich ab. Wie wir unser Land aufs Spiel setzen. München ^{10}2010

Schachtschneider, Karl Albrecht: Grenzen der Religionsfreiheit am Beispiel des Islam. Berlin 2010
Schindler, John R.: Unholy Terror, Bosnia, Al-Qa'ida, and the Rise of Global Jihad. Minneapolis/MN 2007
Schirrmacher, Christine / Spuler-Stegemann, Ursula: Frauen und die Scharia. Die Menschenrechte im Islam. Kreuzlingen, München 2004
Schmidt, Alvin J.: Wie das Christentum die Welt veränderte. Menschen, Gesellschaft, Politik, Kunst. Übersetzung aus dem Englischen von Friedemann Lux. Gräfelfing 2009
Sen, Faruk / Sauer, Martina: Islam in Deutschland. Einstellung der türkischstämmigen Muslime. Religiöse Praxis und organisatorische Vertretung türkischstämmiger Muslime in Deutschland. Ergebnisse einer bundesweiten Befragung. ZfT-aktuell Nr. 115, Essen 2006
Sommerfeld, Franz (Hg.): Der Moscheestreit. Eine exemplarische Debatte über Einwanderung und Integration. Köln 2008
Spuler-Stegemann, Ursula: Muslime in Deutschland. Informationen und Klärungen. Freiburg 2002
Spuler-Stegemann, Ursula: Die 101 wichtigsten Fragen – Islam. München 2007, ²2009
Taylor, Charles: Wieviel Gemeinschaft braucht die Demokratie? Aufsätze zur politischen Philosophie. Frankfurt am Main 2002
Tibi, Bassam: Die islamische Herausforderung: Religion und Politik im Europa des 21. Jahrhunderts. Darmstadt 2007
Tibi, Bassam: Euro-Islam: die Lösung eines Zivilisationskonfliktes. Darmstadt 2009
Tibi, Bassam: Islamischer Fundamentalismus, moderne Wissenschaft und Technologie. Frankfurt am Main 1992; Nachdruck Berlin ³2001
Tibi, Bassam: Krieg der Zivilisationen. Politik und Religion zwischen Vernunft und Fundamentalismus. München 1998 (aktualisiert und erweitert)
Ulram, Peter A.: Integration in Österreich: Einstellungen, Orientierungen, Erfahrungen von MigrantInnen und Angehörigen der Mehrheitsbevölkerung. Studie der GfK-Austria GmbH; hg. vom Bundesministerium für Inneres. Wien 2009
Wagner, Joachim: Richter ohne Gesetz. Islamische Paralleljustiz gefährdet unseren Rechtsstaat. Berlin 2011

Wellershoff, Dieter: Wofür steht die Kölner Moschee?, in: Sommerfeld, 2008, S. 59–65
Wick, Lukas: Islam und Verfassungsstaat. Theologische Versöhnung mit der politischen Moderne? Würzburg 2009
Winter, Aloysius: Wider die schleichende Islamisierung Europas, in: Geus/Etzel, 2008, S. 37–47
Wunn, Ina: Muslimische Gruppierungen in Deutschland. Ein Handbuch. Stuttgart 2007
Würtenberger, Thomas: Die Akzeptanz von Gesetzen, in: Friedrichs, Jürgen/Jagodzinski, Wolfgang (Hg.): Soziale Integration. Sonderheft, Nr. 39/1999 der Kölner Zeitschrift für Soziologie und Sozialpsychologie, Opladen 1998, S. 380–397
Yildirim, Mehmet: Die Kölner Ditib-Moschee – eine offene Moschee als Integrationsbeitrag, in: Sommerfeld, 2008, S. 66–71
Zaid, Nasr Hamid Abu/Sezgin, Hilal: Mohammed und die Zeichen Gottes. Der Koran und die Zukunft des Islam. Freiburg 2008

Thomas Brechenmacher (Hg.)
Identität und Erinnerung
Schlüsselthemen deutsch-jüdischer
Geschichte und Gegenwart
224 Seiten, Hardcover
€ 24,90
ISBN: 978-3-7892-**8208**-9

Jüdisches Leben in Deutschland vor dem Hintergrund des Holocaust als gescheitert zu betrachten, hieße eine reiche und vielfältige Geschichte auf die säkulare Katastrophe des 20. Jahrhunderts zu reduzieren. Zu leicht in Vergessenheit gerät darüber, dass die deutsch-jüdische Weggemeinschaft über weite historische Strecken außergewöhnlich fruchtbar gewesen ist. Beides – Erfolg wie Katastrophe – gehört zur deutsch-jüdischen Geschichte. Sie zu begreifen bedeutet, ihre ganze Spannweite in Betracht zu ziehen: Wer waren »die« deutschen Juden zu verschiedenen Epochen? Wie definierten sie sich selbst? Wie haben sie ihre historischen Erfahrungen gestern und heute zu Erinnerung verarbeitet bzw. auf welche Weise steht eine solche Verarbeitung noch aus? Rabbiner, herausragende deutsch-jüdische Intellektuelle sowie einschlägig ausgewiesene Fachhistoriker denken in diesem Band über Grundfragen deutsch-jüdischer Geschichte nach.

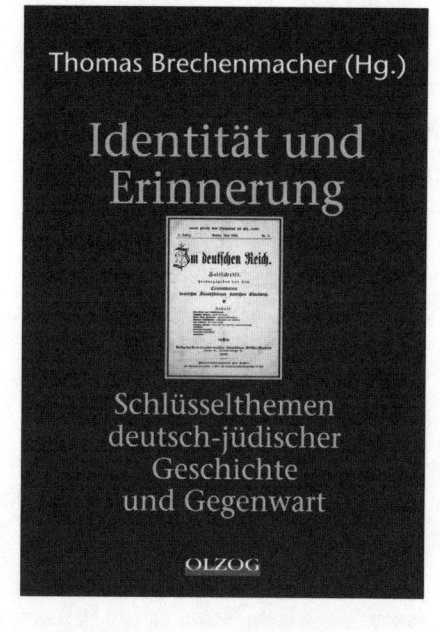

Thomas Brechenmacher, Dr. phil. habil., geboren 1964, ist Professor für Neuere Geschichte mit dem Schwerpunkt deutsch-jüdische Geschichte an der Universität Potsdam. Außerdem leitet er als erster Vorstand die Münchner »Forschungsstelle deutsch-jüdische Zeitgeschichte e.V.« – Wichtige einschlägige Veröffentlichungen: Der Vatikan und die Juden (2005), Deutschland, jüdisch Heimatland. Die Geschichte der deutschen Juden vom Kaiserreich bis heute (zusammen mit Michael Wolffsohn, 2008).

www.olzog.de

Joachim Feyerabend
Wenn es lebensgefährlich ist, Christ zu sein
Kampf der Religionen und Kulturen
304 Seiten, Broschur
€ 24,90
ISBN: 978-3-7892-**8355**-0

Die Verfolgung von Christen hat weltweit ein erschreckendes Ausmaß angenommen – gerade der hoch entwickelte Westen nimmt dies jedoch überwiegend mit Desinteresse zur Kenntnis. In vielen Staaten ist es längst lebensgefährlich, Christ zu sein: Insgesamt leiden mehr als 200 Millionen Christen, das sind 80 Prozent aller Menschen, die aus religiösen und ethnischen Gründen verfolgt werden, unter Rechtlosigkeit, Diskriminierung, Vertreibung, Gefängnis, Folter oder werden getötet.

Das Recht auf freie Religionsausübung und kulturelle Entfaltung wird meist in islamisch geprägten Ländern beschnitten, aber auch Hindus, Buddhisten, kommunistische und andere totalitäre Regime verfolgen heutzutage Christen sowie andere religiöse und ethnische Minderheiten.

Insbesondere der Islam hat nach Abschüttelung der Kolonialherrschaft Kraft geschöpft und breitet sich seither missionarisch aus, während das Christentum der Alten Welt die Mission zugunsten religiöser Toleranz weitgehend aufgegeben hat. Aufgeklärte Dialogbereitschaft und mittelalterlicher Absolutheitsanspruch prallen im Zeitalter grenzenloser Kommunikation in einem drastischen Kulturgefälle aufeinander. Der Autor spürt der Lage der Christen in den betroffenen Ländern nach und fragt nach Ursachen und Zusammenhängen.

Joachim Feyerabend, Jahrgang 1940, ist Journalist, Autor, Globetrotter, Blauwassersegler und lebt heute in Hamburg. Er schrieb u.a. für den SPIEGEL, DIE WELT, die Wirtschaftswoche sowie für das Handelsblatt und lebte zuletzt 15 Jahre auf den Philippinen.

www.olzog.de